고난의 용광로에서 연단된 기도의 사람
김우생 목사가 전하는 은혜의 말씀들

김·우·생·목·사·설·교·집

영광스러운 그날을 바라보며

생명의말씀사

영광스러운 그날을 바라보며

ⓒ 생명의말씀사 2012

2012년 12월 31일 1판 1쇄 발행

펴낸이 | 김창영
펴낸곳 | 생명의말씀사

등록 | 1962. 1. 10. No.300-1962-1
주소 | 서울 종로구 송월동 32-43(110-101)
전화 | 02)738-6555(본사)·02)3159-7979(영업)
팩스 | 02)739-3824(본사)·080-022-8585(영업)

지은이 | 김우생

기획편집 | 태현주, 김정주
디자인 | 신미향
인쇄 | 영진문원
제본 | 정문바인텍

ISBN 978-89-04-08236-0

저작권자의 허락없이 이 책의 일부 또는 전체를
무단 복제, 전재, 발췌하면 저작권법에 의해 처벌을 받습니다.

영광스러운 그날을 바라보며

김·우·생·목·사·설·교·집

감사의 글

　1959년 12월 27일, 영하 10도를 웃도는 추운 겨울밤이었습니다. 예기치 않게 근처에 있었던 과자 공장에서 불이나 삽시간에 우리가 살고 있는 왕십리역 근처의 초라한 집에 불이 붙었습니다. 잠옷 바람 그대로 불길에서 뛰쳐나와 왕십리역으로 피한 우리 가족은 집이 불타는 광경을 처참한 심경으로 바라보아야만 했습니다.

　그때 한 청년과 함께 낯선 분이 우리를 찾아왔습니다. 전에 만난 적도 없었고 아는 사람도 아니었습니다. 이웃에 살던 의과 대학생 유승일 형제와 함께 우리를 찾아온 그분은 외국인 선교사였습니다. 그분은 우리 가족을 위해 옷가지와 신발, 이불 등을 챙겨서 가지고 왔습니다. 그분이 베풀어 준 친절에 감동하신 어머니는 저에게 그분을 찾아가서 감사의 말이라도 전할 것을 권유하셨습니다. 그 후 어느 수요일 저녁에 저는 누이동생혜자을 데리고 행당동에 있는 성서침례교회를 찾아갔습니다. 저는 그곳에서 우리 가족을 찾아와 돌보며 사랑을 표현했던 잭 배스킨 선교사님을 만나게 되었습니다. 당시 정치학도로서 동경과

회의 속에서 살며 외무고시를 준비하고 있던 저는 난생 처음으로 복음을 듣게 되었습니다. 그때까지 저는 '그 어느 계층과 어느 조직의 사람들을 평균 내어 봐도 나는 그 이상이 될 거야!'라고 생각하며 '나만 한 사람도 없다!'라는 자부심에 빠져 있었습니다. 그런데 그날 밤 저는 배스킨 선교사님이 설교하는 말씀을 들으면서 죄에 관하여 생각하게 되었습니다.

그분은 예배 때 로마서 3:10-18을 인용하며 우리가 하나님 앞에서 어떤 죄인인가를 말씀해 주셨습니다. 그 말씀을 통하여 저는 제가 의인이 아니라는 사실을 깨달았습니다. 아무것도 깨닫지 못한 채 하나님을 찾지도 않는 사람이었음을 알게 되었습니다. '나만 한 사람이 어디에 있겠는가!'라며 자신만만했던 저는 저 자신이 무익한 사람이요, 선을 행하지도 않는 사람임을 보게 되었습니다. 밖은 포장을 했을지 모르지만 마치 열린 무덤과 같이 속은 썩어 있었고, 혀로는 거짓을 말하며 입술에는 독사의 독이 있음을 깨닫게 되었습니다. 파멸, 멸망과 고

생, 즉 비참한 것이 바로 제 앞에 있음을 알게 되었습니다. 평강의 길도 모르고 하나님 두려워할 줄도 모르며 살아왔던 저 자신의 모습을 비로소 깨닫게 되었습니다.

설교를 들은 후 한 달 여 동안 저는 죄 문제에 관하여 심각하게 고민하며 갈등하고 있었습니다. 그러던 어느 주일 저녁 예배 시간이었습니다. 죄인 된 사실을 깨닫고 있던 저는 그날 밤 그분이 에베소서 2:8-9을 가지고 전하시는 하나님의 은혜에 관한 설교를 듣기 시작했습니다. 구원은 하나님의 은혜로 준비된 것, 즉 하나님의 선물이기 때문에 자신이 죄인임을 회개하고 예수님을 개인의 구주로 믿고 받아들이면 얻을 수 있다는 사실이었습니다. 그리고 그분은 이런 예화를 들었습니다. "내가 100만 달러짜리 수표가 있다고 합시다. 선물로 당신에게 주기를 원한다면 어떻게 해야 이 수표가 당신의 것이 될 수 있겠습니까? 첫째로, 가지고 싶다는 마음이 있어야 합니다. 둘째로, 내가 선물로 준다는 말을 믿어야 합니다. 마지막으로, 개인적으로 나와서 받아야 합니다. 그것이 바로 구원입니다."

그날 밤 저는 하나님의 은혜로 예수 그리스도를 개인의 구주로 영접했습니다. 그토록 오랫동안 제 마음을 짓누르며 풀리지 않았던 죄의 문제가 해결되었습니다. 주님을 영접한 그때 제 마음속에는 그전에 전혀 경험해 보지 못했던 평안이 있었습니다.

성령으로 거듭난 후 새로운 피조물로서 살아가던 저에게 동일한 성령께서 소명하기 시작하셨습니다. 그것은 바로 제 안에서 계속되는

'주님은 과연 내가 어떤 삶을 살기 원하시는가?'라는 끊임없는 질문이 있었습니다. 그런 중에 고린도전서 6:19-20 말씀을 묵상하며 "나는 내 것이 아니라 하나님이 값 주고 사신 하나님의 것"이라는 사실을 깨닫게 되었습니다. 내가 하나님이 값 주고 사신 하나님의 소유이기에 나 자신을 하나님께 드린다는 것은 당연한 것임을 알게 되었습니다. 그리하여 고린도후서 5:14의 말씀처럼 그리스도의 사랑에 강권된 저는 그리스도의 사랑에 대한 사랑의 응답으로 저 자신을 하나님께 드렸습니다. 그런데 저 자신이 하나님에 의해 쓰임받을 만한 사람이라는 생각을 전혀 하지 못했습니다. 그래서 하나님께 이대로는 되지 않는다며 다음과 같이 기도를 드렸습니다. "하나님! 저를 취하셔서 깨뜨려 주시고, 저를 빚어 만들어서 사용해 주시옵소서!" 아마도 그 기도가 의미하는 과정을 알았더라면 그렇게 기도할 수 있었을까 하는 생각을 해보게 됩니다.

저에게 복음을 전해 주셨던 배스킨 선교사님과 함께 불광동 성서침례교회를 개척한 이후 저는 만 52년 동안 불광동 성서침례교회를 목회해 오고 있습니다. 그것은 전적인 하나님의 은혜요, 그 은혜를 입은 분들의 도움 때문이었습니다. 오늘에 이르기까지 인도해 주신 하나님의 은혜에 감사하며 그분께 찬양과 영광을 돌려 드립니다. 또한 지금까지 동행하며 도움을 주신 모든 분들에게 참으로 고마운 마음을 전하지 않을 수 없습니다. 특별히 제가 평생 목회해 온 불광동 성서침례교회의 집사님들과 성도님들께 진심으로 감사의 마음을 전하고 싶습니다. 그분들의 사랑과 헌신과 수고가 함께 있었기 때문에 오늘에 이를 수 있었습니다.

제가 목회자로 헌신할 때 하나님께 드린 기도에 따라서 저는 『깨어지고 쪼개어지라』는 제목의 첫 번째 설교집을 냈고, 이어서 두 번째로 『빚어 만들어 쓰시옵소서』라는 제목을 붙여 설교집을 냈습니다. 그 후 생명의말씀사를 통하여 『풍성한 은혜의 아름다움이여』라는 설교집을 출판하게 되었는데, 이것은 풍성한 은혜를 입은 모습들을 남기고자 했기 때문입니다. 그리고 마침내 50주년이 되었을 때, 정수남 작가가 엮어 주신 성역 50년사 『은혜는 강물처럼』의 저작물을 출판하게 되었습니다. 아무리 생각을 해봐도 이 모든 것은 전적으로 하나님의 은혜입니다. 또한 이 길을 함께 걸어온 사랑하는 성도님들, 집사님들, 동역자들, 함께 친교해 온 여러 목사님들, 그 일에 아낌없이 동참한 가족들에 대하여 고마운 마음을 갖지 않을 수가 없습니다.

이제 저는 영광스러운 그날을 바라보면서 하나님께서 분부하신 그 일들을 이행해 가고 있습니다. 그래서 저는 금번 출판되는 설교집의 제목을 『영광스러운 그날을 바라보며』라고 붙이게 되었습니다. 여기에 수록된 설교들은 본 교회에서 전한 하나님의 말씀입니다. 저는 사랑에 빚진 자, 복음에 빚진 자, 하나님을 향한 감사와 감격에 젖은 하나님의 종으로 이 책을 펴내게 되었습니다.

특별히 이 책의 출판을 위해서 글을 써 주신 배스킨 목사님은 저의 멘토이시며 오늘날 제가 있도록 하나님께서 쓰신 하나님의 사람입니다. 배스킨 목사님과 사모님, 그 가족들에게 참으로 고맙고 감사한 말씀을 드리지 않을 수 없습니다. 저는 저와 아내 그리고 제 가족을 주께 인도해 주신 배스킨 목사님에게 늘 감사하는 마음이 있습니다.

주 안에서 34년 동안 한결같이 함께해 주신 믿음 안에 한 형제요, 친구요, 동역자인 본 교회 집사 친교회의 회장인 이철웅 집사님에게 교회를 대표하여 글을 써 주신 것에 대해서 감사의 말씀을 드립니다. 제가 전한 설교들을 모아 편집하여 책으로 나올 수 있도록 수고해 준 배성현 목사님에게도 고마운 마음을 전하고 싶습니다. 금번 설교집의 출판을 허락해 주신 생명의말씀사 김창영 대표님과 출판되기까지 수고를 아끼지 않은 직원들에게도 아울러 감사의 마음을 전하고자 합니다.

이 설교집이 출판될 수 있도록 후원을 아끼지 않은 백승원 집사와 김단옥 자매 부부에게 감사의 말을 전하고 싶습니다. 매제요, 누이동생인 두 사람은 제가 섬기는 교회에서 청소년 시절 복음을 듣고 구원을 받았습니다. 미국에서 의사로서 많은 이들의 건강을 위해 수고하고 있는 백승원 집사는 가는 곳마다 영혼을 인도하고 교회를 개척하는 데 하나님에 의해 귀하게 쓰임받고 있습니다. 선교와 하나님 나라의 확장을 위해 세운 가족재단을 통하여 본 설교집의 출판 비용을 후원해 준 두 분에게 진심으로 고마운 마음을 남기고 싶습니다.

오늘의 제가 있기까지 영적으로 큰 영향을 미쳐 주셨던 분들이 계십니다. 성서침례교회 운동을 시작하셨던 빅 박사님 Dr. G. B. Vick은 1975년 한국에 오셔서 빅 박사 복음전도대회를 인도해 주셨습니다. 그분은 복음을 내보내는 선교와 주고 나누는 삶의 본이 되어 주신 귀한 분이십니다. 복음을 전하는 교회로 유명한 미주리주 하이스트리트 침례교회 High Street Baptist Church의 담임목사였던 케빈 박사님Dr. David A. Cavin은 저에게 8일간의 연속된 집회에서 강단을 허락해 주셨고 저를 아들처럼 사랑해 주셨습니다. 버지니아주 린치버그에 있는 토머스로드 침례교회 Thomas Road Baptist Church와 리버티 대학교Liberty University를 설립하신 제리 포웰 박사님Dr. Jerry Falwell은 1982년에 한국에 오셔서 복음전도집회를 인도하시며 한국 복음화에 큰 획을 그어 주셨습니다. 그분들이 제 삶에 끼쳐 주신 영향력을 생각하면서 감사의 글을 남기지 않을 수 없습니다. 또한 랭커스터 침례교회Lancaster Baptist Church와 웨스트코스트 침례신학교West Coast Baptist College를 설립하시고 본이 되는 목회를 이루어 가며 수많은 하나님의 사람들을 배출해 내고 있는 폴 채플Dr. Paul Chappell 목사님에게도 감사의 마음을 전하고 싶습니다. 그분은 오랫동안 믿음의 교제를 나누고 있는 주 안에서 친구요 동역자이며 이 시대 하나님에 의해 놀랍게 쓰임받고 있는 분이십니다. 20여 년 동안 선교사로 한국에 있으면서 저와 함께 성서침례교회를 개척하는 일에 온 힘을 쏟으며 형님처럼, 때로는 친구처럼 늘 다정하게 함께해 주셨던 라스터Dr. F. C. Lasater 목사님에게도 감사의 말을 전하고 싶습니다.

비록 지금은 주님 곁으로 가셨지만 아들이 가는 목회의 여정을 위해 늘 사랑과 격려로 함께해 주셨던 사랑하는 부모님, 수고와 희생을 아끼지 않음으로써 사역에 큰 힘이 되어 주었던 사랑하는 여동생들과 매제들에게도 고마운 마음을 남깁니다.

마지막으로 자신을 아끼지 않는 사랑과 섬김으로 평생을 곁에서 함께해 준 사랑하는 아내, 하나님 나라를 위해 최선을 다해 드리며 살아가고 있는 사랑하는 아들과 며느리, 사역의 길을 가고 있는 두 사위들과 딸들이 있기에 큰 힘이 되었고 지금까지 이 길을 걸어올 수 있었음을 꼭 남겨 두고 싶습니다.

복스러운 소망과 함께 영광스러운 그날을 바라브면서 하나님께서 맡겨 주신 사명을 충실히 감당하며 주님을 섬기는 우리의 삶이 되기를 원합니다. 다시 한번 이 모든 영광과 존귀를 오직 하나님께만 돌려 드립니다.

2012년 11월
서울 불광동 목양실에서
김우생 목사

목사님께 드리는 글

| **Dr. M. Jack Baskin** |

Mission Consultant
Former Missionary to Korea
And Co-Worker with Dr. Kim Woo Seang

I have known Dr. & Mrs. Kim Woo Seang(Daniel Kim) more than 50 years. From the day Dr.Kim received Christ as his Savior, he immediately chose to do whatever was necessary to please the Lord. He started with children in street meetings and was soon recognized as a leader of men. He and I worked together starting churches wherever God led in South Korea. The first church, Bible Baptist Church of Pul Kwang Dong, Seoul Korea, has continued to be an influential church in Asia. For more than fifty years Bro. Kim has served as pastor leading this large dedicated congregation to purchase and build a multi-million dollar facility and launch a worldwide mission program. Dr. Kim has been in demand as a speaker in many countries. Governmental leaders have sought his counsel which he has unselfishly given yet never turning from his

| 잭 배스킨 선교사 |

선교 컨설턴트
전 한국 파송 선교사
김우생 목사님의 동역자

나는 김우생 목사님과 사모님을 50년 이상 알아 왔습니다. 김 목사님은 그리스도를 구주로 영접한 그날 이후로 주님을 기쁘게 해 드릴 수 있는 일이라면 무엇이든 하기로 선택하였습니다. 거리에서 아이들을 전도하는 어린이 집회를 시작하면서 곧 그는 장년 남자들의 리더로 인정받게 되었습니다. 김 목사님과 나는 한국 내에서 하나님께서 원하시는 곳이라면 어디든지 가서 함께 교회를 시작하기로 했습니다. 그 첫 번째 교회인 불광동 성서침례교회는 아시아 지역에서 큰 영향력을 지닌 교회로 성장하였고 계속 그 영향을 끼치고 있습니다. 50년이 넘도록 김 목사님은 담임목사로서 헌신된 많은 성도를 인도하면서 건물을 구입하고 수백만 달러에 해당하는 교회 시설을 건축하였고 아울러 세계 선교 프로그램을 시작하여 여전히 신실히 이루어 나가고 있습니다. 그는 또한 여러 나라로부터 강사로 말씀을 전해 달라는 요청을 받아 왔습니다. 정부의 지도자들이 그에게 조언을 구하는 일도 있었는

higher calling to the gospel ministry. Renowned church leaders have sought his presence; just to name a few, Dr. G. B. Vick, Dr. Jerry Falwell, Dr. D. A. Cavin and some from Japan, the Philippines, Africa, Australia and Europe.

I have known him to be a man faithful to God, his family and a man of prayer. He and I have prayed in coal bins, on boats, cars, buses, planes, trains and many mountain tops. I shall never forget standing on a hill with Bro. Kim overlooking the Kwan San Valley and praying that we could plant churches in every village. Yes, he is a man of prayer.

He had been trained in college to be a diplomat and diplomacy was truly one of his gifts. American missionaries coming into conflict with Asian customs and sometimes the Korean people would seek out Dr. Kim and in a soft voice and mild manner he would find solutions and ways to bring about reconciliation.

Dr. Kim now determines to put some of his sermons in print in this book entitled "Looking Up to The Glorious Day". Present day pastors will be greatly encouraged and devour these precious thoughts and pass them on to their people. Future generations will consider this book to be a treasure to keep and pass on.

데, 이기적인 목적을 가지고 응하지도 않았고 복음 사역을 위한 더 높은 소명으로부터 돌아서서 다른 길로 간 적이 없었습니다. 유명한 교회 지도자들이 그를 초청하였는데 그중에는 빅G. B. V.ck 박사, 제리 포웰Jerry Falwell 박사, 케빈D. A. Cavin 박사와 그 외 일본, 필리핀, 아프리카, 호주, 유럽의 여러 저명한 지도자들이 있었습니다.

나는 김 목사님이 하나님과 그의 가족들에게 신실한 사람이요, 기도의 사람임을 잘 알고 있습니다. 목사님과 나는 연탄광에서, 때로는 배 위에서, 때로는 자동차와 버스 안에서, 비행기를 타고 가거나 기차를 타고 가면서 또는 산꼭대기에서 함께 기도했었습니다. 나는 김 목사님과 함께 관산 지역이 내려다보이는 산정에 서서 모든 마을에 교회를 개척하게 해 달라고 기도했던 것을 결코 잊을 수가 없습니다. 김 목사님은 바로 기도의 사람입니다.

김 목사님은 대학 시절 외교관이 되기 위한 공부를 했는데 외교술은 분명히 그의 은사 중의 하나였습니다. 미국 선교사님들이 아시아의 관습과 충돌이 일어나는 일이 발생했을 때, 한국 분들은 김 목사님을 찾아왔습니다. 그럴 때마다 김 목사님은 부드러운 음성과 온화한 태도로 해결책을 찾아주고 화목을 조성해 내는 방법을 가져오곤 했습니다.

김 목사님은 금번에 『영광스러운 그날을 바라보며』라는 제목의 설교집을 출간하기로 하셨습니다. 이 시대의 많은 목사님들이 이 설교집을 통해 큰 격려를 받고 소중한 진리에 귀를 기울이게 될 뿐만 아니라 그들의 성도들에게도 전해지게 될 것입니다.

He is qualified to preach and write about our hope for the future. God chose Daniel Kim in a furnace of affliction. Behold, I have refined thee, but not with silver; I have chosen thee in the furnace of affliction(Isaiah 48:10).

I watched him respond to his affliction like Moses. Choosing rather to suffer affliction with the people of God, than to enjoy the pleasures of sin for a season; Esteeming the reproach of Christ greater riches than the treasures in Egypt: for he had respect unto the recompence of the reward(Hebrews 11:25-26).

His response to unbearable persecution was like his Savior. Looking unto Jesus the author and finisher of our faith; who for the joy that was set before him endured the cross, despising the shame, and is set down at the right hand of the throne of God(Hebrews 12:2).

The words of this book have been tried in the furnace of affliction and wrung from the heart of a man in love with the Word of God and the God of the Word.

Standing faithfully by the humble man of God has been his precious wife Lee Young Soon. From the moment Young Soon, as a university student, came to know Christ as Savior there has been a heavenly radiance about her. As a young woman she was willing to serve God as a school teacher in a remote country village surrounded by many other villages. Her teaching skills brought

김 목사님은 미래에 관한 우리의 소망에 대해서 말씀을 전하고 저술할 자격을 갖춘 분입니다. 하나님께서는 고난의 용광로에서 김 목사님을 택하셨습니다. "보라 내가 너를 연단하였으나 은처럼 하지 아니하고 너를 고난의 풀무에서 택하였노라" 사 48:10.

나는 그가 자신의 고난 속에서 모세처럼 반응하는 것을 지켜보았습니다. "도리어 하나님의 백성과 함께 고난받기를 잠시 죄악의 낙을 누리는 것보다 더 좋아하고 그리스도를 위하여 받는 능욕을 애굽의 모든 보화보다 더 큰 재물로 여겼으니 이는 상 주심을 바라봄이라" 히 11:25-26.

견딜 수 없는 핍박에 대한 그의 반응은 마치 주님의 모습과 같았습니다. "믿음의 주요 또 온전케 하시는 이인 예수를 바라보자 저는 그 앞에 있는 즐거움을 위하여 십자가를 참으사 부끄러움을 개의치 아니하시더니 하나님 보좌 우편에 앉으셨느니라" 히 12:2.

이 설교집의 말씀들은 고난의 용광로에서 연단된 것이며, 하나님과 그분의 말씀을 사랑하는 한 사람의 마음으로부터 짜내어 얻어진 것들입니다.

하나님의 겸손한 사람 곁에 신실하게 서 있었던 분은 그의 소중한 아내 이영순 사모님입니다. 당시 대학생이었던 사모님이 처음 주님 앞에 나와 그리스도를 구주로 영접했던 그때부터 사모님에게는 하늘의 광채가 깃들어 있었습니다. 젊은 여인으로서 그녀는 여러 마을로 둘러싸여 있는 외딴 시골 마을에서 학교 선생님으로서 기꺼이 하나님을 섬기고자 했습니다. 그녀의 탁월한 가르침은 주변 마을 아이들까지 그

students from other villages. Her love for our Lord Jesus and her concern for her students and parents motivated her to leave her small one room house and walk to the surrounding villages and lead families to Christ.

From the time she became Mrs. Kim she has stood faithfully by her man of God, Dr. Kim. She was an exemplary daughter-in-law and a loving caring mother who trained her children to make the right choices in life. She always planned her days and weeks to spend time winning souls and ministering to hundreds of women. She was always there, always having a heavenly glow about her. In her spare time she translated songs and hymns that magnified the Lord and expressed her deep love for her Savior. Her children "rise up and call her blessed".

Sometime ago, Mrs. Kim needed a kidney transplant. Her two precious daughters wanted to give their loving mother a kidney but her wonderful son Sung Oon who is a business man and "tent maker" missionary in Mexico said, "No, I'm the only son and I want to be the one who gives life to our mother". So together he and his mother went into the "valley of the shadow" and the transplant was successful and the son returned to his mission work in Mexico while his mother returned to stand by the wonderful man of God, Dr. Kim.

As you read these messages, please know they come from one of

학교로 이끌었고, 주 예수님을 향한 사랑과 학생들과 학부모들에 대한 관심은 그녀로 하여금 주변 마을들을 다니며 그 가정들을 그리스도께 인도하게 하였습니다.

 김 목사님의 사모가 된 그 순간부터 그녀는 하나님의 사람인 김 목사님의 곁에 신실하게 서 있었습니다. 사모님은 본이 되는 며느리였고, 자녀들로 하여금 올바른 삶의 선택을 할 수 있도록 그들을 양육하고 훈련시키며 사랑으로 돌보는 어머니였습니다. 그녀는 몇 날 며칠을 영혼을 구령하기 위해 계획했고, 수많은 여성들을 섬겼습니다. 사모님은 언제나 그 자리에 있으셨고 또한 하늘의 광채를 늘 지니고 있었습니다. 여가 시간이 날 때면 찬송가와 복음성가를 번역하며 주님을 높이고 구주를 향한 그녀의 깊은 사랑을 표현하기도 했습니다. 사모님의 자녀들은 일어나서 사례했습니다.

 얼마 전 사모님은 신장 이식을 받으셔야 했습니다. 그녀의 귀중한 두 딸이 서로 사랑하는 어머니를 위해 자신의 신장을 내어 드리겠다고 했을 때, 멕시코에서 "텐트메이커" 선교사요 사업가로 일하고 있는 아들 김성은 형제는 맏이인 자신이 어머니에게 생명을 드리고 싶다고 말했습니다. 그래서 어머니와 아들은 함께 "사망의 골짜기"를 통과하였고, 이식 수술은 성공적으로 이루어졌습니다. 아들은 다시 멕시코의 사역지로 돌아갔고 또한 그의 어머니는 하나님의 사람인 김 목사님 곁으로 다시 돌아갈 수 있었습니다.

the mighty men of God in this generation whose tears have been wiped by the loving hands of a precious wife who "forsook all" to walk beside a husband that she and her children respect and are proud of. I pray that these messages will encourage you and your wife to pattern your lives after these and follow Jesus till death. Keep looking up to the glorious day.

이 책의 메시지를 읽어 나가면서, 이 메시지들이 이 세대에 하나님의 용사들 중 한 사람에 의해 쓰여진 것과, 아버지인 그를 존경하고 자랑스럽게 여기는 자녀들, 목사님과 함께 걷기 위해 모든 것을 버리고 따르신 귀한 사모님이 목사님의 눈물을 닦아 주었다는 사실을 아시기 바랍니다. 나는 이 메시지들이 여러분에게 격려가 되어 김 목사님 부부가 예수 그리스도를 죽기까지 따르는 본을 보인 것처럼, 여러분의 삶이 그렇게 되기를 기도합니다. 영광스러운 그날을 계속 바라보는 여러분이 되시기를 바랍니다.

목사님께 드리는 글

| 이철웅 집사 |

불광동 성서침례교회 집사 친교회 회장

목사님의 네 번째 설교집 『영광스러운 그날을 바라보며』의 출간을 축하드립니다. 목사님은 지난 52년 동안 한결같이 하나님의 말씀으로 우리들을 거듭나게 하셨고 지금의 우리들로 자라오도록 양육해 주셨습니다.

목사님은 훌륭한 선생님이셨습니다. 말씀으로 가르쳐 주셨을 뿐 아니라 삶으로 보여 주신 가르침이었기에 그 감동이 더욱 큰 것이었습니다. 성경적 가치에 기초한 원칙을 삶 전반에 적용하시면서 현실과 타협하지 않는 과묵한 신념의 목회자셨습니다.

제가 목사님을 처음 만나 뵌 지 어언 34년의 세월이 지났습니다. 그 시절 목사님이 전해 주시는 말씀으로 구원의 확신을 갖게 되었습니다. 참으로 하나님의 말씀은 구원의 능력이 있었습니다. "허물로 죽은 우리를 그리스도와 함께 살리셨고 (너희가 은혜로 구원을 얻을 것이라) 또 함께 일으키사 그리스도 예수 안에서 함께 하늘에 앉히시니"엡 2:5-6, 지위적으로 하늘나라의 백성이 되었다는 소식은 기쁨을 넘어 환희를 느끼게 하였습니다. 이 환희는 곧 감사하는 마음과 생각으로 저를 이끌었고 예수님의 이름을 위해 살고자 하는 소망을 갖게 하였습니다.

새로운 의의 관념이 생겼고 인생관과 가치관이 변했습니다.

　목사님은 우리들에게 우리들이 하고자 하는 사역에 앞서 인격을 요구하셨습니다. 즉 "Not to do but to be."였는데 오래도록 기억에 간직하고 있는 말씀이 되었습니다. 이 원리에 비록 완벽하지는 못했더라도 항상 경각심을 가지고 사역에 임하고 있습니다.

　근년에 목사님은 사탄의 궤계, 즉 이 어둠의 세상 주관자들과 하늘의 악령들의 세력에 대적해야 하는 우리들에게 많은 교훈의 말씀을 주고 계십니다. 절대 진리에 대한 회의와 무시가 만연하고 안티기독교 Anti Christ가 창궐하는 이 세대의 적들에 대해 우리들이 하나님의 전신갑주를 취하고 또한 예수 그리스도가 세우신 교회의 본질적 요소에 충실하게 헌신함으로써 능히 대적할 수 있다고 하시면서 영광스러운 그날을 기다리는 사람에 합당한 삶을 살도록 당부하고 계십니다.

　저는 하나님의 은혜 가운데 목사님의 말씀 사역의 덕을 힘입어 오늘의 제가 있다고 믿습니다. 금번 새로이 출간되는 설교집이 주님을 사랑하며 진리 가운데 성장하기를 희망하는 모든 사람들에게 널리 읽히기를 기도합니다. 목사님 감사합니다. 사랑합니다.

목 차

영 · 광 · 스 · 러 · 운 · 그 · 날 · 을 · 바 · 라 · 보 · 며

- 감사의 글 · 4
- 목사님께 드리는 글 잭 배스킨 선교사 · 12
- 목사님께 드리는 글 이철웅 집사 · 22

복음과 구원
하나님의 마음과 사명 마 9:35-38 · 28
하나님의 은혜의 복음 갈 1:6-12 · 37
사람이 거듭나지 아니하면 요 3:1-7 · 47
영혼을 위한 열정 롬 9:1-3, 10:1 · 57
지붕을 뜯자 막 2:1-12 · 67
회개 없는 부흥은 없다 눅 19:1-10 · 76

그리스도인의 삶과 인격
아름다운 일 막 14:3-9 · 88
착한 사람 바나바 행 11:24 · 98
불쌍히 여기는 사람 눅 10:25-37 · 109
겸손 벧전 5:5-6 · 121
고난에 대한 반응 고후 1:8-10 · 131
큰 자의 덕목, 섬김 마 20:25-28 · 143

영 · 광 · 스 · 러 · 운 · 그 · 날 · 을 · 바 · 라 · 보 · 며

성령 충만한 삶
선한 싸움을 싸우는 군사가 되라　딤전 6:12 · 152
거룩한 삶을 위한 도전　벧전 1:13-21 · 162
능력 있는 그리스도인의 삶을 살려면　고전 16:13-14 · 170
견고한 헌신　욥 6:8-10 · 181
경건에 이르기를 연습하라　딤전 4:7 · 190
깊은 골짜기의 굴속에서 기도　시 142:1-7 · 198

교회의 사명
진정한 평가　고전 3:9-17 · 210
드림의 성경적 모델　고후 8:1-8 · 219
교회가 해야 할 주된 일　마 28:16-20 · 229
하나님은 교회를 사랑하신다　마 16:18 · 238
교회의 각성　행 2:42-47 · 246
주여, 부흥을 주옵소서!　대하 7:14 · 261

영광스러운 그날을 바라보며
낙심하지 아니하노니　고후 4:1, 8, 16 · 272
하나님의 영광을 위하여 하라　고전 10:31 · 281
달려갈 길을 잘 마무리하기 위하여　딤후 4:4-11 · 291
그분의 다시 오실 약속　살전 4:16-17 · 302
주님 앞에 서는 날　마 25:14-29 · 312
다시 시작점에 서서　고전 10:31-33 · 320

복음과 구원

영·광·스·러·운·그·날·을·비·라·보·며

하나님의 마음과 사명　마 9:35-38

하나님의 은혜의 복음　갈 1:6-12

사람이 거듭나지 아니하면　요 3:1-7

영혼을 위한 열정　롬 9:1-3, 10:1

지붕을 뜯자　막 2:1-12

회개 없는 부흥은 없다　눅 19:1-10

복 · 음 · 과 · 구 · 원

하나님의 마음과 사명

마 9: 35-38

　지난 수년 동안 아시아에는 엄청난 재난이 발생했습니다. 인도네시아에서 일어난 쓰나미Tsunami, 미얀마에 상륙한 사이클론Cyclone, 얼마 전 중국 사천에서 발생한 큰 지진으로 중국에서만 십만 명에 가까운 인명 피해가 있었습니다.
　우리나라에서는 태풍 갈매기가 폭우를 몰고 와 산사태가 나는 등 집, 군의 초소가 무너지고 11명이 사망 및 실종되는 사건이 발생하였습니다. 참으로 비극적인 것은 금강산 관광을 간 50대 여인이 새벽에 해변 가를 산책하다가 북한군의 총격에 목숨을 잃는 안타까운 사건이었습니다. 또한 종로에 있는 모 빌딩 17층 고시원에서 불이나 7명이 사망하고 여러 명이 입원 치료를 받고 있는 사건도 발생했습니다.
　이러한 일들이 생기리라고 그 누가 예상을 했겠습니까? 이 모든 사건은 우리의 생애에 언제 어떤 일이 일어날지 아무도 기약할 수 없음을 말해 주고 있습니다. 반면에 죽음은 반드시 찾아온다는 사실입니다. 생명은 하나님께서 연장시켜 주신 기적이며 하나님께서 우리에게 주신 선물입니다. 그러므로 우리는 유의해서 하나님께 반응해야 하며, 하나님께서 우리가 어떤 사람이 되기를 원하시는가를 알아야 합니다. 하나님의 마음은 무엇이며 하나님의 목적하신 바는 무엇일까요?

"오직 너희를 대하여 오래 참으사 아무도 멸망치 않고 다 회개하기에 이르기를 원하시느니라" 벧후 3:9.

예수 그리스도가 육체로 오시어 십자가에서 죽으심으로 세상의 구주가 되신 그 이유가 바로 하나님의 마음입니다. 하나님께서 역사에 개입하시고, 예수 그리스도가 육체를 입으셔서 역사의 인물로 오신 것은 사람들로 하여금 하나님의 은혜, 하나님의 사랑을 알게 하여 용서와 구원을 받도록 하기 위함입니다. 그것이 바로 하나님의 마음이고 하나님의 사명이며 목적입니다. 하나님께서는 여전히 그 일을 하고 계십니다.

"이 천국 복음이 모든 민족에게 증거되기 위하여 온 세상에 전파되리니 그제야 끝이 오리라" 마 24:14.

본문에 나타나 있는 예수님의 모습을 통하여 하나님의 마음이 무엇인지, 그분의 목적을 어떻게 이룰 것인지에 대하여 살펴보고자 합니다.

I. 예수께서 가신 것처럼 가야 한다

"예수께서 모든 성과 촌에 두루 다니사 저희 회당에서 가르치시며 천국 복음을 전파하시며 모든 병과 모든 약한 것을 고치시니라" 마 9:35.

예수님은 본부와 같은 가버나움에서만 머물러 있지 않으시고 갈릴리 모든 성과 마을을 두루 다니셨습니다. '안락한 지역' the comfort zone 에서만 머문 것이 아니라 모든 성과 촌을 두루 다니며 가르치시고, 전파하시고, 고치시는 일을 하셨습니다.

배스킨 목사님과 저는 1960년에 3000호가 있었던 불광동 일대를 반으로 나누어 집집마다 찾아갔으며, 가는 곳마다 만나는 사람에게 요한복음 쪽지와 하나님의 구원 계획 전도지를 전해 주었습니다. 이듬해인 1961년에는 불광동에서만 머물러 있지 않고 전남 장흥 관산으로 갔습니다. 그리고 수년 내에 성산, 남송, 신동, 장환, 삼산에 교회들이 세워졌습니다. 1965년에는 파주군 교하면 동패리와 고양군 송포면에, 1976년에는 태능, 1985년에는 천안에 교회들이 세워졌습니다. 지금 현재는 지경을 넘어 아프리카, 모로코, 중국, 캄보디아, 멕시코, 예멘, 라오스 등 세계 곳곳에 선교사들을 파송하였습니다. 교회의 목적은 교회당을 짓는 것에 있지 않습니다. 사람이 있는 곳에 가는 것입니다.

복음 전도에서 "와서 들어라"라는 말은 없습니다. 오직 "가서 말하라", "가서 전하라"라고 말씀하셨습니다. 예수님은 두루 다니시면서 "가르치시고, 전파하시며, 고치셨습니다." 우리가 하나님의 마음을 알고, 그분의 목적대로 살려면 반드시 가야 합니다.

II. 예수께서 보신 것처럼 보아야 한다

"무리를 보시고" 마 9:36.

사람마다 보는 것이 다릅니다. 같은 것을 보면서도 각기 그 보는 각도나 측면이 다를 수 있습니다. 매hawk는 하늘을 날면서 63빌딩보다 높은 곳에서 길가에 떨어진 100원짜리를 볼 수 있다고 합니다. 매의 비전은 멀리서도 작은 물체까지 볼 수 있는 시력입니다. 반면 물총새kingfisher는 두 가지 시력이 있다고 합니다. 물위를 날면서 물고기를 찾고, 물속에 들어갈 때는 렌즈가 변하여 물속을 보며 고기를 잡을 수 있다고 합니다. 군인들, 경찰 사격수들은 야간이나 연기가 싸인 곳에서도 볼 수 있는 적외선 안경을 갖고 있습니다. 의사들은 원자까지 볼 수 있는 전자 현미경을 사용합니다. 또한 우주 공간까지 볼 수 있는 전파망원경radio telescope도 있습니다.

사람이 사람을 보는 시각은 참으로 다양합니다. 문제는 우리가 사람을 어떻게 보는가에 있습니다. 출퇴근 시간, 등하교 시간에 지하철 안에서, 거리에서 만나는 많은 사람들을 어떻게 보고 있습니까? 가는 길에 걸림이 되는 사람으로 보이십니까? 아니면 비켜 주었으면 하는 성가신 존재로 보이십니까? 상인은 고객으로, 의사는 환자로, 미술가는 그리고자 하는 모델로, 작가는 그의 작품의 대상으로 사람을 바라볼지 모릅니다. 여러분은 사람들을 어떻게 보십니까?

예수님은 무리를 보셨습니다. 피곤하고 지친 무리, 목적 없이 방황하고, 공격당하고, 손해 입고, 고립되고, 상처 입은 무리를 보셨습니다. 그들 그대로를 보셨습니다. 예수님을 따라가는 우리는 그분이 보신 것처럼 사람을 보아야 합니다.

> "무리를 보시고 민망히 여기시니 이는 저희가 목자 없는 양과 같이 고생하며 유리함이라" 마 9:36.

수도권의 인구가 2천만이 넘고, 대한민국 전체 인구는 4천8백만, 남북한 인구는 7천1백만, 세계 인구는 65억에 달하고 있습니다. 그러나 그중 17억이 복음을 한 번도 들어 본 적이 없다고 합니다.

한국 인구의 18%인 864만 명이 교회를 출석하고 있지만 정직하게 말해 과연 몇 퍼센트가 거듭난 그리스도인이라고 할 수 있을까요? 그 가운데 몇 퍼센트가 복음을 전하며 예수님이 보셨듯이 사람을 보고 있을까요? 그중 몇 퍼센트가 죄 사함을 필요로 하며 하나님께서 영생을 선물로 주신다는 사실을 인지하며 살고 있을까요?

밥 베어드 목사님Dr. Bob Baird은 자메이카Jamaica 킹스턴 산Kingston

mountain에 올랐을 때, 제게 도시를 보여 주며 등 하나하나가 영혼을 의미한다며 구원받아야 할 영혼으로 보았습니다. 우리는 영혼을 바라볼 때 예수님이 바라보신 것처럼 바라보아야만 합니다.

III. 예수께서 느끼신 것처럼 느껴야 한다

"민망히 여기시니" 마 9:36.

우리말 성경의 "민망히"란 단어는 헬라어로 '오장육부 몸속에 있는 창자'라는 뜻입니다. 이 단어는 천연색을 지닌 단어이며 폭발하는 의미를 나타냅니다. 다시 말하면 '창자가 상하기까지 사랑한다.'는 의미를 지니고 있습니다. 이는 선한 사마리아인이 강도 만나 거의 죽어가는 사람을 보고 불쌍히 여긴 것눅 10:33과 잃어버린 아들이 돌아오는 것을 보고 탕자의 아버지가 측은히 여긴 것눅 15:20과 같은 단어입니다.

예수님은 사람들의 고통을 관찰만 하지 않고 그들과 함께 아파하고 마음으로부터 느끼셨습니다. 방황하며 상처 입고 죄로 죽어가는 무리를 보셨습니다. 그리고 "민망히 여기셨습니다."

정송례 사모님의 언니가 40대 후반의 나이에 돌연히 뇌출혈로 세상을 떠났을 때, 저도 그 소식을 듣고서 울었습니다. 아픔에 공감하였기 때문입니다. 사람을 보고 예수님처럼 느낄 수 있는 우리가 되었으면 합니다.

끝으로 우리의 사명을 생각해 보고자 합니다.

"이에 제자들에게 이르시되 추수할 것은 많되 일꾼은 적으니 그러므로 추수하는 주인에게 청하여 추수할 일꾼들을 보내어 주소서 하라 하시니라"

마 9:37-38.

"추수할 것은 많되 일꾼은 적으니"라는 말씀처럼, 우리가 어디를 가든지 그곳에는 사람들이 있습니다. 불광동 길을 걸어 보셨습니까? 어떤 때는 서로 치고 지나갑니다. 이 많은 사람들을 여러분과 제가 다 감당할 수는 없습니다. 그러므로 일꾼을 주시도록 기도해야 합니다. 예수님은 추수를 위하여 기도하라고 하지 않으시고 '일꾼을 위하여 기도하라.'고 하셨습니다.

이사야 6:8에 보면 "내가 또 주의 목소리를 들은즉 이르시되 내가 누구를 보내며 누가 우리를 위하여 갈꼬 그때에 내가 가로되 내가 여기 있나이다 나를 보내소서"라고 한 이사야 선지자의 고백이 나옵니다. 이사야는 "내가 여기 있나이다! 나를 보내소서!"라고 말했습니다.

예수님은 하늘에서 이 땅으로 오셨습니다. 그분은 사람을 찾아오셨습니다. 그분의 사랑, 그분의 은혜, 그분의 긍휼을 보여 주실 사명을 띠고 이 땅에 오셨습니다. 그리고 제자들에게 교회에 가라고 말씀하셨습니다.

우리는 예수님처럼 가고, 예수님처럼 보고, 예수님처럼 느끼고, 추수하는 일꾼이 되어야 합니다.

선교의 효시를 말할 때 보통 1790년에 인도에 선교사로 간 윌리엄 케리William Carey를 언급합니다. 그러나 사실상 그보다 60년 전인 1730년에 이미 선교의 역사가 시작되었습니다.

1730년에 모라비안 형제단Moravian Brethren의 대표는 친첸도르프Zinzendorf 백작이었습니다. 당시 크리스티안 6세가 덴마크의 왕으로서 대관식을 갖게 되었습니다. 그리고 카리브해Caribbean Sea의 세인트 토머스 섬St. Thomas에서 사저를 덴마크에 보내 왔는데 그때 아프리카에서 온 한 노예가 섬기는 사람으로 그들을 따라오게 되었습니다. 그 노예는 사람들에게 자신이 사는 곳에 복음이 필요하니까 선교사를 보내 달라고 간절히 애원했습니다.

그때 두 명의 평신도가 선교사로 헌신했습니다. 한 명은 도자기공 레오나드 도버Leonard Dober였고, 다른 한 명은 목수인 데이비드 니치만David Nitschman이었습니다. 그런데 그들이 그곳에 복음을 전하러 가기 위해서는 노예로 팔려서 배를 타고 와야만 한다는 소식을 전해 들었습니다. 그래서 그들은 결국 노예의 신분으로 카리브해의 세인트 토머스 섬에 갔습니다. 그리고 그곳에서 그들은 자신들의 세대에서만 13,000명에게 복음을 전하고 침례를 주었습니다.

복음이 전해지고 수많은 사람이 구원을 받고 교회가 세워졌습니다. 뿐만 아니라 다른 섬들에도 복음을 전해 자메이카에까지 이르게 되었습니다.

존 웨슬리에게 복음을 전했던 사람들도 바로 모라비안 형제였습니다. 복음을 전해 들은 존 웨슬리가 구원받아서 이룬 역사가 얼마나 위대합니까? 바로 한 사람을 바라보는 시각과 헌신과 열정이 위대한 일을 이루는 것입니다.

　예수님처럼 가고, 예수님처럼 보고, 예수님처럼 느끼고 그리고 무엇을 하시겠습니까? 복음을 전하지 않으시겠습니까? 지금은 바로 전도해야 할 때입니다.

복 · 음 · 과 · 구 · 원

하나님의 은혜의 복음

갈 1:6-12

'주 예수를 바라보는 해' 2008년를 보내면서 지나온 세월들을 돌이켜 보는 시간을 가졌습니다.

제가 초등학교 2학년 때 1945년 8월 15일 해방을 맞이하였습니다. 일본어를 강요당했던 학교에서 우리말을 자유롭게 하고 우리말로 공부하는 학교가 되었습니다. 그리고 중학교 1학기가 끝나갈 무렵 동족상잔의 피비린내 나는 6·25 전쟁을 경험하면서 하루 평균 32km를 걸어서 남으로 남으로 하염없이 피난을 갔습니다. 3년간의 전쟁은 끝이 났으나 빈곤이 온 나라를 휩쓸었습니다. 외국에서 온 구호 물자로 많은 사람들이 식량과 입을 것을 얻었습니다.

4·19 세대였던 저는 정치인들의 권유로 정치의 물결에 휘말리기도 하였습니다. 바로 이 일이 있기 전인 1959년 12월 27일에 저희 집에

난 화재로 인하여 선교사로부터 복음을 듣고 구원받은 후, 선교사의 한국어 공부를 도와주다가 1961년 1월 1일 교회를 개척하여 첫 예배를 드렸습니다. 교회를 개척한 바로 그해 5·16 군사 쿠데타가 일어났으며, '잘 살아 보세'라는 노래가 확성기를 통해 곳곳에서 울려 퍼지고 농경 사회에서 산업 사회로 변하면서 변화에 수반되는 사회 문제가 발생하였지만 '보릿고개'라는 말이 사라졌습니다. 민주화 운동이 있었으며 자유와 평등 사이에 보수와 진보, 남북의 대결 구도가 생겼습니다.

브리태니커Britannica 백과사전 2008년도 판에 의하면 북한은 일인당 국민 소득이 1,108달러이고 남한은 18,147달러로 표시되어 있습니다. 그러나 세계적인 경제 위기 물결 속에서 우리나라도 예외가 될 수 없었습니다. 비록 경제적 위기를 겪기는 했지만 우리나라는 산업 사회에서 정보 사회로 탈바꿈을 하였습니다. 또한 이성주의와 과학주의를 바탕으로 두었던 모던 시대가 가고, 권위가 없어지며 절대 가치 대신에 상대적 가치를 보편화하려고 하는 감성적인 포스트 모던 시대가 도래하였습니다.

그것은 새로운 패러다임Paradigm, 어느 시대나 분야에 특정적인 과학적 인식 방법의 체계나 시스템을 의미합니다. 마치 패러다임이란 단어를 사용하지 않으면 시대에 뒤떨어진 사람으로 여기게 되었습니다.

목회에도 패러다임이 중요한 변수로 등장합니다. 변화에 민감하고 능동적으로 대처해야 합니다. 그러나 이와 같은 시대적 변화에도 불구하고 변하지 않는 것이 있음을 알아야 합니다. 인간은 본질이 악한 죄인이라는 사실은 변하지 않습니다. 역사의 어느 시대에도 사실인 것처럼 오늘도 변하지 않았습니다 딤후 3:1-7.

요즈음 아이들이 서로 싸우는 것을 보고 "애들아, 너희들 국회같이 하느냐?"라고 말한다고 합니다. 일년 전에 보았던 그대로입니다. 단지 여당과 야당이 바뀐 것뿐입니다. 우리나라의 리더들의 모습입니다.

하나님께서는 변하지 않으십니다. 그분의 창조의 능력, 그분의 지혜, 그분의 자비하심, 긍휼, 은혜, 사랑 등 영원히 변함이 없는 하나님이십니다.

"각양 좋은 은사와 온전한 선물이 다 위로부터 빛들의 아버지께로서 내려오나니 그는 변함도 없으시고 회전하는 그림자도 없으시니라" 약 1:17.

천지는 없어져도 그분의 말씀은 세세토록 변함이 없습니다 벧전 1:23-25. 의복이 중요하지만 건강이 훨씬 더 중요합니다. 패러다임도 연구할 가치가 있지만 더 중요한 것은 능력 있는 주님의 말씀입니다. 그 말씀에 순종하며 기도하는 삶입니다.

본문으로 돌아와 잠시 그 배경을 생각해 보겠습니다. 바울이 본 서신을 보낸 갈라디아에 있는 교회들은 바울과 그 일행이 1차 선교여행 때 복음을 전하고 세운 교회들입니다. 현재 터키 중남부 지방으로 비시디아 안디옥, 이고니온, 루스드라, 더베입니다. 그런데 바울이 떠난 후에 거짓 교사들이 들어와 모세의 할례를 받고 모든 율법을 지켜야 구원을 받는다는 율법주의를 가르쳤습니다. 그러나 바울은 율법에 대하여 로마서에서 다음과 같이 말했습니다.

"그러므로 율법의 행위로 그의 앞에 의롭다 하심을 얻을 육체가 없나니 율법으로는 죄를 깨달음이니라" 롬 3:20.

"그러므로 사람이 의롭다 하심을 얻는 것은 율법의 행위에 있지 않고 믿음으로 되는 줄 우리가 인정하노라" 롬 3:28.

갈라디아주의Galatianism는 은혜로 예수님을 믿고 구원을 받았더라도 율법을 지켜야 궁극적으로 구원을 받는다고 가르쳤습니다. 그러한 갈라디아 교회를 향하여 바울은 다음과 같이 말했습니다.

"내가 율법으로 말미암아 율법을 향하여 죽었나니 이는 하나님을 향하여 살려 함이니라" 갈 2:19.

"너희가 이같이 어리석으냐 성령으로 시작하였다가 이제는 육체로 마치겠느냐" 갈 3:3.

"그리스도께서 우리로 자유케 하려고 자유를 주셨으니 그러므로 굳세게 서서 다시는 종의 멍에를 메지 말라" 갈 5:1.

방임주의는 은혜로 구원받았으니 어떻게 살든지 상관하지 않는다는 가르침입니다. 일명 '도덕률 폐기론'이라고도 합니다.

"이와 같이 행함이 없는 믿음은 그 자체가 죽은 것이라" 약 2:17.

I. 그리스도의 복음

그러면 바울이 받고 전한 복음은 무엇입니까? 그는 복음을 위하여 택정함을 입었다롬 1:1고 하였으며, 하나님의 은혜의 복음을 증거하는 일을 마치려 함에는 그의 생명을 조금도 귀한 것으로 여기지 않았다행 20:24고 하였습니다.

"우리 하나님 아버지와 주 예수 그리스도로 좇아 은혜와 평강이 있기를 원하노라 그리스도께서 하나님 곧 우리 아버지의 뜻을 따라 이 악한 세대에서 우리를 건지시려고 우리 죄를 위하여 자기 몸을 드리셨으니" 갈 1:3-4.

"은혜와 평강"은 평범한 인사말로 보이지만 신학적 내용을 함축한 말로 바울의 구원의 복음을 요약한 말이기도 합니다. 구원의 근원은 하나님의 은혜입니다. 우리가 믿음으로 화답할 때 그 결과로 하나님과 화목하게 되고, 인간관계에 화평을 낳고, 우리의 내면에 평강을 누리게 됩니다.

"가라사대 아버지여 만일 아버지의 뜻이어든 이 잔을 내게서 옮기시옵소서 그러나 내 원대로 마옵시고 아버지의 원대로 되기를 원하나이다 하시니" 눅 22:42.

하나님 아버지는 우리를 죄에서 구원하기 위하여 그분의 아들을 보내셨고, 그 아들은 우리를 위하여 십자가를 지시고 자신의 목숨을 내어 놓으셨습니다. 우리 죄를 위하여 자신의 몸을 드리신 예수님의 죽음은 근본적으로 사랑의 과시나 영웅주의의 한 예가 아니라 죄를 위한 희생이었습니다. 마르틴 루터는 "이 말씀은 결국 자기 의에 지나지 않는 모든 종류의 의에 대하여 하늘로부터 내린 뇌성벽력이다."라고 하였습니다.

"우리가 그리스도 안에서 그의 은혜의 풍성함을 따라 그의 피로 말미암아 구속 곧 죄 사함을 받았으니" 엡 1:7.

그리스도가 우리 죄를 위하여 자기 몸을 드리셨음을 보고 우리는 스스로를 구원할 수 없는 죄인이라는 것을 깨닫게 되었습니다. 우리를 구원하신 목적은 악한 세대에서 우리를 건지시기 위함입니다. 악한 자의 세대로부터 건져서 하나님의 나라를 바라보고 하나님이 다스리는 삶을 살도록 하기 위해서 구원하셨습니다 엡 4:25-32. 이 모든 동기는 하나님의 영광을 위해서입니다.

"영광이 저에게 세세토록 있을지어다 아멘" 갈 1:5.

II. 복음의 유일성

"그리스도의 은혜로 너희를 부르신 이를 이같이 속히 더나 다른 복음 좇는 것을 내가 이상히 여기노라 다른 복음은 없나니 다만 어떤 사람들이 너희를 요란케 하여 그리스도의 복음을 변하려 함이라" 갈 1:6-7.

바울은 "다른 복음은 없다."라고 단호히 선언했습니다. 거짓 교사들은 갈라디아에 있는 교회에 들어와 "요란케" 하였습니다. '선동하였다.'는 뜻입니다. 복음을 변질시키고 왜곡시켰습니다. 헬라어로 이것은 복음의 성격을 '뒤바꿔 놓았다.' 는 의미입니다. 오직 하나의 복음만이 있을 뿐이지 제2의 복음은 없습니다.

"형제들아 내가 너희에게 전한 복음을 너희로 알게 하노니 이는 너희가 받은 것이요 또 그 가운데 선 것이라 너희가 만일 나의 전한 그 말을 굳게 지키고 헛되이 믿지 아니하였으면 이로 말미암아 구원을 얻으리라 내가 받은 것을 먼저 너희에게 전하였노니 이는 성경대로 그리스도께서 우리 죄를 위하여 죽으시고 장사 지낸 바 되었다가 성경대로 사흘 만에 다시 살아나사" 고전 15:1-4.

"다른 이로서는 구원을 얻을 수 없나니 천하 인간에 구원을 얻을 만한 다른 이름을 우리에게 주신 일이 없음이니라 하였더라" 행 4:12.

"예수께서 가라사대 내가 곧 길이요 진리요 생명이니 나로 말미암지 않고는 아버지께로 올 자가 없느니라" 요 14:6.

복음의 본질은 하나님의 은혜입니다 행 20:24.

III. 다른 복음을 전하는 자들에 대한 엄한 심판

"그러나 우리나 혹 하늘로부터 온 천사라도 우리가 너희에게 전한 복음 외에 다른 복음을 전하면 저주를 받을지어다 우리가 전에 말하였거니와 내가 지금 다시 말하노니 만일 누구든지 너희의 받은 것 외에 다른 복음을 전하면 저주를 받을지어다" 갈 1:8-9.

요즈음 히트한 광고물이 있습니다. 하나는 "생각대로"라는 광고물이며 또 하나는 "쇼show하면서 살자"입니다. 두 이동 통신사의 광고물은 이 시대의 특징을 잘 반영하고 있습니다. 12월 24일 동아일보 기자가 연세가 많으신 교계 원로 방 목사님과 인터뷰를 하였습니다. 그 목사님은 이 시대의 강단에서 목사의 설교가 "쇼show하고 있다."라고 말씀하셨습니다.

"이제 내가 사람들에게 좋게 하랴 하나님께 좋게 하랴 사람들에게 기쁨을 구하랴 내가 지금까지 사람의 기쁨을 구하는 것이었더면 그리스도의 종이 아니니라" 갈 1:10.

본문인 갈라디아서 1:8을 보면 "그러나 우리나 혹 하늘로부터 온 천사라도 우리가 너희에게 전한 복음 외에 다른 복음을 전하면 저주를 받을지어다"라고 말씀하고 있습니다. 바울은 "우리나 혹 하늘로부터 온 천사라도" 자신이 전한 복음을 바꿔서 다른 복음을 전한다면 저주를 받는다고 하였습니다. 천사라 할지라도 거부하여야 한다고 하였습니다.

우리는 직분이나 타이틀에 현혹되어서는 안 됩니다. 그러한 거짓 복음은 권위나 학위를 가지고 올 수도 있습니다. 전달자의 인격이 훌륭하여 전하는 메시지message를 유효하게 하는 것이 아니라 메시지의 본질이 전달자를 유효하게 합니다. 도구tool가 아니라 내용contents이 중요합니다.

그러므로 우리는 라디오나 TV를 통하여 전달되는 여러 의견이나 설교 가르침을 분명한 복음의 기준으로 분별해야 합니다. 성경에서 말하고 있는 하나님의 은혜의 복음과 일치한가 그렇지 않은가를 판별해야 합니다. 만일 일치하지 않는다면 그 내용이 아무리 설득력이 있다 하더라도 거부해야만 합니다.

끝으로 복음은 전하지 않으면 복음일 수가 없습니다. 복음 전하는 일에서 저에게 잊혀지지 않는 분이 있습니다. 바로 김갑철 형제입니다. 1968-1969년에 서울고등학교 학생이었던 그는 우리 교회에서 복음을 듣고 주 예수 그리스도를 믿고 구원받아 열정을 지니고 친구들에게 전도를 하였습니다. 그 당시 서울고등학교 학생들을 50명 이상 우리 교회로 인도하였습니다. 그 가운데 송재호 박사가 있고, 이웅상 목사가 있으며, 다른 교단의 목사가 된 사람들도 있습니다. 김종대 집사님의 매형 되는 최희재 교수, 한국 금융위원회 양성룡 국장도 있습니다. 두 분 다 제가 주례를 하였습니다.

　선교사의 소명을 받았던 김갑철 형제는 미국에 가서 사업을 하다가 교통사고가 나서 결국 하나님이 데려가셨습니다. 그 부인이 신학 공부를 하고 전도사의 일을 한다고 들었습니다. 하나님의 은혜의 복음을 전하는 일은 결코 중단됨이 없습니다. 하나님의 은혜의 복음을 소중히 여기고 보존할 뿐만 아니라 그 복음을 전하고 보내는 일에 최선을 다하는 삶을 삽시다.

복 · 음 · 과 · 구 · 원

사람이 거듭나지 아니하면

요 3:1-7

　77세 된 한 노인이 이런 고백을 했습니다. "나는 지금 혼란의 늪에 빠진 사람입니다. 하나님의 법을 어기고 하나님의 계명에 반대 되는 생활을 해왔습니다. 하나님 없이 사는 삶이 자유롭고 잘 사는 삶이라고 생각해 왔습니다. 나는 나 자신의 규율을 만들고 나 자신의 방법대로 살아왔습니다. 그러나 처참하게 실패했습니다. 내가 인생을 돌이켜 다시 시작할 수 있다면, 만일 내가 다시 태어날 수 있다면 무엇인들 못하겠습니까?" 이분은 하나님의 말씀으로 거듭날 수 있다는 말을 듣고 감격했습니다. 우리 교회에 열심히 출석하시던 서 모친이 계셨는데, 예수님을 구주로 믿고 난 후에 "다시 사는 세상이다."라고 하셨습니다.
　예수님은 초기 사역 때 선풍적인 인기가 있었습니다.

"유월절에 예수께서 예루살렘에 계시니 많은 사람이 그 행하시는 표적을 보고 그 이름을 믿었으나" 요 2:23.

니고데모는 예수님의 소식을 들었던 사람 중 하나였습니다. 그는 유대인의 지도자요 존경받는 선생님이었습니다. 그는 다른 사람의 시선을 피하여 밤에 예수님을 찾아왔습니다. 니고데모는 예수님을 칭찬하며 그 나름대로 지혜로운 관찰을 보이면서 예수님과 대화를 시작했습니다.

"그가 밤에 예수께 와서 가로되 랍비여 우리가 당신은 하나님께로서 오신 선생인 줄 아나이다 하나님이 함께하시지 아니하시면 당신의 행하시는 이 표적을 아무라도 할 수 없음이니이다" 요 3:2.

니고데모는 오늘날 많은 사람처럼 예수님을 위대한 선생, 정신적 지주로 보았으나 그 이상은 아니었습니다.
역사가인 클라우스너Klausner는 "예수는 이 땅에 살았던 가장 위대한 선생이요 그 이상은 아니다."라고 하였습니다. 예수님의 가르침은 그 누구의 가르침보다 뛰어난 가르침이었습니다. 어떤 사람들은 위대한 종교 지도자로 보았습니다. 그러나 이와 같은 관찰은 충분치 못한 관찰일 뿐 아니라 절대 부족이요 근사치도 아닙니다.
우리는 그분이 하나님이심을 깨달아야 합니다. 그분은 우리 생활의 주가 되시는 분으로 우리 생활을 주장할 수 있는 권위가 있는 분입니다. 그분은 단순한 인간이나 위인이 아니라 바로 신인The God-man, 즉 하나님이신 동시에 온전한 인간이십니다.

예수님은 마치 망치로 강타하듯이 니고데모에게 말씀하셨습니다.

"예수께서 대답하여 가라사대 진실로 진실로 네게 이르노니 사람이 거듭나지 아니하면 하나님 나라를 볼 수 없느니라" 요 3:3.

아마도 여러분 중에 어느 분은 니고데모와 동일한 반응을 하리라고 생각합니다. 니고데모는 인간이 어떻게 다시 태어날 수 있는가 의아했습니다. 물론 장성한 사람이 모태에 들어갔다가 다시 태어나는 것은 불가능한 일입니다. 그는 여러 가지 의문으로 가득 찼을 것입니다. 여러분 가운데도 동일한 의문을 가진 분들도 있을 것입니다. 저는 거듭나는 것에 대하여 일반적으로 질문하는 네 가지를 생각해 보고자 합니다.

I. 거듭나는 것이 무엇인가?

첫째로, 거듭나는 것은 영적으로 태어나는 것을 의미합니다.

거듭나는 것은 '인간의 육체'와 연관된 것이 아니고 '인간의 영'과 관계가 있는 것입니다. 그러므로 거듭나는 것은 육체적인 출생과 달리 눈으로 볼 수 있는 것이 아닙니다. 예수님은 니고데모에게 이렇게 말씀하셨습니다.

"육으로 난 것은 육이요 성령으로 난 것은 영이니" 요 3:6.

"바람이 임의로 불매 네가 그 소리를 들어도 어디서 오며 어디로 가는지 알지 못하나니 성령으로 난 사람은 다 이러하니라" 요 3:8.

예수님은 거듭나는 것은 바람이 부는 것과 같다고 하셨습니다. 육안으로 보거나 손으로 만질 수 있는 것이 아니지만 그 결과는 쉽게 볼 수 있습니다. 거듭나는 것은 눈으로 볼 수는 없지만 새로운 창조로서 그 결과는 반드시 보이게 마련입니다. 바울은 이렇게 표현하였습니다.

"그런즉 누구든지 그리스도 안에 있으면 새로운 피조물이라 이전 것은 지나갔으니 보라 새것이 되었도다" 고후 5:17.

바울은 거듭났다는 것이 무엇인가를 잘 알고 있었습니다. 스데반을 돌로 칠 때 돌로 치는 그들이 그들의 옷을 후에 바울이 된 사울이라는 청년 발 앞에 두었습니다. 바울(사울)은 그들이 하는 일을 인정하였습니다.

"성 밖에 내치고 돌로 칠새 증인들이 옷을 벗어 사울이라 하는 청년의 발 앞에 두니라" 행 7:58.

그는 예루살렘 교회를 핍박하는 데 앞장섰습니다. 사도행전 9장을 보면 바울(사울)은 다메섹에 가서 도를 좇는 사람들을 만나면 결박하여 예루살렘으로 잡아오려고 하였습니다. 그런데 다데섹 도상에서 그는 부활하신 주님을 만났습니다. 예수님을 주님이라고 고백하여 거듭났고, 그의 삶이 변하게 되었습니다. 그는 자신의 생애에 새로운 목적을 갖게 되었습니다. 그의 인생관, 가치관이 변했으며 그의 인격이 변화되었습니다. 그의 충성심에 변화가 왔습니다. 초대 교회를 핍박하던 그가 위대한 복음 전도자, 선교사가 되었습니다. 그의 이름이 사울에서 바울로 바뀌었습니다. 모든 것이 새것이 되었습니다. 이것은 거듭난 것의 근본 요소입니다.

둘째로, 거듭나는 것은 "사망에서 생명"으로 옮긴 것입니다.

"너희의 허물과 죄로 죽었던 너희를 살리셨도다" 엡 2:1.

"내가 진실로 진실로 너희에게 이르노니 내 말을 듣고 또 나 보내신 이를 믿는 자는 영생을 얻었고 심판에 이르지 아니하나니 사망에서 생명으로 옮겼느니라" 요 5:24.

죄의 삯은 사망입니다. 사망은 분리의 개념입니다. 죄로 말미암아 하나님의 생명에서 분리되어 영적으로 죽은 것입니다. 그러나 하나님의 은사는 그리스도 우리 주 안에 있는 영생입니다 롬 6:23. 모든 사람은 거듭나기까지 허물과 죄로 인하여 하나님의 생명이 없는 영적으로 죽어 있는 상태입니다. 그러나 거듭나는 것은 하나님의 생명을 얻고 다시 사는 것입니다.

셋째로, 거듭나는 것은 "어두움에서 빛"으로 불러내신 것입니다.

"오직 너희는 택하신 족속이요 왕 같은 제사장들이요 거룩한 나라요 그의 소유된 백성이니 이는 너희를 어두운 데서 불러내어 그의 기이한 빛에 들어가게 하신 자의 아름다운 덕을 선전하게 하려 하심이라" 벧전 2:9.

성경 공부를 하고 난 후에 한 형제가 저에게 와서 "훤히 밝아졌습니다."라고 말한 적이 있습니다. 예수 그리스도가 하나님을 모르는 어둠에 있던 우리를 하나님을 아는 빛으로 인도하셨습니다. 이것은 놀라운 특권입니다.

존 뉴턴John Newton, 1725-1807은 노예선의 선장으로 인간으로는 바닥 생활을 하다가 주 예수 그리스도의 은혜의 복음을 듣고 마침내 거듭나 새 삶을 산 인물입니다. 그는 침례교 목사가 되었으며, 자신의 간증을 담아 405장 찬송 가사를 작시하였습니다.

놀라우신 은혜, 그 음성 얼마나 감미로운지
그 은혜 나같이 가련한 것 구원하셨도다.
한때 잃었던 나, 이젠 찾았고
눈멀었었으나 이젠 보도다.

신학적인 술어로 거듭나는 것을 중생이라고 합니다. 예수님이 니고데모에게 "거듭나라"고 하신 말씀이 바로 이 말씀입니다. "옛것은 지나가고 새것이 되었도다"라는 말씀은 새로운 출생, 새로운 출발, 새로운 시작입니다.

II. 왜 거듭나야 하는가?

예수님은 거듭나야 하는 이유를 두 번이나 말씀하셨습니다 요 3:3, 5. 거듭나지 않고는 하나님 나라를 볼 수도 없고 들어갈 수도 없다고 말씀하셨습니다. 하나님 나라를 깨달을 수 없으며 그 나라의 백성이 될 수도 없다는 사실을 분명히 말씀하셨습니다. 성경은 모든 사람이 죄인임을 분명히 말씀하고 있습니다 롬 3:10, 23; 사 53:6.

어떤 사람이 인간에 대해서 이런 말을 했습니다.

> 인간은 거보巨步를 내디딘 큰 발전을 하였다. 물고기처럼 바다를 수영해 다닐 수 있고 새처럼 하늘을 날 수도 있다. 이제 인간은 인간처럼 사는 것을 배워야 한다.

우리는 오늘날 인간이 이룬 큰 성취를 보고 있습니다. 예술, 음악, 철학, 과학 및 의학, 법률 및 제도, 건축 기술, 사회제도 그리고 우주선을 발사하고 인공위성을 쏘아 올리는 등 위대한 업적을 이루었습니다. 그러나 이 모든 것을 다 합쳐도 죄나 죄의 결과를 없애거나 감소시키지 못합니다.

스위스의 널리 알려진 심리학자 칼 융Carl Jung은 "모든 원시적인 죄들이 죽은 것이 아니다. 현대인의 마음속 어두운 모퉁이에 숨어 웅크리고 있다. 여전히 그곳에 있고 여전히 소름이 끼치도록 무서울 뿐이다."라고 말하였습니다. 신문과 통계가 이를 더욱 뒷받침해 주고 있습니다. 폭력, 폭행, 어린이 성폭행, 강간, 살인, 인신매매, 심지어는 근친상간, 부모 학대 및 살해, 마약 등 희한한 범죄 행위들이 난무하고 있습니다. 인간은 무엇인가 분명히 잘못되어 있습니다.

정치 평론가 월터 리프먼Walter Lippmann은 얼마 전에 이런 말을 하였습니다.

마침내 한 세대가 무질서한 이 땅을 바르게 하기 위해 열정을 부어 할 수 있다고 확신하였다. 그와 같은 의향은 좋았고 또한 그것을 위하여 열심히 노력하였다. 그런데 우리가 이루어 놓은 것은 무엇인가? 우리는 뒤죽박죽 혼란만 초래하지 않았는가? 필요한 것은 새로운 인간이다.

인간은 자신을 개발시키려고 노력해 왔습니다. 그러나 아무 소용이 없었습니다. 참으로 필요한 것은 새사람입니다. 오직 거듭나야만 새사람으로 태어날 수 있습니다.

주 예수님은 인간의 계층을 구별하지 않으셨습니다. 다만 온 세계를 두 그룹으로 나누셨습니다. 구원받은 사람두 번 태어난 사람과 구원받지 않은 사람한 번 태어난 사람입니다. 다른 구분은 문제가 되지 않습니다. 그러나 이 구분만은 영원히 구별됩니다. 여러분은 어디에 속하십니까?

III. 거듭나면 어떤 일이 있는가?

첫째, 하나님의 가족의 일원이 됩니다.

여러분이 태어날 때 이름을 갖게 되었고, 생김새를 비롯한 여러 부분에서 부모의 많은 특징을 닮습니다. 영적인 출생에도 이와 동일한 원리가 적용됩니다. 성령으로 거듭날 때 하나님의 자녀로 태어납니다. 하나님의 자녀가 되어 하나님을 아버지라고 부르는 특권을 갖습니다. 그리고 하나님의 자녀로서의 특징과 성격을 가지게 됩니다. 처음에는 영적인 어린아이이지만 성장해 감에 따라 더욱 아버지를 닮아갑니다. 하나님의 가족이 되는 길은 오직 거듭나는 길뿐입니다.

바울은 에베소 성도들에게 보낸 편지에서 그들이 구원받기 전에는 "본질상 진노의 자녀"였다고 말하였습니다. 구원받기 전에는 하나님의 자녀가 아니라 진노의 자녀였습니다 엡 2:3.

둘째, 지식이 새롭게 됩니다 골 3:10; 엡 4:23-24.

거듭나면 하늘에 계신 아버지의 속성을 지니게 됩니다. 우리는 그것을 하나님의 공유적共有的 속성이라고 합니다. 사랑, 거룩함 등 의를 구하는 삶을 추구합니다. 거듭나면 하나님의 것들에 대하여 민감하게 됩니다. 거듭나면 위엣 것, 순결한 것, 영적인 것들을 찾습니다. 거듭나면 하나님의 것들을 사랑합니다. 거듭나면 하나님의 백성을 사랑합니다. 거듭나면 하나님의 말씀을 사랑합니다. 거듭나면 하나님의 의를 추구하며 결심의 대상이 달라지고, 삶의 동기가 변화됩니다. 소원이 변화되고 삶이 변화됩니다.

셋째, 몸은 성령께서 거하시는 처소가 됩니다 고전 3:16, 6:19-20.

우리 안에 거하시는 성령을 좇아 살면 그 능력으로 우리의 삶이 변화됩니다. 죄의 권세로부터 건져 주시며 성화의 과정을 경험하며 그리스도의 형상을 닮아 갑니다. 하나님의 뜻대로 살고자 하는 거룩한 소원이 있게 됩니다. 삶의 모든 분야에서 변화가 일어나기 시작합니다.

IV. 어떻게 거듭날 수 있는가?

놀랍게도 간단합니다. 하나님의 은혜이기 때문입니다. 죄인 된 것을 회개하고 주 예수 그리스도를 믿으십시오. 그리스도가 우리의 죄를 지시고 우리의 죗값을 대신 치르셨습니다. 하나님의 은총을 사람의 노력으로 사지 못하며 의로운 행위로도 구원할 능력이 없습니다. 인간의 의는 더러운 옷과 같기 때문입니다 사 64:6.

어린아이가 자기 스스로 노력하여 태어날 수 없는 것같이 인간은 자기 노력으로 거듭날 수 없습니다. 거듭남은 하나님의 일이요, 하나님의 은혜입니다 엡 2:8-9. 우리가 해야 할 일은 오직 회개와 믿음뿐입니다.

복 · 음 · 과 · 구 · 원

영혼을 위한 열정

롬 9:1-3, 10:1

하나님이 쓰시는 사람들의 위대한 생애를 살펴보면 그들에게는 열정과 사역의 테마가 있었음을 보게 됩니다. 예를 들면 찰스 피니Charles Finney는 하나님 앞에서 인간의 책임거룩함에 대하여 깊은 관심을 가지고 성별된 삶을 강조했습니다. 그의 사역의 테마는 거룩함이었습니다. 그런가 하면 니콜라우스 친첸도르프Nikolaus Zinzendorf 백작은 "나에게는 오직 하나의 열정, 즉 그리스도를 향한 열정뿐이다."라고 말했습니다. 그는 찬송 작사자요, 설교자요, 복음 팸플릿의 제작자가 되었는데 참으로 온전히 헌신된 삶을 강조했습니다. 그에게 있어서의 테마는 헌신된 삶, 즉 그리스도를 향한 열정이었습니다.

조지 휘트필드George Whitefield는 "당신은 거듭나야 한다."는 테마로 자주 설교를 했습니다. 그는 한 가지 주제로 너무 자주 말씀을 전한다는 사실 때문에 비판과 비난을 받기도 했습니다. "왜 그처럼 동일한 주제로 그토록 많은 설교를 하는가?"에 대해서 질문을 받자 그는 거침없이 "바로 당신이 거듭나야 하기 때문이다."라고 대답했습니다. 다시 말해 그 영혼이 거듭날 때까지 그는 계속해서 복음을 전하겠다는 것이었습니다. 예수님도 니고데모에게 "네가 거듭나야 한다."고 강조하셨듯이, 조지 휘트필드의 테마는 "영혼의 거듭남"이었습니다.

조나단 에드워드Jonathan Edwards는 "사랑과 심판"을 강조했고, 메이저 리그의 야구 선수였다가 복음 전도자가 된 빌리 선데이Billy Sunday는 "너희 죄가 정녕 너희를 찾으리라"는 사실을 항상 강조했습니다. 그뿐만 아니라 집시 스미스Gypsy Smith는 "그리스도의 아름다움"이라는 주제가 그의 메시지의 주된 테마였습니다.

미국의 역사를 바꿨다는 평가를 받는 디 엘 무디D. L. Moody의 테마는 "하나님의 사랑"이었습니다. 그는 자신이 목회하고 있었던 시카고 교회에 "God is love"라는 가스등을 켜 놓았습니다. 그런데 어느 날 한 사람이 그 등을 보고 들어와서 지금까지 그 누구로부터 자신을 사랑한다는 말을 들어본 적이 없는데 처음으로 사랑의 말을 들었다고 고백했습니다. 무디가 이처럼 "하나님은 사랑이시다"라는 테마로 사역을 했던 이유는 다음과 같습니다.

그가 영국에서 집회를 했을 때 볼품없어 보이는 한 사람이 그에게 찾아와 자신이 미국에 가면 무디 목사님이 설교하는 강단에서 설교하고 싶다고 이야기를 했습니다. 무디 목사는 그 사람이 미국을 찾아오리라고는 꿈에도 생각하지 못하고 그냥 인사치레로 그렇게 하라고 말했습니다. 그런데 그 사람이 미국을 찾아온 것이었습니다. 그래서 무디 목사는 마지못해 그에게 강단을 내주었습니다. 그의 설교 주제가 바로 '사랑'이었다고 합니다. 그가 사랑의 주제를 가지고 일주일 동안 집회를 했는데 그때 무디 목사는 깊은 감명을 받았고, 그 눈물을 억제할 수가 없었습니다. 무디 목사는 사랑에 대한 설교를 듣고 나서 하나님의 사랑에 대하여 자신이 개인적으로 공부를 한 후에 "나는 하나님과 사람을 사랑할 수밖에 없다."고 고백하기에 이르렀습니다. 그리하여 그의 사역의 테마가 바로 "하나님의 사랑"이 된 것입니다.

저도 제 사역의 테마가 있습니다. 그것은 바로 '구령', '양육', '선교'인데 다른 말로 표현한다면 "복음 듣지 못한 영혼들에게 복음 전하고 어찌하든지 주 예수님을 닮고자 하는 것"입니다.

하나님이 쓰시는 사람들에게 공통점이 있는데 그것은 바로 "영혼에 대한 열정"입니다. 그들은 영혼에 대하여 예수님의 심장을 지니고 있습니다. 그들은 예수님이 오신 목적대로 살기 원했고 영혼들이 구원받기를 갈망하는 거룩한 소원을 가지고 있었으며 바로 이것이 그들의 삶을 지배하고 있었습니다.

사도 바울은 열정의 사람이었습니다. 특별히 그는 영혼에 대한 깊은 부담을 지니고 있었습니다. 그러면서 그는 영혼에 대한 자신의 열정과 부담을 로마서 9:1-3의 말씀을 통해서 다음과 같이 고백했습니다.

"내가 그리스도 안에서 참말을 하고 거짓말을 아니하노라 내게 큰 근심이 있는 것과 마음에 그치지 않는 고통이 있는 것을 내 양심이 성령 안에서 나로 더불어 증거하노니 나의 형제 곧 골육의 친척을 위하여 내 자신이 저주를 받아 그리스도에게서 끊어질지라도 원하는 바로라" 롬 9:1-3.

바울은 "영혼을 향한 나의 관심은 사실이요 거짓말이 아니라."고 말하며 자신의 양심이 성령으로 더불어 확인하고 있음을 고백하고 있습니다. 만일 우리의 골육친척이 도적질하고, 거짓말하고, 부도덕한 행위를 하면 큰 근심이 있게 되며 고통이 따릅니다. 바울에게 있었던 영혼에 대한 부담은 간헐적인 것이 아니었습니다. 그것은 "그치지 않는 고통"continual sorrow이었습니다.

사도 바울은 에베소 교회 목회자들 앞에서 마지막으로 고별 설교할 때에 자신이 에베소에서 어떻게 사역했는가를 이렇게 표현했습니다.

"그러므로 너희가 일깨어 내가 삼 년이나 밤낮 쉬지 않고 눈물로 각 사람을 훈계하던 것을 기억하라" 행 20:31.

사도 바울은 밤낮 눈물로 쉬지 않고 에베소 교인들을 향한 연민의 정을 가지고 사역했습니다. 사도 바울은 고린도전서 11:1에서 "내가 그리스도를 본받는 자 된 것같이 너희는 나를 본받는 자 되라"고 말했습니다. 이 땅에 산 사람 가운데 예수 그리스도를 가장 본받은 사람이 있다면 그는 바로 사도 바울일 것입니다. 예수님은 공생애에서 연민의 정을 보이셨던 분입니다. 그리고 바울은 그러한 예수 그리스도의 모습을 본받은 사람이었습니다.

"예수께서 모든 성과 촌에 두루 다니사 저희 회당에서 가르치시며 천국 복음을 전파하시며 모든 병과 모든 약한 것을 고치시니라 무리를 보시고 민망히 여기시니 이는 저희가 목자 없는 양과 같이 고생하며 유리함이라 이에 제자들에게 이르시되 추수할 것은 많되 일꾼은 적으니 그러므로 추수하는 주인에게 청하여 추수할 일꾼들을 보내어 주소서 하라 하시니라"
마 9:35-38.

"민망히 여기시니"라는 말은 '함께 고통을 당한다.' 또는 '고난에 참여한다.'는 의미가 있습니다. 우리가 누구를 불쌍히 여길 때 바라보고만 있는 것이 아니라 그들의 고난에 참예하고 나누고자 하는 마음이 있게 됩니다. 그것이 바로 영혼을 향해 열정을 지니고 계신 예수님의 모습이었습니다.

많은 목사님들에게 존경을 받은 존 헨리 조웨트John Henry Jowett 박사는 『영혼을 향한 열정』이란 책에서 "상한 마음을 위한 복음은 죄로 말미암아 상한 그들이 피 흘리는 마음의 사역을 요구한다."라고 했습니다. 다시 말해서 잃어버린 영혼들을 향해 복음을 전할 때 피 흘리는 마음의 간절함이 요구된다는 사실입니다. 그러면서 그는 "우리가 느껴보지 못한 필요상처는 치유할 수 없다."고 말했습니다.

그러나 바울은 한걸음 더 나아가 로마서 9:3에서 "나의 형제 곧 골육의 친척을 위하여 내 자신이 저주를 받아 그리스도에게서 끊어질지라도 원하는 바로라"고 고백했습니다. 이 얼마나 위대한 열정입니까? 그들이 구원만 얻을 수 있다면 자신이 대신 저주를 받는다 할지라도 그것이 자신이 원하는 바라고 한 바울의 고백 속에는 영혼을 향한 위대한 열정이 담겨져 있습니다.

이와 같은 열정은 스코틀랜드의 존 녹스John Knox를 움직였는데 그는 큰 고통으로 인하여 다음과 같이 말했습니다. "하나님, 나에게 스코틀랜드를 주십시오. 아니면 차라리 나에게 죽음을!" 바로 이러한 열정을 지닌 존 녹스 때문에 스코틀랜드가 장로교의 본산지와 같이 될 수 있었습니다.

이런 모습을 우리는 성경에서도 찾아볼 수 있습니다. 구약에 보면 라헬이라는 여인에 대한 이야기가 나옵니다. 라헬이 아이를 낳지 못했을 때 느꼈던 고통, 또한 아이를 낳고자 하는 열망과 간절함이 어떠했는지를 우리는 성경에서 찾아볼 수 있습니다. 아이를 낳지 못하고 부끄러워하며 창피하게 느꼈던 라헬은 그의 남편 야곱에게 부르짖었습니다.

> "라헬이 자기가 야곱에게 아들을 낳지 못함을 보고 그 형을 투기하여 야곱에게 이르되 나로 자식을 낳게 하라 그렇지 아니하면 내가 죽겠노라"
> 창 30:1.

여러분과 제가 우리 주위에 있는 영혼들, 잃어버린 상태에 있는 영혼들에 대하여 참으로 관심을 갖는다면, 우리는 하나님께 라헬처럼 부르짖고 존 녹스처럼 부르짖을 것입니다. 그러면 하나님께서 우리들에게 영적인 자녀들을 주실 것입니다.

열정은 다른 사람으로 하여금 확신을 갖게 합니다. 그리고 다른 사람으로 하여금 용기를 갖게 하며 헌신하게 합니다. 바울은 영혼을 향하여 열정을 지닌 사람이었습니다. 주 예수 그리스도를 본받은 바울처럼 우리도 영혼을 향한 열정을 지닌 그리스도인이 되어야 합니다. 본문을 중심으로 우리에게 적용되어야 할 몇 가지에 대해서 생각해 보고자 합니다.

I. 우리는 자신의 필요를 인식하고 시인해야 한다

우리는 잃어버린 영혼을 향하여 부담이 적었고, 열정이 식었음을 솔직하게 고백해야 합니다. 성령 충만하지 못했음을 자책하고 다시 성령 충만함을 입으면 복음을 담대히 전할 수 있게 됩니다.

성령 충만하지 못한 사람은 늘 불안과 불만이 있을 뿐만 아니라 열매가 없습니다. 이러한 사람은 출애굽 후 40년을 방황하며 애굽의 가마솥을 그리워함으로 기도의 응답을 경험하지 못했던 이스라엘 백성들과 같습니다.

사도행전 1:8에 "오직 성령이 너희에게 임하시면 너희가 권능을 받고 예루살렘과 온 유대와 사마리아와 땅 끝까지 이르러 내 증인이 되리라 하시니라"고 말씀하신 것처럼, 우리는 성령 충만함으로 전도의 능력을 입고 우리의 삶에서 그리스도를 나타내도록 해야 합니다.

II. 우리는 희생을 각오해야 한다

영혼을 위하여 우리는 안락한 지대에서 나와야 합니다. 왜냐하면 산모가 기꺼이 고통을 치르고자 하지 않으면 그 아이를 낳을 수 없는 것처럼 희생하지 않으면 영혼을 얻을 수 없기 때문입니다.

에드 스펜서 Ed Spencer는 목사 지망생이었습니다. 그는 어느 날 배가 파선된 것을 보고 10번이나 수영을 하고 가서 사람을 구하고 나와 담요를 덮고 있다가 5번 더 수영하고 가서 몇 사람을 더 구했습니다. 그러나 몸의 신경 마비로 인해 병원에 입원하게 되었습니다.

그는 입원 중에도 계속 수영만 했는데 그의 눈에서는 눈물이 흐르고 있었고 이렇게 중얼거렸습니다. "내가 최선을 다한 것인가? 더 할 수 있었는데 못한 것이 아닌가?" 그는 자신이 더 이상 희생하지 못한 것에 대해 안타까워하고 있었습니다. 우리는 천국 아니면 지옥을 가야만 하는 영혼들을 향하여 어떠한 희생을 하려고 하는지 깊이 생각해 보아야 합니다.

III. 우리는 중보 기도를 해야 한다

한나는 아들을 낳기 위해서 여호와께 기도하고 통곡했습니다. 그러자 엘리 제사장이 옆에 있다가 한나가 술에 취한 것이 아니냐고 물었습니다. 그러자 한나는 술에 취한 것이 아니라 하나님께 간절히 기도

하며 자신의 심정을 통한 것이라고 말했습니다. 그리고 그 기도의 응답으로 아들 사무엘을 얻을 수 있었습니다. 바로 그 기도로 얻은 사무엘이 나중에 "다른 사람을 위하여 기도하지 않는 죄를 내가 범하기를 원치 않는다."고 고백했습니다.

우리는 조지 뮬러George Muller의 이야기를 너무 잘 알고 있습니다. 그는 두 영혼의 구원을 위해서 오십 년간 중보 기도를 했는데 한 영혼은 그의 마지막 설교 때 구원을 받았으며, 또 한 영혼은 그가 소천한 지 일년 후에 구원을 받았습니다.

우리 교회 회중 가운데에도 수년 내지 수십 년간의 중보 기도가 있고 난 후 주님을 영접하고 하나님께 돌아온 분들이 많습니다. 영혼을 향한 열정은 그들을 위한 간절한 중보의 기도로 나타나야만 합니다.

IV. 우리는 지옥과 천국이 있음을 믿어야 한다

한 농부가 마차를 가지고 읍내에 왔습니다. 마차를 마을에 매어 놓고 가게에서 장을 보고 있는데 무엇 때문인지 알 수 없지만 말이 사납게 이리저리 뛰고 있었습니다. 그러자 마차 주인이 가게에서 나와 말고삐를 잡았지만 말이 높이 뛰면서 그만 주인을 밟고 말았습니다. 옆에 있던 사람들이 간신히 주인을 끄집어내면서 "말과 마차가 무엇이기에 생명을 희생하려고 하는가?"라며 이해하지 못하겠다는 듯이 그에게 물었습니다.

그러자 그 농부는 숨을 거두기 전에 마지막으로 "마차에 가 보세요."라는 말을 남겼습니다. 사람들이 마차에 가서 보니 그 주인의 어린 사내아이가 잠들어 있었습니다. 그 아이를 보자 사람들은 농부가 왜 자신을 희생하면서까지 말을 붙들려고 했는지 이해할 수 있었습니다.

영혼을 향한 열정! 단지 그냥 구호에 그치겠습니까? 아니면 성령의 인도하심에 순복하겠습니까? 이 말씀을 통해 영혼을 향한 우리의 열정이 다시금 불 일 듯이 일어나고 회복될 수 있기를 바랍니다.

복 · 음 · 과 · 구 · 원

지붕을 뜯자

막 2:1-12

본문 마가복음 2:1에는 "예수께서 다시 가버나움에 들어가시니"라고 말씀하고 있습니다. 마태복음 9:1에 의하면 가버나움은 예수님의 "본 동네"His own city였습니다. 그곳은 예수님의 갈릴리 사역의 본부와 같은 중심지였다고 생각됩니다. 많은 치유의 기적이 그곳에서 일어났으며 사람들은 그 일 때문에 놀라곤 했습니다. 그들이 놀라기는 했어도 회개하고 구원받는 일은 일어나지 않았습니다.

하나님의 아들이 그들 중에 있었지만 대부분의 경우 그들은 반응하는 기색을 보이지 않았습니다. 그 도시에 기적이 일어날 수도 있었지만 그들은 냉담했습니다. 예수님이 자신을 그 도시에 나타내 보이셨지만 그들은 그분을 믿지 않았습니다. 이는 심각한 일입니다. 예수님은 다음과 같이 말씀하셨습니다.

"가버나움아 네가 하늘에까지 높아지겠느냐 음부에까지 낮아지리라" 눅 10:15.

갈릴리 바다 북편에 이르면 가버나움의 유적지가 나옵니다. 돌, 벽돌의 조각들과 돌 더미들이 있는 곳입니다. 가버나움 사람들에게 기회의 순간이 왔지만 그들은 알지 못했고, 예수님이 그들 중에 계셨지만 거절했습니다. 그러나 예수님이 다시 가버나움에 오셨다는 소문이 퍼졌습니다. 많은 사람들이 그가 계신 집에 용신할 수 없도록 모였습니다. 사람들이 밖에서 창으로 안을 들여다보았습니다. 모인 곳에서 예수님은 말씀을 전하셨습니다.

"예수께서 모든 성과 촌에 두루 다니사 저희 회당에서 가르치시며 천국 복음을 전파하시며 모든 병과 모든 약한 것을 고치시니라" 마 9:35.

예수님은 가르치시고, 전파하시고, 고치시는 일을 하셨습니다. 예수님은 자신이 구주이심을 알도록 하기 위해서 그들에게 말씀을 먹이셨습니다.

본문에는 몇 사람의 인물이 등장합니다. 성경을 읽을 때마다 등장인물을 잘 묘사하는 화가가 되었으면 할 때도 있습니다. 예수님이 말씀을 전하시는 집에 등장하는 인물들을 스케치해 보고자 합니다. 먼저 중풍병자를 생각해 보도록 합시다.

I. 중풍병자

"사람들이 한 중풍병자를 네 사람에게 메워 가지고 예수께로 올새" 막 2:3.

본문에서 "중풍병자"라는 말은 다섯 번3, 4, 5, 9, 10절 등장합니다. 중풍병자라는 말은 '몸 한편이 마비되었다.'는 뜻입니다. 이는 뇌나 척추의 운동하는 부분의 기능이 훼손되었다는 것입니다. 그는 신경계통이 극도로 쇠약해지고 근육이 무력해졌습니다. 신체에 장애가 일어나 자력으로 걸을 수 없고, 가고 싶은 곳도 스스로 갈 수 없게 되고 말았습니다. 다른 사람에게 전적으로 의존해야 하는 육체적으로 마비된 비참한 상태입니다. 이 사람의 육체적 마비 상태는 영적 마비 상태의 모형입니다. 영적 장애인, 정신적 장애인일 수 있습니다. 죄가 그의 삶에 장애를 일으켰습니다.

구약에서 한 예를 찾아볼 수 있는데, 사울 왕의 손자 므비보셋입니다. 시녀가 안고 도망하다가 그만 그를 떨어뜨려 절뚝발이가 되고 말았습니다. 우리 모두의 형편이 그와 같습니다. 떨어져서 영적 절뚝발이가 되었습니다. 그러나 아버지 요나단으로 인하여 다윗은 므비보셋이 왕의 상에서 왕자들과 함께 식사하도록 하였습니다.

"우리가 아직 연약할 때에 기약대로 그리스도께서 경건치 않은 자를 위하여 죽으셨도다" 롬 5:6.

"우리가 아직 죄인 되었을 때에 그리스도께서 우리를 위하여 죽으심으로 하나님께서 우리에게 대한 자기의 사랑을 확증하셨느니라" 롬 5:8.

"곧 우리가 원수 되었을 때에 그 아들의 죽으심으로 말미암아 하나님으로 더불어 화목되었은즉 화목된 자로서는 더욱 그의 살으심을 인하여 구원을 얻을 것이니라" 롬 5:10.

"이러므로 한 사람으로 말미암아 죄가 세상에 들어오고 죄로 말미암아 사망이 왔나니 이와 같이 모든 사람이 죄를 지었으므로 사망이 모든 사람에게 이르렀느니라" 롬 5:12.

모든 병이 죄 때문에 있는 것은 아닙니다.

"예수께서 길 가실 때에 날 때부터 소경 된 사람을 보신지라 제자들이 물어 가로되 랍비여 이 사람이 소경으로 난 것이 뉘 죄로 인함이오니이까 자기오니이까 그 부모오니이까 예수께서 대답하시되 이 사람이나 그 부모가 죄를 범한 것이 아니라 그에게서 하나님의 하시는 일을 나타내고자 하심이니라" 요 9:1-3.

그런데 예수님은 중풍병자에게 "소자야 네 죄 사함을 받았느니라" 막 2:5고 말씀하셨습니다. 근본적으로 누구나 죄 문제가 해결되어야 합니다. 예수님은 죄인을 찾아 구원하기 위해 오셨습니다. 그러면 중풍병자를 예수님에게 데려온 사람들을 생각해 봅시다.

II. 지붕을 뜯은 네 사람

"무리를 인하여 예수께 데려갈 수 없으므로 그 계신 곳의 지붕을 뜯어 구멍을 내고 중풍병자의 누운 상을 달아 내리니 예수께서 저희의 믿음을 보시고 중풍병자에게 이르시되 소자야 네 죄 사함을 받았느니라 하시니" 막 2:4-5.

예수님이 집에 계시다는 말을 들은 네 사람은 침상에 누운 중풍병자를 데리고 왔습니다. 많은 사람들이 누군가가 그들을 예수님에게 데리고 오지 않으면 오지 않을 사람들입니다. 그러므로 가서 사람들을 예수께로 데리고 오는 것은 우리의 책임입니다. 예수님은 잃어버린 자를 찾아 구원하기 위하여 오셨습니다.

"너희 중에 어느 사람이 양 일백 마리가 있는데 그중에 하나를 잃으면 아흔아홉 마리를 들에 두고 그 잃은 것을 찾도록 찾아다니지 아니하느냐 또 찾은즉 즐거워 어깨에 메고 집에 와서 그 벗과 이웃을 불러 모으고 말하되 나와 함께 즐기자 나의 잃은 양을 찾았노라 하리라 내가 너희에게 이르노니 이와 같이 죄인 하나가 회개하면 하늘에서는 회개할 것 없는 의인 아흔아홉을 인하여 기뻐하는 것보다 더하리라" 눅 15:4-7.

안드레는 시몬 베드로를 데리고 왔습니다. 그는 아마도 평생 감격하였을 것입니다. 이는 모든 그리스도인들의 책임이며 어명입니다.

중풍병자의 친구인 네 사람은 믿음의 사람들이었습니다. 그 사람을 데리고 예수께 가면 그 사람의 필요를 채워 주시리라는 믿음이 있었습니다. 그들의 믿음은 행동으로 옮기게 하였습니다. 예수님도 "저희의 믿음을 보시고"라고 말씀하셨습니다.

네 사람은 중풍병자를 예수께 데리고 가겠다는 결심이 있었습니다. 예수님이 계신 집은 많은 사람들이 모여서 문 앞이라도 용신할 수 없게 되었습니다. 들어갈 수가 없었습니다. 그러나 그들은 포기하지 않았습니다.

> "무리를 인하여 예수께 데려갈 수 없으므로 그 계신 곳의 지붕을 뜯어 구멍을 내고 중풍병자의 누운 상을 달아 내리니" 막 2:4.

그들은 밖에 있는 계단을 올라 지붕 위로 올라갔습니다. 그리고 지붕을 뜯기 시작했습니다. 한 사람을 예수께 인도한다는 것이 쉽지 않습니다. 그러나 예수께 인도해야 한다는 결심이 모든 장애를 극복하게 하였습니다. 그들은 집을 원상 복귀시키는 데 필요한 비용을 감당할 각오가 되어 있었을 것입니다. 그들에게 있어 최고의 우선순위는 중풍병자를 예수님 앞에 데려다 놓는 것이었습니다. 그들은 무엇이 가장 중요한 것인가를 알고 있었습니다.

제리 바인즈Jerry Vines 목사는 고고학적 탐사를 해 온 분입니다. 그가 어느 날 고대 설형문자 형틀을 발견하게 되었는데 네 사람의 이름이 있었습니다. 첫째 사람의 이름은 프랭크 페이스Frank Faith였습니다. 이 사람은 예수께서 사람을 치유하신다는 말을 듣고 그의 친구들에게 가서 말했다고 합니다. "나는 이 중풍병자를 예수께 데리고 가면 그분이 낫게 하신다고 믿는다." 둘째 사람의 이름은 해리 호프Harry Hope였습니다. "나는 이 사람에게도 소망이 있다고 믿어. 소망이 없는 가련한 중풍병자가 아니야. 이 사람을 예수께 데리고 갈 수만 있다면 소망이 있다고 나는 믿어." 셋째 사람의 이름은 래리 러브Larry Love였습니다. "나는 이 친구를 참으로 사랑해. 죄인이지만 그의 죄는 미워해도 그를 사랑해. 그를 꼭 예수께 데리고 가자!" 넷째 사람의 이름은 댄 디터미네이션Dan Determination이었습니다. "말만 하지 말고 가서 실행하자!" 그래서 그 네 사람이 중풍병자를 데리고 지붕 위로 올라갔습니다. 그를 예수님 앞에 내려놓았습니다. 그들이 할 수 있는 일은 다하였습니다.

이제 세 번째 분에게 가서 보도록 합시다.

III. 죄를 사하신 분

"예수께서 저희의 믿음을 보시고 중풍병자에게 이르시되 소자야 네 죄 사함을 받았느니라 하시니" 막 2:5.

예수님은 문제를 보시고 "소자야 네 죄 사함을 받았느니라"고 말씀하셨습니다. 오늘날 우리들이 직면하고 있는 문제는 남편이나 아내가 아니고 부모나 상사도 아닙니다. 우리의 문제는 바로 '죄'입니다. 그런데 예수님이 갈보리 십자가에서 피 흘리심으로 우리의 모든 죄를 사하셨습니다.

"여호와께서 말씀하시되 오라 우리가 서로 변론하자 너희 죄가 주홍 같을지라도 눈과 같이 희어질 것이요 진홍같이 붉을지라도 양털같이 되리라" 사 1:18.

"동이 서에서 먼 것같이 우리 죄과를 우리에게서 멀리 옮기셨으며" 시 103:12.

"다시 우리를 긍휼히 여기셔서 우리의 죄악을 발로 밟으시고 우리의 모든 죄를 깊은 바다에 던지시리이다" 미 7:19.

"나 곧 나는 나를 위하여 네 허물을 도말하는 자니 네 죄를 기억지 아니하리라" 사 43:25.

"내가 그들의 죄악을 사하고 다시는 그 죄를 기억지 아니하리라 여호와의 말이니라" 렘 31:34.

한 소년이 어머니에게 불순종하는 잘못을 저지른 후에 흑판에 "엄마 미안해요. 제가 나빴어요. 엄마가 저를 용서하셨으면 이 글을 지우세요."라고 써 놓았습니다. 그리고 엄마가 깨끗이 지워 놓은 것을 와서 보고는 감동에 젖었습니다. 하나님께서는 우리가 우리 죄를 자백하면 깨끗이 지우십니다.

"만일 우리가 우리 죄를 자백하면 저는 미쁘시고 의로우사 우리 죄를 사하시며 모든 불의에서 우리를 깨끗게 하실 것이요" 요일 1:9.

바울은 로마서 1장에서 유명한 고백을 했습니다.

"헬라인이나 야만이나 지혜 있는 자나 어리석은 자에게 다 내가 빚진 자라" 롬 1:14.

바울의 일생을 지배했던 삶의 동기는 빚을 갚기 위해 사는 것, 은혜에 보답하기 위해 사는 것이었습니다.

"나의 달려갈 길과 주 예수께 받은 사명 곧 하나님의 은혜의 복음 증거하는 일을 마치려 함에는 나의 생명을 조금도 귀한 것으로 여기지 아니하노라" 행 20:24.

우리는 우리가 할 수 없는 것을 하나님께서 하실 수 있다는 믿음, 그들의 생활을 변화시킬 수 있다는 믿음을 가져야 합니다. 주님의 능력을 믿으며 그들을 위한 기도를 계속해야만 합니다. 그러면서 그들을 주께 인도하는 구체적인 믿음을 행사해야만 합니다. 우리의 믿음이 다른 영혼들을 그리스도께 나오도록 할 수 있다는 사실을 명심해야만 합니다. 우리가 한 팀을 이루어 진실한 마음으로 기도하며 믿음으로 나아갈 때, 하나님께서는 우리의 믿음을 보시고 우리를 통해 일하시고 역사하실 것입니다.

복 · 음 · 과 · 구 · 원

회개 없는 부흥은 없다

눅 19:1-10

세계적으로 사랑과 존경을 받은 복음 전도자이며 기독교 역사상 가장 많은 사람에게 얼굴을 맞대고 설교한 빌리 그레이엄Billy Graham 목사와 그 부인은 1996년 미국에서 민간인이 받을 수 있는 최고의 영예인 '의회 금메달'을 받았습니다. 1939년 작은 침례교회에서 전도 대회를 처음 시작한 이후 오늘에 이르기까지 그의 인격은 비난할 것이 없으며, 그의 메시지는 요동함이 없는 한결같은 복음의 메시지를 전파하고 있습니다.

1954년 런던 전도 대회를 앞두고 기자 회견을 하는 자리에서 자신의 메시지를 이렇게 요약했습니다. "나는 하나님을 전하고자 한다. 그분은 사랑과 은혜와 긍휼의 하나님이시다. 또한 그분은 심판의 하나님이시다. 우리가 그분의 도덕법을 어겼을 때는 고통을 당한다. 그러나 우리가 그것들을 지켰을 때는 내적 평안과 기쁨이 있다. 남녀가 그들의 직장, 가게로 돌아가서 매일의 관계 속에서 그리스도의 가르침을 그들의 삶으로 구현해 내는 부흥을 나는 바라고 있다. 절망이 아니라 소망의 복음, 개인이나 사회나 세계에 소망을 주는 복음을 전하고자 한다."

성경을 통해서 고찰해 보거나 역사를 통해서 돌이켜 볼 때 어느 한 시대의 전환점이 있음을 보게 되었습니다. 그 시점에 회개를 전파하는 외침과 부르짖음이 있음을 보게 됩니다.

I. 지난날의 부흥의 계기, 전환점

역사를 돌이켜 볼 때 하나님께서는 진정한 "부흥을 주옵소서!"라는 기도에 응답하곤 하셨습니다. 수천 년 전 시편 기자는 부흥을 위하여 "우리를 다시 살리사"라고 열정적으로 기도하였고, 하나님께서는 기도에 응답하셨습니다시 85:4-6. 사사 시대의 드보라, 기드온, 삼손 등은 완벽한 사람들이 아니었습니다. 그러나 하나님께서는 그들을 통하여 이스라엘이 영적인 열정을 갖도록 각성하게 하셨습니다. 이스라엘이 죄악의 사슬에 매여 있을 때 결박을 끊고 나올 수 있게 하셨습니다.

구약의 선지자들도 부르짖었습니다. 왕국 시대에 히스기야, 요시야왕과 예레미야나 요나 같은 선지자를 하나님께서 쓰시어 부흥을 일으키셨습니다. 그때 백성들은 악을 떠나고 하나님께 돌아오는 역사가 있었습니다. 이처럼 구약의 사사들을 통하여, 선지자들을 통하여, 왕들을 통하여 백성들을 각성시키고 하나님께 돌아오게 하는 외침이 있었습니다.

구약의 선지자들이 외치는 음성이 사라진 후에는 새로운 소리가 들려왔습니다. 마태복음 3:2에 보면 "회개하라 천국이 가까왔느니라" 하는 새 음성이 있었습니다. 예수 그리스도의 길을 바르게 하고 예비하는 선구자인 침례 요한이 외친 소리였습니다. 마태복음 4:7을 보면 예수님의 처음 외침도 "회개하라 천국이 가까왔느니라"였습니다. 하나님과 영적인 관계를 이루는 길은 '회개의 길'이라고 예수님이 전파하신 것입니다. 그 후에 성령 충만한 사도들이 '회개'를 외쳤으며, 사도 바울도 에베소에 있는 목회자들을 모이게 하여 고별 설교를 하는 중 자신의 사역을 이야기할 때 "하나님께 대한 회개와 우리 주 예수 그리스도께 대한 믿음을 증거전파했다"행 20:21고 말하였습니다.

그뿐만 아니라 역사적으로 소급해 보면 위클리프, 루터, 칼빈, 사보나롤라, 존 녹스 등 종교개혁을 일으키는 데 쓰인 바 된 인물들도 그 시대에 부흥의 불길이 일어나게 했던 메시지 속에 '회개'가 있었습니다. 회개 없는 부흥은 없습니다. 회개 없는 변화는 없습니다. 회개 없는 활력, 새 생명의 약동은 결단코 없습니다.

II. 회개에 대한 성경적 고찰

1. 회개는 무엇인가?

헬라어 '메타노이아'metanoia는 영어의 'repentance'의 의미로 생각의 변화, 마음의 변화를 뜻합니다. 다시 말해 회개는 '태도의 변화가 따르게 되고, 목적의 변화'가 일어나게 됨을 말합니다.

회개에는 눈물이 있고 슬픔이 있지만 '눈물' 그 자체가 반드시 회개는 아닙니다. 하나님께서 사람을 하나님의 형상대로 지으셨을 때 인격체로 지으셨습니다. 인격체에는 지성, 정서, 의지가 있다고 말합니다. 회개할 때 지·정·의가 역사합니다. 지적인 면에서 죄를 인정하고, 정적으로 죄를 슬퍼하며, 의지가 발동하여 죄에서 돌아섭니다. 이 모든 것을 포함하여 '회개'라고 말합니다.

존 스토트 목사는 『기독교의 기본 진리』라는 책에서 회개에 대해 다음과 같이 말했습니다.

회개는 그릇된 것으로 알려진 생각과 말, 행동, 습관으로부터 분명히 돌아서는 것이다. 회개는 양심의 가책으로 인하여 고통을 느끼는 것이나, 하나님께 어떤 사과의 말을 하는 것으로 충분한 것이 아니다. 회개는 행동의 변화를 일으키는 죄에 대한 내적인 생각과 태도의 변화이다. 때때로 참된 회개는 보상을 포함하여야 한다. 우리가 상처 준 사람들과 바른 관계를 갖는 것이다. 우리의 모든 죄는 하나님께 상처를 드리는 것이며 우리가 그 무엇을 한다 하여도 그 상처를 낫게 할 수는 없다. 오직 예수 그리스도 우리 구주의 속죄하는 죽음만이 그 상처를 낫게 할 수 있다.

그러나 우리의 죄들이 다른 사람들을 손상케 하였을 때, 때로는 우리가 그 손상을 고치는 데 도움을 줄 수 있다. 우리가 할 수 있는 곳에서는 반드시 보상하여야 한다. 우리가 갚아야 할 돈, 그릇된 소문, 돌려주어야 할 재산, 하여야 할 사과를 하고 수선하여야 하는 깨진 관계 등을 바로잡는 것이 회개에 포함된다. 회개하는 자가 하여야 할 보상의 의무에 대해서는 실제적이어야 한다. 우리가 참으로 회개하면 과거를 바로잡기 위하여 모든 것을 하기 원할 것이다. 우리는 우리가 용서받기 원하는 죄들의 열매를 계속해서 즐길 수 없다.

고린도후서 7장을 보면, 사도 바울은 고린도인들이 그들의 죄로 인해 애통하고 슬퍼하는 사실 때문에 기뻐하였습니다. 바울의 근심은 그들로 회개하게 하였고, 그들이 바로 서도록 하였습니다.

"하나님의 뜻대로 하는 근심은 후회할 것이 없는 구원에 이르게 하는 회개를 이루는 것이요 세상 근심은 사망을 이루는 것이니라" 고후 7:10.

그러므로 회개는 단지 죄를 인정하는 지성과 감정적으로 애통하며 눈물을 흘리는 것으로 끝나는 것이 아닙니다. 회개는 우리의 삶 전체에 변화를 가져다 주는 것을 말합니다. 닉슨 정부에서 워터게이트 사건에 연루되었던 대통령 보좌관 찰스 콜슨은 자신의 저서인 『하나님을 사랑한다는 것은』에서 다음과 같이 말했습니다.

회개는 근본적인 생각의 변화이다. 지난날의 죄 된 과거에서 돌아서게 할 뿐만 아니라 우리가 우리의 눈으로 보기보다 하나님의 눈으로 세상을 보기 시작함으로 우리의 삶의 계획, 우리의 가치, 우리의 윤리, 우리의 행동이 변한다. 이러한 변화는 궁극적으로 자신을 하나님께 포기하는 것을 요구하는 것이다.

진정한 회개는 하나님 앞에서 자신을 포기하고 완전히 항복하는 것입니다. 그럴 때 삶 속에 변화가 일어납니다.

2. 누가 회개를 하는가?

구원받지 않은 사람이 회개함으로써 하나님께 돌아와 예수 그리스도를 구주로 믿고 구원을 받습니다. 그러나 구원받지 않은 사람에게만 제한하여 말씀하는 것이 아닙니다. 구원받은 사람들에게도 회개하라고 예수님은 말씀하셨습니다.

요한계시록 2-3장에 나오는 일곱 교회는 그 당시 실제로 존재하였으며 그 시대를 대표하는 교회였습니다. 그뿐만 아니라 현재에 존재하는 교회의 일곱 가지 성격을 말하며, 한 교회 안에 일곱 가지 성격을 가진 사람들이 모여 있을 수 있다는 사실을 말합니다. 예수님은 일곱 교회 중 서머나 교회와 빌라델비아 교회를 제외한 다섯 교회에 회개하라고 말씀하셨습니다계 2-3장.

마태복음부터 요한계시록에 이르기까지 회개는 복음 메시지의 한 주제입니다. 회개는 구원에 이르는 믿음을 갖게 하며, 회개는 부흥을 위한 불꽃이 일어나게 합니다. 회개는 진정 죄에서 돌아서게 하며, 주님을 새롭게 사랑하게 합니다.

3. 회개는 왜 중요한가?

회개는 하나님에 대한 충성심과 헌신을 확증하는 것이기 때문에 중요합니다. 매번 우리의 방향을 바꾸고 하나님의 길로 가게 되면 하나님에 대한 우리의 충성의 기초를 하나씩 놓아 가는 것입니다. 회개는 거룩함에 헌신했다는 것을 증명하는 것입니다. 회개는 죄의 속박으로부터 자유케 하는 것입니다. 예수님과 사도들이 전한 회개에 대한 메시지는 바로 초대 교회 메시지의 주제였습니다.

사탄은 구원받지 못하도록 온갖 노력을 하다가 우리가 구원받으면 우리의 구원을 빼앗아 갈 수 없지만 죄에 매이게 하려고 여러 올무를 놓는 일을 합니다. 따라서 그리스도인의 삶에도 언제든지 죄가 들어올 수 있습니다. 그랬을 때 하나님께서 회개하라는 신호를 보내십니다. 이런 경고가 자주 오는데도 목이 곧은 자는 듣지 않다가 갑자기 망합니다. 하나님의 경고 소리가 들려올 때 경청하고 유의하며 회개해야 합니다.

우리의 태도가 바른지도 살펴야 합니다. 우리의 언어 생활, 내가 즐기는 오락, 맺고 있는 인간관계 등을 살펴야 합니다. 하나님께서 회개의 신호를 보내시고 있습니다. 경고를 하시고 있습니다. 이는 하나님이 우리를 사랑하시기 때문입니다.

우리가 회개하면 그 결과는 새롭게 되며, 부흥을 경험하고, 성장하며 성숙하게 되기 때문입니다. 그러므로 우리가 어느 부분에서 죄의 사슬에 매여 있는지를 살펴보아야 합니다.

III. 회개한 사람에 대한 구체적 고찰

예수님은 여리고를 지나서 예루살렘으로 가려고 하셨습니다. 그곳에 도착하면 예수님은 십자가를 지셔야 되셨습니다.

누가복음 19장을 보면 삭개오라는 사람이 나옵니다. 예수님 시대 세리들은 멸시를 받았습니다. 도널드 에이 헤그너에 의하면 예수님 시대 세리들은 로마 정부를 위하여 세금을 거두었으며, 자기 백성을 희생시키면서 착복하여 부자가 되었고, 이방인들과 끊임없이 접촉하였기 때문에 세리들을 강도나 도적과 같이 여겼다고 합니다.

세리장이요 부자인 삭개오는 예수님이 예루살렘으로 가기 위해 여리고를 지나가실 때 그분이 어떠한 사람인가 보기 원하였습니다. 그는 키가 작은 사람이었고, 사람들의 멸시를 받았기 때문에 예수께 가까이 갈 수 없었습니다. 그래서 뽕나무에 올라갔습니다.

예수님이 그곳에 이르러 "삭개오야 속히 내려오라 내가 오늘 네 집에 위하여야 하겠다"라고 말씀하셨습니다. 예수님은 연민의 정을 가득 담은 은혜로운 눈빛으로 삭개오를 바라보셨습니다. 삭개오는 예수님의 인자하심을 맛보고 그분의 사랑에 마음이 녹아 예수님을 구주로 영접하였습니다.

삭개오는 예수님을 영접한 후에 삶이 변했습니다. 재산의 절반을 가난한 자를 위해 나누겠다고 했을 뿐만 아니라 율법을 능가하는 배상을 하겠다고 말했습니다. 취하는 자였던 그가 이제는 주는 자가 되겠다고 한 것입니다. 변화된 증거 중의 하나는 바로 물질관이 바뀌는 것입니다. 삭개오는 새사람이 되었습니다. 인색한 사람이 후한 사람이 되었습니다. 자기 중심적인 사람이 다른 사람을 생각하는 사람으로 변화되었습니다. 그것은 예수님을 만났기 때문입니다.

예수님을 만난 후 그는 인간의 존엄성을 회복했습니다. 인생의 참된 목적을 발견했습니다. 하나님의 사랑을 회복했습니다. 회개란 바로 그렇게 하도록 한 것입니다. 회개는 부흥의 첫걸음입니다. 회개가 있을 때 새롭게 출발합니다. 회개가 있을 때 하나님께서 축복하십니다. 삭개오는 자기 스스로를 변화시킬 수 없었습니다. 그러나 예수님을 만남으로 변화가 오기 시작했습니다. 하나님의 사랑과 인자하심이 그를 회개하게 하였습니다.

길선주 목사님이 장로 시절에 있었던 이야기입니다. 어느 분이 미국에 가면서 아내를 돌봐 달라며 미화 100달러를 맡기고 갔습니다. 그런데 장로인 이분이 그 돈을 착복했습니다. 그런데 성령의 역사가 강권적으로 일어나 도저히 견딜 수 없어서 예배 중에 일어나 자백을 하였습니다. 착복한 것을 시인하고 돌려주었습니다. 나중에 이분이 목사가 되어 남부 지방에서 엄청난 부흥을 일으켰습니다. 이분의 집회 중에 수많은 사람들이 회개하게 되었습니다.

현대 기독교의 병폐는 '회개의 열매'가 없다는 것입니다. 삭개오는 그의 믿음 때문에 변화가 왔습니다. 이는 그리스도가 오신 목적입니다. 한 사람이 구원받을 때 예수 그리스도가 그에게 새 마음을 주십니다. 새 마음은 새로운 소원을 갖게 합니다. 하나님을 기쁘게 해 드리고자 하는 소원이 생깁니다. 그리고 하나님께 순종하고자 하는 소원이 생깁니다. 또한 하나님의 의를 나타내고자 하는 소원이 있습니다.

누가복음 19:9에서 "오늘 구원이 이 집에 이르렀으니"라고 말씀하고 있듯이, "오늘"이 바로 구원의 날입니다. 아직도 주님을 모르시는 분이 있다면 오늘 바로 주님 앞에 나아오십시오. 오늘 그에게 구원이 임할 것입니다. 오직 참된 회개만이 천국에 이르는 첫걸음입니다.

그리스도인의 삶과 인격

영·광·스·러·운·그·날·을·바·라·보·며

아름다운 일 막 14:3-9

착한 사람 바나바 행 11:24

불쌍히 여기는 사람 눅 10:25-37

겸손 벧전 5:5-6

고난에 대한 반응 고후 1:8-10

큰 자의 덕목, 섬김 마 20:25-28

그·리·스·도·인·의·삶·과·인·격

아름다운 일

막 14:3-9

사역 중에 목도한 아름다운 일은 잊혀지지 않고 오래 기억됩니다. 가정 지향적인 사역을 하려는 저에게 아직도 감동의 물결이 일어나는 일이 있습니다. 수년 전에 김영식 형제가 간경화로 인하여 의사로부터 시한부 인생을 살아야 한다는 말을 들었습니다. 이에 김영식 형제의 아들이 자진하여 아버지에게 자신의 간 일부를 드리겠다고 하였습니다. 그러나 그 아들은 만 16세가 되지 않았기 때문에 서울대 병원에서 허락하지 않았습니다.

이때 김영식 형제의 부인 이봉숙 자매가 사랑하는 남편을 위하여 자신의 간 절반을 주었습니다. 저는 이식 수술이 있은 지 3일 만에 이봉숙 자매를 만나러 서울대 병원으로 찾아갔습니다. 얼굴은 부어 있었고 링거 주사의 줄이 수없이 늘어져 있었습니다. 그런 힘든 가운데서도

자매는 저를 바라보며 "목사님, 저는 가장 행복한 사람입니다."라고 말하며 웃었습니다. 생명을 주는 것처럼 소중한 것을 주는 것은 '아름다운 일'입니다.

본문 내용은 마태복음26:6-13, 요한복음12:1-8, 마가복음14:3-9에 동일하게 기록되어 있습니다. 유월절은 유대인의 3대 명절 중의 하나입니다. 대제사장과 서기관들이 예수님을 죽일 모의를 하였습니다. 그러나 민요가 일어날까 두려워하여 명절은 피하기로 하였습니다.

> "이틀을 지나면 유월절과 무교절이라 대제사장들과 서기관들이 예수를 궤계로 잡아 죽일 방책을 구하며 가로되 민요가 날까 하노니 명절에는 말자 하더라" 막 14:1-2.

그런데 예수님을 왜 죽이려고 했을까요? 캠벨 몰간G. Campbell Morgan은 이렇게 말했습니다. "예수님의 공생애는 그들의 사상이 잘못되었음을 보여 주었다. 그들의 행동이 위선적임을 보여 주고 이스라엘의 목자로서 실패하였음을 보여 주었다. 그들은 자신들의 실패를 드러낸 예수님을 미워하였다." 대제사장과 서기관들이 예수님을 미워한 이유는 바로 시기envy 때문이었습니다.

반면에 예루살렘에서 얼마 떨어지지 않은 곳 베다니의 한 가정에서는 잔치가 벌어지고 있었습니다. 문둥병에서 깨끗하게 된 시몬의 집이었습니다. 죽었다가 살아난 나사로도 그곳에 있었습니다. 예수 그리스도는 생명의 은인이었습니다.

예수님이 오실 때마다 마르다는 준비하는 일로 분주하였고 마리아는 예수님의 발 앞에 앉아 말씀을 들었습니다. 뛰어난 이 여인이 예수님에게 '아름다운 일'을 행했습니다.

I. 허비로 보이는 헌신

"예수께서 베다니 문둥이 시몬의 집에서 식사하실 때에 한 여자가 매우 값진 향유 곧 순전한 나드 한 옥합을 가지고 와서 그 옥합을 깨뜨리고 예수의 머리에 부으니" 막 14:3.

유대 여인들은 식사할 때 남자들과 함께 식사하지 않고 다른 방에서 하였습니다. 우리의 옛날 관습과 같이 섬기는 일을 하였습니다. 그러나 여기 한 여인은 달랐습니다. 그 여인은 값진 향유, 곧 순전한 나드 한 옥합을 가지고 와서 그 옥합을 깨뜨리고 "순전한 나드"를 예수님의 머리에 부었습니다.

'나드'는 히말라야에서 서식하는 희한한 식물의 잎에서 나온 것으로 300데나리온에 팔 수 있었습니다. 성인 남자 하루 품삯이 한 데나리온이었으므로, 300데나리온은 안식일을 제외한 일년의 노임을 한 푼도 쓰지 않고 모은 금액입니다. 현대 술어로 말하면 "최고급품"이었던 이 순전한 나드는 아마도 여인의 전 재산이었는지도 모릅니다.

이와 같이 값진 향유를 담은 옥합은 그 자체가 아름다운 것이었습니다. 그러나 그녀는 그 옥합을 깨뜨렸습니다. 워치만 니Watchman Nee는 자아가 깨어지지 않고는 이 옥합을 깨뜨릴 수 없었을 것이라고 말했습니다.

> "마리아는 지극히 비싼 향유 곧 순전한 나드 한 근을 가져다가 예수의 발에 붓고 자기 머리털로 그의 발을 씻으니 향유 냄새가 집에 가득하더라"
> 요 12:3.

그녀는 향유를 예수님의 머리에 붓고 마지막을 발에 부었습니다. 그리고 유대인의 관습대로 예수님의 발을 씻겨 드렸습니다. 그러나 수건이 아닌 자신의 머리털로 그분의 발을 씻겨 드렸습니다. 예수님을 제외하고는 그곳에 있던 모두가 놀랐습니다.

획기적인 이 행동은 사람들이 보았을 때에 얼마나 큰 낭비였겠습니까! 향유가 머리로부터 흘러내려 그의 가슴, 그의 옷, 그의 발까지 온통 향유의 향기로 배었습니다. 마리아의 사랑의 헌신은 '일시적인 영향'이 아니었습니다. 그 향기가 예수님의 속옷에까지 배었기 때문에 그분이 죽으신 후에 옷을 서로 가지려고 사람들이 제비를 뽑기까지 했습니다.

마리아는 예수님에게 자신의 모든 것을 부어 드렸습니다. 그녀는 힘에 지나도록 먼저 자신을 드렸습니다. 참으로 감동스러운 광경이었지만 모든 사람이 감격해 한 것은 아니었습니다.

II. 허비한다고 분 냄

이 감동스러운 장면은 소인들의 불평으로 손상을 입게 되었습니다. 별을 보고 잠을 자고, 무화과나무에서 무화과를 따서 먹고, 바다에서 고기를 잡아먹었던 그들은 모든 것을 수(數)로 헤아리면서 살았습니다. 그렇기 때문에 그들은 마리아가 옥합을 깨뜨리고 향유를 다 부은 것을 믿을 수가 없었으며 심지어 그녀가 이 아까운 것을 허비했다고 분노까지 했습니다. 그들의 생각으로는 도무지 이해가 되지 않았습니다.

"어떤 사람들이 분 내어 서로 말하되 무슨 의사로 이 향유를 허비하였는가" 막 14:4.

허비란 무엇입니까? 만 원으로 할 수 있는 것을 이만 원으로 하면 허비이고, 하루에 할 수 있는 일을 삼 일에 걸려서 하면 허비입니다. 즉 허비란 필요 그 이상의 것을 할 때를 말합니다.

두 부류의 사람이 '아름다운 일'을 허비로 보았습니다.

1. 가룟 유다

"제자 중 하나로서 예수를 잡아 줄 가룟 유다가 말하되 이 향유를 어찌하여 삼백 데나리온에 팔아 가난한 자들에게 주지 아니하였느냐 하니 이렇게 말함은 가난한 자들을 생각함이 아니요 저는 도적이라 돈 궤를 맡고 거기 넣는 것을 훔쳐 감이러라" 요 12:4-6.

가룟 유다는 세상을 대표합니다. 그는 자신을 계산에 넣었습니다. 아마도 유다는 마리아가 물을 부었어도 낭비라고 했을 것입니다. 그의 태도는 세상에서 변론하는 태도와 다를 바가 없었습니다.

2. 제자들

"제자들이 보고 분하여 가로되 무슨 의사로 이것을 허비하느뇨 이것을 많은 값에 팔아 가난한 자들에게 줄 수 있었겠도다 하거늘" 마 26:8-9.

제자들은 그리스도를 중심으로 생각하지 않고 자기들 생각으로 보았기 때문에 마리아의 행동을 '허비'라고 하였습니다. 그들은 '가장 작게 드려서 가장 큰 것을 얻는 자'라는 시각에서 보았기 때문에 분을 내며 허비라고 말하였던 것입니다. 하나님의 세계관으로 보지 못하였습니다. '가장 적게 주고 가장 큰 것을 얻자.'는 시각에서 보고 분을 내며 허비라고 하였습니다.

"이 향유를 삼백 데나리온 이상에 팔아 가난한 자들에게 줄 수 있었겠도다 하며 그 여자를 책망하는지라" 막 14:5.

제자들은 가난한 사람들을 빙자하여 마리아의 '아름다운 일'을 책망하였습니다. 그녀의 영성, 주님을 향한 사랑, 헌신을 이해하지 못하고 오히려 심하게 꾸짖었습니다.

나이가 들면 어쩔 수 없이 지난날들을 회상하게 됩니다. 용서하고 들어주십시오. 주님의 부름을 받고 제가 목사가 되기로 헌신했을 때, 한 친척은 잘못 생각한 것이라고 말했습니다. "너무 감정적인 거 아니냐, 인생을 낭비하는 거 아니냐?"라는 것이었습니다.

하지만 50여 년이 지난 지금은 아무도 저에게 그렇게 말하는 사람이 없습니다. 오직 하나님의 은혜일 뿐입니다. 우리는 항상 어떤 결정을 내릴 때 주님을 기쁘시게 해 드렸는가, 그분이 만족하셨는가를 물어야 할 것입니다.

III. 주께서 합당하게 여기심

"예수께서 가라사대 가만 두어라 너희가 어찌하여 저를 괴롭게 하느냐 저가 내게 좋은 일을 하였느니라 가난한 자들은 항상 너희와 함께 있으니 아무 때라도 원하는 대로 도울 수 있거니와 나는 너희와 항상 함께 있지 아니하리라 저가 힘을 다하여 내 몸에 향유를 부어 내 장사를 미리 준비하였느니라" 막 14:6-8.

"가만 두어라 너희가 어찌하여 저를 괴롭게 하느냐?"라는 말은 예수님이 잘 사용하시는 말씀입니다. 우리가 우리 자신의 시각으로 쉽게 판단하려는 시험을 받을 때 생각해 보아야 할 말씀이기도 합니다. 어떤 사람들이 마리아의 아름다운 일에 분 내며 허비라고 책망하였지만 예수님은 "가만 두어라! 괴롭게 하지 말라!"고 말씀하셨습니다. 오히려 "내게 좋은 일" 하였다고 칭찬하셨습니다. 마리아는 예수님의 장사를 미리 준비하였던 것입니다.

"저가 힘을 다하여 내 몸에 향유를 부어 내 장사를 미리 준비하였느니라" 막 14:8.

다른 사람은 이 여자가 행한 것을 지나친 것, 허비한 것으로 보았지만 예수님은 칭찬하셨습니다. 그의 영성과 그 일에 힘을 다한 사랑과 헌신을 칭찬하셨습니다. 그리고 복음이 전파되는 곳에서 이 여자의 행한 것도 말하여 저를 기념하라고 하셨습니다.

"내가 진실로 너희에게 이르노니 온 천하에 어디서든지 복음이 전파되는 곳에는 이 여자의 행한 일도 말하여 저를 기념하리라 하시니라" 막 14:9.

예수 그리스도가 우리 죄를 위하여 죽으시고 장사지낸 바 되었다가 사흘 만에 다시 살아나셨습니다. 그러므로 우리는 그분의 은혜로 인하여 믿음으로 구원을 받습니다. 그것이 바로 복음입니다. 그분이 하셨습니다.

우리의 신앙 중심은 그리스도여야 합니다. 그분께 영광을 돌리며 그분께 기쁨을 드려야 합니다. 주님을 높이는 삶이어야 합니다.

선교사였던 찰스 스터드 Charles T. Studd는 영국에서 돈을 제일 잘 버는 직업 운동선수였을 뿐만 아니라 부모로부터도 많은 유산을 받았던 사람입니다. 그러던 그가 그리스도인이 되었고 어느 날 어떤 무신론자의 글을 읽고 난 후에 도전을 받게 되었습니다.

> 수백만의 사람들이 믿음을 고백한 것같이, 이 세상에서 경건의 지식과 실천이 다음 세상에 영향을 준다고 확고히 믿는다면 경건은 나에게 모든 것이 될 것이다. 나는 이 땅의 향락을 찌꺼기로, 이 땅의 염려를 어리석은 것으로, 이 땅의 생각과 느낌을 헛된 것으로 집어던질 것이다. 경건은 내 첫걸음의 생각이 되고 무의식 속으로 빠지게 하는 잠자리에 들기 전에 나의 마지막 이미지가 될 것이다. 나는 그 이유만으로 일하고 살 것이다. 나는 영원한 내일만을 생각할 것이다. 나는 천국을 위하여 얻는 한 영혼을 소중한 가치로 여길 것이다. 이 땅에서 얻는 어떤 것도 내 손에 있지 않을 것이다. 이 땅의 기쁨 그리고 슬픔이 어느 한순간도 내 생각을 붙들지 못할 것이다. 나는 영원만을 바라보며 곧 영원히 행복해지거나 영원히 비참해질 내 주위에 있는 불멸의 영혼만을 바라보려고 할 것이다. 나는 온 천하에 다니며 때를 얻든지 못 얻든지 그것을 전파할 것이다. 나의 본문은 "사람이 만일 온 천하를 얻고도 제 목숨을 잃으면 무엇이 유익하리요" 막 8:36일 것이다.

찰스 스터드는 자신의 재산 중 1/3은 무디 신학교에, 1/3은 조지 뮬러에게 헌금하였으며, 아내를 위해 남겨 두었던 나머지 재산마저도 하나님을 위해 다 드린 후에 자기 자신이 선교사로 나갔습니다. 그가 하나님께 드린 물질로 세워진 선교 단체가 바로 WEC Worldwide Evangelization for Christ입니다.

하나님께서는 자신의 아들을 주셨습니다. 그리고 그리스도는 자신의 생명을 주셨습니다. 우리의 구원을 위해서 주님은 '낭비'로 보이는 사랑을 하셨습니다. 부디 그리스도의 사랑을 짓밟지 마시고 그분에게로 오십시오. 그리고 뛰어난 그리스도인이 되십시오.

그·리·스·도·인·의·삶·과·인·격

착한 사람 바나바

행 11:24

    2009년 11월 1일 미국 워싱턴 D. C.에 있는 한인 침례교회에서 둘째 사위 정현석, David Jung가 목사 안수를 받는 기쁜 일이 있었습니다. 뿐만 아니라 안수를 받는 사위에게 권면의 말씀을 전하는 감격도 누릴 수 있었습니다. 저는 둘째 사위에게 목회 서신에 나오는 목회자가 갖추어야 할 자질에 대하여 말하고 무엇보다도 좋은 목사가 되라고 권면하였습니다. 박사 학위 Ph.D는 없어도 GM degree 착한 사람(A Good Man)의 학위는 반드시 갖는 목사가 되라고 하였습니다. 그도 그렇게 생각하며 소중히 간직하겠다고 하였습니다. 그리고 그는 웃으면서 장모가 되는 제 아내에게 다른 것은 몰라도 그것은 자기에게 있지 않으냐고 되물었습니다.

    우리는 대체로 바울에 대하여 잘 알고 있지만 바나바에 대하여는 상대적으로 잘 모르는 경향이 있습니다. 그러나 바울이 바울 되게 하는

데 하나님께서 쓰신 사람이 바로 바나바인 것을 생각할 때 그에 대한 사모함이 더욱 깊어집니다.

"구브로에서 난 레위족인이 있으니 이름은 요셉이라 사도들이 일컬어 바나바(번역하면 권위자)라 하니" 행 4:36.

바나바는 구브로에서 태어난 헬라파 유대인으로 레위족인 요셉이라는 사람입니다. 사도들이 그를 일컬어 바나바라고 하였습니다. 그 이름의 뜻은 권위자, 곧 위로의 아들 son of consolation, 격려의 아들 son of encouragement이라는 뜻입니다. 멀리 희미하게 보이는 이 사람을 갈보리의 망원경으로 가까이 살펴보고자 합니다.

그는 하나님의 학교에서 인내하고 성실히 공부한 훈련된 사람이었습니다. 그리고 학교의 장長 되시는 하나님께서 그에게 학위學位를 주셨습니다. 바나바는 천재이며 재능이 뛰어난 사람이었을까요? 아닙니다. 하나님께서는 이보다 뛰어난 더 높은 것, 하늘이 줄 수 있는 최고의 것을 주셨습니다. 그것은 바로 착한 사람의 칭호인 GM degree입니다. 이를 통해서 하나님은 그의 존재 가치를 인정해 주셨습니다.

마태복음 25:21의 "잘 하였도다 착하고 충성된 종아"라는 말씀은 주님으로부터 들을 수 있는 최고의 칭찬입니다. 주님은 선하시고 신실한 분이십니다. 따라서 선하고 신실한 것은 바로 주님을 닮은 모습입니다. 그는 어떻게 해서 이와 같은 학위를 얻을 수 있었을까요? 사도행전에 나타난 그의 삶을 통하여 교훈을 얻고자 합니다.

I. 그는 신실한 청지기이다

오순절에 바나바는 예루살렘에 있었습니다. 성령의 강림과 함께 교회는 능력을 입었으며 또한 성령 충만함을 받았습니다. 많은 유대인들이 구원을 받았고, 구원받은 그들은 새사람이 되고 자기를 부정하며 희생했습니다. 무엇보다도 물질관에 변화가 생겼습니다. 물질이 내 것이라는 소유자로서 사는 것이 아니라 하나님의 것을 맡아 관리하는 청지기 인생관으로 변하였습니다. 그리고 주고 나누는 삶을 살았습니다.

"구브로에서 난 레위족인이 있으니 이름은 요셉이라 사도들이 일컬어 바나바(번역하면 권위자)라 하니 그가 밭이 있으매 팔아 값을 가지고 사도들의 발 앞에 두니라" 행 4:36-37.

구브로Cyprus는 지중해에 있는 크고 비옥한 섬으로 포도주가 유명하였습니다. 밀, 감람유, 무화과, 꿀 등을 생산하는 섬으로 구브로에 땅을 가진다는 것은 부자요 세력 있는 사람이었음을 보여 주는 것입니다. 바나바는 구원받았을 때 자신과 함께 그 소유도 드렸던 것으로 보여집니다. 그는 모든 것이 하나님의 것임을 믿었으며 실제로 자신을 하나님께 드리고 하나님께서 그에게 주신 물질을 주고 나누었습니다. 하나님을 사랑하고 헌신한 사람은 드리고 나누는 일에 결코 인색함이 없습니다.

우주에는 세 가지 존재가 있습니다. 하나님 그리고 사람과 물질입니다. 하나님은 예배의 대상이고, 사람은 사랑의 대상이며, 물질은 사용의 대상입니다. 이와 같은 우선순위가 확립되어 있으면 하나님을 경외하며 예배하는 삶을 살고 사람을 사랑하기 때문에 물질을 하나님의 뜻에 따라 주고 나누는 삶을 삽니다. 만일 물질을 사랑하면 하나님을 잊고 사람을 자기 유익을 위하여 이용합니다.

바나바는 하나님을 사랑하였으며 자신을 드렸고 청지기로서 탐심이 없었습니다. 그는 주고 나누었습니다. 그는 착한 사람, 좋은 그리스도인이었습니다. 이와 같은 그리스도인들로 인해서 교회가 세워지며, 하나님 나라의 확장을 위하여 지상 명령을 수행할 수 있게 됩니다.

II. 그는 믿음이 충만한 사람이다

바나바는 하나님을 믿고 하나님의 말씀에 따라 사는 삶을 사모하였습니다. 그는 하나님을 향한 믿음이 충만했을 뿐 아니라 다른 그리스도인 동료들에 대한 믿음도 충만하였습니다. 모든 제자와 사도들 가운데 바나바만이 사울, 후에 바울이 된 그에게 마음의 문을 열었습니다.

"사울이 예루살렘에 가서 제자들을 사귀고자 하나 다 두려워하여 그의 제자 됨을 믿지 아니하니 바나바가 데리고 사도들에게 가서 그가 길에서 어떻게 주를 본 것과 주께서 그에게 말씀하신 일과 다메섹에서 그가 어떻게 예수의 이름으로 담대히 말하던 것을 말하니라" 행 9:26-27.

그 한 가지 사실만 가지고도 바나바는 우리의 사랑과 존경을 받기에 합당하다고 생각합니다. 바나바는 바울이 자신에게 한 말을 믿었고 사도들에게 소개함으로써 바울이 초대 교회 리더십의 인정을 받을 수 있도록 하였습니다. 교제권에 들어올 수 있도록 소개한 것이었습니다. 바나바가 아니었으면 바울은 교회사에서 생소한 인물이 되었을 것입니다. 그리고 바울이 아니었으면 기독교는 유대교의 한 종파가 되고 말았을 것이라고 학자들은 말합니다. 바나바는 이처럼 착한 사람이었습니다.

바나바의 생질인 마가 골 4:10를 생각해 봅시다. 바나바와 바울이 함께 한 제1차 선교 여행 때 그들은 마가를 동역자로 데리고 갔습니다 행 13:13. 그런데 마가라고 하는 요한이 선교 여행을 포기하고 선교팀에서 떠났습니다. 그가 과연 왜 그랬을까 상상해 봅시다. 배 멀미가 심했고, 음식과 언어 등 문화 충격이 있었으며, 목적 지향적이 되지 못하였기 때문에 인내할 수 없었을 수도 있었을 것입니다.

바나바와 바울은 1차 선교 여행을 마치고 2차 선교 여행을 준비하고 있었습니다. 그런데 두 리더 사이에 마가를 두고 의견이 엇갈리게 되었습니다.

"바나바는 마가라 하는 요한도 데리고 가고자 하나 바울은 밤빌리아에서 자기들을 떠나 한가지로 일하러 가지 아니한 자를 데리고 가는 것이 옳지 않다 하여" 행 15:37-38.

이 일로 바울과 바나바는 심히 다투었으며 각기 헤어져 사역을 하게 되었습니다. 그러나 바나바는 마가를 버릴 수 없었습니다. 바울은 사역의 실재를 보았고 바나바는 마가의 잠재력을 보았습니다. 마가를 데리고 간 바나바는 비겁한 마가를 마가복음을 기록한 영웅이 되게 하였습니다. 바울도 최후의 서신에서 디모데에게 마가를 데리고 오라고 권했습니다.

"누가만 나와 함께 있느니라 네가 올 때에 마가를 데리그 오라 저가 나의 일에 유익하니라" 딤후 4:11.

바나바는 사람을 격려하며 세우는 자였습니다. 바나바는 착한 사람이요, 주님을 닮은 사람이었습니다.

예수님은 제자들의 연약함을 알고 있었습니다. 예수님이 기도하실 때 제자들은 졸고 있었으며, 고난받으실 때 제자들은 다 그분을 버렸습니다. 예수님이 그들을 가장 필요로 하실 때 그들은 예수님을 부인하였습니다. 그러나 예수님은 그들을 끝까지 사랑하셨으며 처음부터 믿음이 없었던 유다를 제외하고는 신뢰하셨습니다. 마침내 제자들은 순교 내지 순교자의 삶을 살았습니다.

야고보와 요한은 '우레의 아들'로 천둥처럼 말하고 능력 있게 말하였습니다. 그러나 바나바는 '격려의 아들'로 사람들을 세우며 격려하였습니다. 바나바는 마치 폭풍이 지난 후 평화로운 석양과 같았습니다. 그는 황혼의 빛이며 위로자, 격려자였습니다. 그는 자기 연민, 자기 멸시에 빠진 사람들을 건져 냈습니다. 그리고 제2의 자리에 앉을 줄 알았습니다. 그는 참으로 겸손한 사람이었습니다. 침례 요한처럼 "그는 흥하여야 하겠고 나는 쇠하여야 하리라."라고 말하는 착한 사람이었습니다.

III. 그는 주님의 지상 명령에 순종한 사람이다

"주를 섬겨 금식할 때에 성령이 가라사대 내가 불러 시키는 일을 위하여 바나바와 사울을 따로 세우라 하시니 이에 금식하며 기도하고 두 사람에게 안수하여 보내니라" 행 13:2-3.

안디옥 교회에서 바나바와 바울은 영적 지도자들이었습니다. 복음이 땅 끝까지 전해야 하는 주님의 지상 명령임을 받아들이고 순종하고자 하였습니다.

유대인에게만 복음을 전하던 예루살렘 교회는 결국 핍박으로 인해 흩어지게 되었습니다. 교회가 흩어지고, 흩어진 그들이 안디옥까지 왔으며, 그로 인하여 비로소 유대인이 아닌 이방 사람들에게도 복음이 전해지게 되었습니다. 안디옥 교회는 주님을 섬기며 금식할 때 성령께서 불러 시키신 일, 즉 선교를 위하여 바나바와 바울을 따로 세웠습니다. 교회는 금식하며 기도하고 그들을 보냈고, 그들은 성령의 인도하심에 순종하고 갔습니다.

바나바는 바울을 안디옥으로 초대하여 동역했습니다. 그들은 함께 기도하고 눈물을 흘리고 희생하였을 것입니다. 바나바는 주님의 부르심과 성령의 인도하심에 순종하는 착한 사람이었습니다.

IV. 그는 영적인 사람이다

바나바는 하나님에 대한 믿음과 구원받았을 때 그에게 임하여 내주하신 성령으로 충만하였습니다 행 11:24. 성령 충만한 자는 성령의 지배를 받기에 매사에 그리스도를 영화롭게 합니다. 그리고 기회가 있을 때마다 그리스도의 복음을 전합니다. 성령의 열매를 맺음으로 그의 삶에서 그리스도를 현현하며 그리스도를 닮는 인격으로 변화되어 갑니다. 능력 있는 그리스도인의 삶을 영위하게 됩니다.

바나바는 깨끗한 그릇으로 자기를 비우고 전적으로 주께 드렸습니다. 그리고 하나님의 말씀으로 충만하고 기도하는 삶을 살았습니다. 그는 성령 충만한 영적인 그리스도인이었습니다. 그로 인하여 큰 무리가 주께 더하여졌습니다. 많은 사람이 구원을 받았습니다. 하나님께서는 우리를 구원하신 목적을 성경을 통해 분명히 말씀하셨습니다.

"그가 우리를 대신하여 자신을 주심은 모든 불법에서 우리를 구속하시고 우리를 깨끗하게 하사 선한 일에 열심 하는 친 백성이 되게 하려 하심이니라" 딛 2:14.

하나님의 백성이 선한 일에 열심을 다하는 것은 구원받은 사람의 또 하나의 증거가 됩니다. 따라서 우리의 일상에서 선한 일에 열심이 있어야 합니다.

착한 사람 바나바를 생각해 보십시오. 그의 삶, 행동, 태도, 말은 하나님을 기쁘시게 하였을 뿐 아니라 사람을 감동시켰으며 그로 인하여 많은 사람이 주께로 돌아왔습니다. 그는 물질에 후하였습니다. 다른 사람에 대하여 관대하였으며 신뢰하고 세워 주었습니다. 그는 하나님의 명령에 기꺼이 순종하고 성령에 이끌리는 삶을 살았습니다. 그는 신령한 그리스도인이었으며 선한 일에 열심을 다하는 착한 사람이었습니다.

『전도는 어명御命이다』라는 책을 쓴 김두식 목사의 전도 이야기를 소개하고자 합니다. 그는 책에서 스펄전 목사의 전도에 대한 정의를 소개합니다. 그 정의는 다음과 같습니다.

첫째는 복음을 정확히 반복해서 전하는 것이다.
둘째는 삶을 통한 감동을 주는 것이다.
셋째는 성령님을 통하여 거듭나게 하는 것이다.

감동은 복음이 전해지도록 다리를 놓는 것이며, 복음을 받아들이도록 마음의 문을 여는 것입니다.

영주동교회 김두식 목사는 교회 근처 가게에서 아침 9시부터 저녁 10시까지 과일을 파는 아주머니를 보고 전도하기를 원했습니다. 그 아주머니는 35년간을 그곳에서 과일 장사를 했던 분이었는데, 밤 9시가 지나면 사과 한 바구니에 5,000원 하던 것을 3,000원에 팔았습니다. 김두식 목사는 어느 날 밤 9시 45분쯤 그 아주머니를 찾아갔습니다. 그는 5,000원을 주고 산 사과가 너무 많다고 하면서 일부를 내려놓았습니다. 또한 돌아가신 어머니가 멍든 사과가 맛있다고 하셨다며 좋은 사과 두 개를 꺼내어 멍든 사과와 바꾸어 넣기까지 했습니다.

이틀이 지난 후에 그는 군고구마 한 봉지와 유자차를 보온병에 담아 갔습니다. 이틀 전에 산 사과가 맛있어 다시 왔다고 하였습니다. 늦게까지 장사하려면 시장할 것 같아 이것을 가져왔다고 전해 주면서 보온병은 나중에 찾아가겠다고 하였습니다. 그리고 사과를 더 샀습니다. 아주머니는 "내 아들 놈들보다 낫다."고 하며 그의 손을 덥석 잡았습니다.

그 후에도 김두식 목사는 다시 사과를 사러 가면서 내복을 사서 갔습니다. 장모님 것을 사는 중에 늦게까지 장사하는 아주머니에게 필요할 것 같아 내복을 샀다고 하였습니다. 그러자 아주머니 눈에서는 눈물이 떨어졌습니다. 김두식 목사는 자신이 실은 앞에 있는 영주동교회에 다니는 사람이라고 말했습니다. 그러자 아주머니는 "아이고, 그럴 것 같더라. 친구들에게 댁의 이야기를 했더니 간첩일 수도 있으니 조심하라 합디다."라고 말했습니다. 그러자 그는 말했습니다. "이번 주일은 귀한 분을 초청하는 날인데 제가 아주머니를 초청하려고 합니다. 아주머니가 제 어머니 같아서 꼭 초청하고 싶습니다. 오실 수 있으시겠습니까?"

그의 말에 반드시 오겠다고 약속했던 그 아주머니는 자신뿐만 아니라 친구들까지 데리고 왔습니다. 그러면서 늦게 믿게 된 것이 분하다고 하였습니다. 그 교회가 50주년이 되었고, 아주머니는 교회 앞에서 무려 35년간을 장사하였는데 왜 이 좋은 예수님을 자기들만 믿었느냐고 하면서 이제 믿게 된 것이 분하다고 한 것입니다.

사랑하는 성도 여러분, 바나바는 신실한 청지기요, 믿음이 충만한 사람이었습니다. 또한 영적인 사람이었습니다. 그러한 그의 삶에서 나타난 특징이 무엇이었습니까? 바로 주님의 지상 명령인 복음을 전하는 일에 순종하는 삶이었습니다.

그 · 리 · 스 · 도 · 인 · 의 · 삶 · 과 · 인 · 격

불쌍히 여기는 사람

눅 10:25-37

　예루살렘은 지중해에서 해발 700m가 넘는 산 위의 동네입니다. 성경에 보면 "산 위의 동네"라는 표현을 예수님이 사용하셨는데, 강릉에서 대관령을 바라다보고 그 대관령 위에 큰 도시가 이루어졌다고 상상해 보면 쉽게 이해가 갈 것입니다. 물론 대관령은 800m나 됩니다. 여하튼 산 위에 동네를 이루고 있었기 때문에 예루살렘은 여름에는 시원한 바람을 동반하기도 하고 천연 요새가 되기도 했습니다.

　한편 여리고는 해저 390m 아래 위치한 도시로 세계에서 가장 낮은 곳에 있습니다. 예루살렘과 여리고 사이에는 고도가 약 1,100m 정도 차이가 나는데 한마디로 예루살렘은 위에 있고 여리고는 밑에 있는 도시였습니다. 성지 순례차 여리고에 갔을 때 세계에서 가장 오래된 도시라는 푯말이 이정표와 함께 돌에 새겨진 것을 볼 수 있었습니다. 또

한 몇 번이고 허물었다가 다시 쌓은 성의 유적도 있었습니다. 그 당시 통치하던 로마 제국의 겨울철 수도가 바로 여리고였다고 합니다.

여리고에는 헤롯의 수영장이 있었고 또한 그 도시는 일명 종려나무 도시로 일컬어지기도 했습니다. 대추나무, 무화과나무, 바나나, 오렌지 등 각종 과일이 풍성한 곳, 향료의 재료인 바삼나무 숲이 있고 장미가 가득한 곳이 바로 여리고입니다. 이스라엘 백성이 광야를 지나다가 요단강을 건너 여리고에 도착했을 때, 그들은 드디어 가나안 복지에 이르게 되었다는 생각을 했을 것입니다. 예수님이 소경 바디매오의 눈을 뜨게 한 곳, 삭개오가 예수님을 만나기 위해 뽕나무에 올라갔던 곳이 바로 여리고입니다.

그러나 예루살렘에서 여리고로 내려가는 길은 유다 광야를 통과해야만 하는 길입니다. 유다 광야는 나무도 보이지 않는 곳입니다. 구릉이 보이는 곳에 있는 사막도 아니고, 산같이 보이는 곳도 아닌 광야 그대로입니다. 그 광야를 통과하는 길은 약 1,100m 고지에서 낮은 곳으로 내려가는 길입니다. 옛날에 로마인들이 닦아 놓은 길을 구불구불 돌아서 아슬아슬하게 내려오는 길이었습니다. 그런데 요즘은 새로 도로를 뚫어 놓아서 마치 대관령을 통과하여 강릉으로 가는 것과 같아졌습니다.

예루살렘에서 여리고로 가는 길에는 또한 골짜기가 있었습니다. 이 골짜기에는 그리심 시내라는 물이 흐르고 있는데, 이곳은 하나님께서 까마귀를 통해 엘리야를 먹였던 곳입니다. 성경학자들은 예루살렘에서 여리고로 내려가다가 강도를 만났던 그 사람은 아마도 이 골짜기로 갔을 것이라고 이야기합니다. 그 길에는 산적들, 강도들, 마적들이 낙타를 탔을 가능성이 있습니다. 그러기에 그 길을 갈 때에 여행하는 사람들은 무장한 사람을 대동해야만 했습니다.

예수님이 예루살렘에서 여리고로 가는 어떤 사람의 이야기를 하셨을 때, 그 이야기를 듣는 이는 아마도 그 사람에게 무슨 일이 일어나리라고 예상할 수 있었을 것입니다. 왜냐하면 그 길은 팔레스타인 지방에서 가장 위험한 길로 알려져 있기 때문입니다. 바로 그 길에서 이 사람은 강도를 만나 탈취를 당했고 거반 죽게 되었습니다. 그러면서 예수님이 누가 이 사람의 이웃이 되겠느냐고 물으신 것입니다.

저는 오늘 본문에 등장하는 사람들을 통해서 이 세상을 살아가는 사람들의 몇 가지 인생 철학을 생각해 보고자 합니다.

I. 강도

"예수께서 대답하여 가라사대 어떤 사람이 예루살렘에서 여리고로 내려가다가 강도를 만나매 강도들이 그 옷을 벗기고 때려 거반 죽은 것을 버리고 갔더라" 눅 10:30.

예루살렘은 하나님의 도성이요, 여리고는 세상의 도성을 상징한다고 말하는 성경 강해자도 있습니다. 본문에 등장한 여행자는 아주 가파른 내리막길을 가고 있습니다. 그리고 강도는 여행하는 사람을 기다리고 있습니다. 왜냐하면 강도에게 여행하는 사람은 탈취의 대상에 불과하기 때문입니다. 그에게 어떤 해를 가하든지 상관없습니다. 강도는 무엇인가를 얻을 수만 있다면 그 사람을 죽일 수도 있습니다. 이런 생활 철학이 어디에서 생겼을까요? 사탄은 하나님의 자리를 탐내다가 결국 쫓겨나서 사탄으로 전락하고 말았습니다. 사탄의 철학을 본받은 강도는 사람을 볼 때 무엇을 탈취할 것인가를 생각했을 뿐입니다.

우리는 다른 사람에게 어떤 상처가 되든지 자기의 유익만을 취하는 사람을 "강도 같은 놈이다."라고 말합니다. 압살롬을 생각해 보십시오. 아버지인 다윗이 그를 그처럼 사랑했음에도 불구하고 그는 아버지의 왕좌를 빼앗으려고 했습니다. 한마디로 강도 같은 놈이었습니다.

어떤 경우에는 단지 물질만 탈취해 가는 것이 아니라 언어로 사람을 약탈하는 경우도 있습니다. 그것도 역시 강도 같은 놈입니다. 다시 말하면 그 사람의 이름에, 그 사람의 명예에, 그 사람의 지위에 자신이 유익만 얻을 수 있다면 어떤 손상을 줘도 상관하지 않는 것입니다. 오늘날 우리는 이러한 모습을 너무나 많이 보았습니다. 강도는 자기의 유익을 위해서 사람을 죽일 수 있고, 무엇이든지 탈취하고자 합니다. 한마디로 '탈취자' 奪取者라고 할 수 있습니다.

반면에 예수님은 어떤 분이셨습니까? 예수님은 주는 분이셨습니다. 예수님은 요구하는 그 이상으로 되돌려 주었던 분이셨습니다. 사탄이 '취하는 자'라면 예수님은 '주시는 분'입니다. 강도의 인생 철학은 상대방에게 어떤 손상과 피해를 주든지 간에 유익을 얻을 수 있다면 그 일을 합니다. 강도 같은 인생 철학은 사탄으로부터 배우는 것입니다.

II. 제사장과 레위인

"마침 한 제사장이 그 길로 내려가다가 그를 보고 피하여 지나가고 또 이와 같이 한 레위인도 그곳에 이르러 그를 보고 피하여 지나가되" 눅 10:31-32.

그 당시 약 12,000명의 제사장과 레위인이 여리고에 살고 있었다고 합니다. 특별히 제사장의 직분은 레위인들이 감당하였습니다. 그들은 예루살렘의 성전 일을 하고 다녔습니다. 그들은 참으로 경건한 모습을 보이며 종교적이었지만 행하는 일은 의례적이고 형식적이었습니다.

여기에 한 제사장이 그 길로 내려가다가 강도를 만나 약탈당하고 거반 죽게 된 사람을 보았습니다. 그러나 성경은 그가 "보고 피하여 지나가고"라고 기록하고 있습니다. 레위인도 그렇게 했습니다. 비유하자면 제사장은 사역자로, 레위인은 조력자로 생각해 볼 수도 있을 것 같습니다.

여하튼 그들은 지금 강도 만난 사람을 보고서 '하필이면 왜 내가 가는 길에 저런 사람이 보였나?' 하는 생각이 들었을 것입니다. 그들에게 강도를 만난 사람은 귀찮고 불쾌한 존재에 지나지 않았습니다. 그래서 그들은 강도 만난 사람을 그냥 피해서 지나가 버렸습니다. 다시 말하면 도움을 청하는 강도 만난 사람의 애절한 눈빛을 외면하면서 피하여 지나간 것입니다.

물론 그들 제사장들이나 레위인들에게는 핑계가 있었습니다. 바쁜 사람들이었습니다. 아마도 그들은 이런 생각을 했을 것입니다. '이것이 내 책임인가? 아니지 않은가? 내가 할 일들은 따로 있지 않은가? 나는 내 책임을 다하고 있을 뿐이야.' 그러면서 그들은 스스로의 양심에 이렇게 호소했을지 모릅니다. '아니, 강도를 만나서 죽어간 게 내 잘못인가?' 혹은 이런 모습일지도 모릅니다. '만약에 내 도움이 필요하다면 불러줘요.'

　죽어가는 사람을 두고도 그렇게 냉랭하고 무관심하게 반응하는 사람은 자기 중심적인 사람입니다. 자기가 하는 일에는 최선을 다하는 것 같지만 그를 필요로 하는 다른 사람들에 대해서는 자신의 성공에서 장애물로 생각하는 것입니다. 바로 제사장과 레위인이 그런 사람이었습니다. 그리스도의 사랑을 나누며 살아가는 길에서 나를 필요로 하는 사람은 오히려 하나님을 영화롭게 하는 좋은 기회가 될 수 있음에도 불구하고 그들은 그것을 못 본 것입니다. 그들은 자기의 일은 열심히 합니다. 그렇지만 무관심하고 이기적이며 자기가 손해 볼 일은 하지 않습니다.

III. 주막 주인

"어떤 사마리아인은 여행하는 중 거기 이르러 그를 보고 불쌍히 여겨 가까이 가서 기름과 포도주를 그 상처에 붓고 싸매고 자기 짐승에 태워 주막으로 데리고 가서 돌보아 주고 이튿날에 데나리온 둘을 내어 주막 주인에게 주며 가로되 이 사람을 돌보아 주라 부비가 더 들면 내가 돌아올 때에 갚으리라 하였으니" 눅 10:33-35.

주막 주인에게 강도 만난 사람은 수입이 생길 수 있는 고객에 불과합니다. 대가가 없으면 아무 일도 하지 않고 오직 대가가 있을 때만 섬깁니다. 그러므로 섬김의 동기는 참으로 중요합니다. 왜냐하면 나쁜 동기로도 선한 일을 할 수 있기 때문입니다. 대가 때문에 섬기면 장사하는 것과 다를 것이 없습니다. 주님을 기쁘게 하고 사랑하기 때문에 섬길 때에 비로소 그 삶 속에 풍성함과 평안함과 만족과 축복이 있습니다.

IV. 사마리아인

사마리아인은 유대인에게 경멸을 당했던 사람들입니다. 그들은 종교 혼합주의로 인해 유대인과 이방인 사이에 생긴 혼혈 종족이었습니다. 어떤 바리새인들은 말하기를 사마리아인은 부활이 없기를 기도했다고 합니다. 따라서 유대인과 사마리아인은 서로 저주하며 지내는 관계에 있었습니다.

성경에 보면 한때 예수님이 사마리아인의 촌에 들어가셨을 때 사마리아인들이 받아들이지 않았던 적이 있습니다 눅 9:51-56. 그러자 제자인 야고보와 요한이 발끈해서 "주여 우리가 불을 명하여 하늘을 좇아 내려 저희를 멸하라 하기를 원하시나이까? 지금 불을 내려서 저들을 모두 멸망시키기를 원하십니까?"라고 분개해 하며 감정적으로 반응한 것을 볼 수 있습니다. 이처럼 유대인과 사마리아인은 서로를 경멸했습니다. 물론 예수님은 그렇게 반응한 제자들을 꾸짖으시고는 다른 촌으로 가셨습니다.

유대인이 사마리아인을 접대하는 것은 자녀들에게 심판을 쌓는 것이었습니다. 사마리아인의 집에서 유대인이 고기를 먹으면 돼지고기를 먹는 것과 같았습니다. 사마리아인은 사람의 뼈로 몰래 성전을 더럽혔습니다. 상극적인 일들이 많이 벌어졌습니다. 그런데 참 묘하게도 예수님은 강도 만난 사람의 이웃으로 사마리아인을 선정하셨습니다. 예수님은 이야기식으로 교훈을 주고자 하셨습니다.

사마리아인에게는 연민의 정이 있었습니다. 사랑이 있었습니다. 그에게선 유대인과 사마리아인 사이에 있던 민족적인 편견이 전혀 보이지 않았습니다. 물론 예수님이 말씀하실 때, 강도 만난 사람이 유대인인지는 정확하게 밝히고 있지 않습니다. 그러나 다른 사람들이 모두 유대인인 것을 볼 때 아마 강도 만난 사람도 유대인이었을 것으로 생각됩니다.

그곳을 지나가던 사람들 중에 오직 이 사마리아인만이 그를 보고 불쌍히 여겼습니다. 연민의 정이 있었습니다. 제사장과 레위인과는 다릅니다. 또한 강도하고도 너무나 다릅니다. 그리고 주막 주인하고도 다릅니다. 지난날의 불행을 불쌍히 여길 줄 아는 것, 그 사람의 현재 필요를 도와주면서 미래에 원하는 것이 무엇인가를 생각하고 돌보아 주는 것, 그것이 바로 연민의 정이 있는 사람의 모습입니다. 강도는 말할 것도 없고, 제사장이나 레위인과 같은 사람도 논리적이지만 냉랭하고 연민의 정이 없는 사람입니다. 그러나 멸시받는 사마리아인이 오히려 그를 보고 불쌍히 여겼습니다. 그것은 바로 예수님의 마음을 보여 주고 있는 것이 아닐까요?

예수님은 무리를 보시고 불쌍히 여기셨습니다 마 15:32. 이 불쌍히 여긴다는 말의 뜻은 사실상 '동참하다.'는 뜻이 있습니다. '그의 상황에 내가 동참해 준다.'는 의미입니다. 그뿐만 아니라 불쌍히 여긴다는 것은 그 사람이 있는 곳으로 직접 가서 그를 위해 무엇인가를 하는 행위입니다. 또한 불쌍히 여긴다는 것은 어떤 위험까지도 무릅쓴다는 의미가 있습니다.

하나님을 생각해 보십시오. 하나님은 우리를 불쌍히 여겨 주셨습니다. 그렇다면 하나님이 나를 불쌍히 여겨 주신 것같이 나도 다른 사람에게 동일하게 대하는 것이 바로 사랑입니다.

"우리가 사랑함은 그가 먼저 우리를 사랑하셨음이라" 요일 4:19.

사마리아인은 불쌍히 여겼습니다. 그리고 단지 마음으로만 끝난 것이 아니라 실제적인 필요들을 돕기 위해 애쓴 장면을 볼 수 있습니다. 그는 강도 만난 사람의 아픈 부위를 잘 낫게 하려고 감람유 기름을 발라 주고 포도주로 소독해 주었습니다. 그런 다음 잘 싸매어 주고 나서 자기 짐승에 태웠습니다. 아마도 둘이 같이 타기는 어려웠기 때문에 사마리아인은 걸어갔을 것입니다. 이윽고 주막으로 데리고 가서 끝까지 돌보아 주고자 했습니다. 그것은 사랑을 나타내 보인 것입니다.

사랑하면 어떤 장애가 있어도 그것을 극복합니다. 사랑하면 어떤 위험이 따른다 해도 그것을 극복합니다. 그 지역에서 강도를 만난 사람이 또다시 강도를 만나지 않으리라는 보장도 없습니다. 그 사마리아인은 자신도 동일하게 약탈을 당할 수도 있었습니다. 그럼에도 불구하고 사랑은 기회를 찾습니다. 그 사람의 필요를 보고 그를 도우며 섬길 수 있는 기회를 찾습니다. 그래서 그는 강도 만난 자에게 가까이 갔습니다. 멀리서 적당하게 한 것이 아니라 가까이 갔습니다. 참여한 것입니다. 그러고 나서 주막으로 데리고 갔습니다. 그는 불쌍히 여겼고 돌봐 주었습니다.

누가복음 10:35에 보면 "이튿날에 데나리온 둘을 내어 주막 주인에게 주며 가로되 이 사람을 돌보아 주라 부비가 더 들면 내가 돌아올 때에 갚으리라 하였으니"라고 말씀하고 있습니다. 한 데나리온은 성인 남자의 하루 품삯입니다. 그러므로 이틀 품삯을 준 것입니다. 다시 말하면 그 사마리아인은 희생했습니다. 그는 자기의 소유와 시간을 강도 만난 사람을 위해 주었습니다. 아마도 그가 사업가였다면 사업상의 일로 바이어들을 만나는 스케줄을 변경해야만 했을지도 모릅니다. 그러다 보니 좋은 사업의 기회를 상실할 수도 있었을 것입니다. 하지만 그는 자신을 필요로 하는 사람을 향한 사랑에 기꺼이 값을 치르고자 했습니다.

그가 그렇게 희생해서 개인적으로 얻은 것이 무엇이었을까요? 물론 성경에 기록된 것은 아무것도 없습니다. 그러나 사마리아인은 그 일로 인해 마음속에 기쁨이 있었을 것입니다. 또한 그는 주님을 닮아가는 일에 한 단계 더 성장했을 것입니다.

"……주는 것이 받는 것보다 복이 있다……" 행 20:35.

그 사람의 입장과 자신의 입장을 생각해 볼 때, 그 사람은 받는 입장이고 나는 주는 입장이라면 누가 더 행복하고 복받은 것일까요? 사마리아인은 사랑했기 때문에 줄 수 있었습니다.

누가복음 10:36-37에 보면 "네 의견에는 이 세 사람 중에 누가 강도 만난 자의 이웃이 되겠느냐 가로되 자비를 베푼 자니이다 예수께서 이르시되 가서 너도 이와 같이 하라 하시니라"고 말씀하고 있습니다. 다시 말하면 긍휼히 여기는 사람이 되라는 것입니다.

예수님은 강도 만나서 약탈당하고 죽을 수밖에 없는 우리들을 불쌍히 여겨 돌봐 주시고 십자가에서 값을 치러 구원해 주셨습니다. 예수님은 예루살렘으로 가면 자신에게 십자가가 기다리고 있다는 것을 아셨지만, 예루살렘으로 가기로 굳게 결심하셨습니다. 예수님은 진정한 이웃이었습니다. 그분은 참된 구주이셨습니다.

찬바람이 몹시 심하게 불어오는 크리스마스 때, 한 소년이 낡은 옷을 입고 해어진 신발을 신은 채 신문을 팔고 있었습니다. 그 소년을 바라다보며 한 신사가 신문을 사 주었습니다. 그러자 그 소년은 "아저씨 메리크리스마스, 하나님께서 축복해 주시기를 바라요. 감사합니다."라고 말했습니다. 그 말을 듣고 신사가 뒤를 돌아보면서 "얘, 네 하나님은 네게 신발도 하나 주시지 않니?"라고 물었습니다. 그때 소년은 얼굴에 미소를 지으며 신사를 향해 이렇게 대답했습니다. "아저씨, 하나님께서 어떤 사람에게 신발을 사 주라고 말씀하셨는데, 그 사람이 그만 잊어버렸나 봐요."

우리가 그분을 구주로 모시고 "나의 주 나의 왕이시여!"라고 고백한다면 우리의 삶에서 나타나야 할 특징이 무엇일까요? 불쌍히 여기는 사람이 되어야 하지 않겠습니까? 오늘날 우리 주변에서 "제발 나를 사랑해 줘요."라고 외치는 사람들의 음성을 듣고 있습니까? 노인이 되었건, 60대 50대가 되었건, 40대가 되었건, 30대 20대가 되었건 그들이 부르짖는 소리가 무엇입니까? 그것은 바로 "제발 나를 진정으로 사랑해 줘요."라는 말입니다.

사랑을 필요로 하는 이때에 우리는 어떤 그리스도인이 되어야 할까요? 어떤 삶의 철학을 지녀야 할까요? 주님이 오시고 성령의 지배를 받을 때, 우리는 주님의 모습을 이루게 될 것입니다.

그·리·스·도·인·의·삶·과·인·격

겸손
벤전 5:5-6

친구들의 희생과 그를 따르는 자들의 피로 말미암아 박수갈채를 얻은 사람들은 겸손이 그들의 몫이어야 한다.

드와이트 아이젠하워 Dwight Eisenhower

어떤 사역자가 이런 고백을 하였습니다. "하나님께서 내가 위대한 사람이 되기를 의향하신 것이 아니라는 사실을 깨닫기 전에는 쓸모가 없었다."

겸손은 성경의 주제 중의 하나입니다. 겸손은 그리스도인의 생활에서 중요한 것으로 겸손에 대한 공부와 겸손을 개발하기 위하여 훈련이 요구됩니다. 겸손은 한 사람의 인격의 자질이지만 겸손을 가지고 태어나는 사람은 없습니다. 그것은 오직 훈련으로 형성되는 자질입니다.

그리스도인의 인격 개발에 중요한 이슈인 겸손을 생각하면서 네 가지 사실을 분명히 할 필요가 있습니다.

첫째, 겸손은 그리스도를 닮은 덕목이지만 대부분의 서양 문화에서 이해되거나 그 가치를 높이 사지 않습니다.

리더는 강해야지 겸손함으로 연약하게 보여서는 안 된다는 것이 서양에서의 인식입니다. 존 웨슬리John Wesley가 관찰한 바에 의하면 로마인이나 헬라인에게는 겸손이라는 말이 없습니다. 겸손은 바울이 만들어 낸 신조어일 것입니다. 그들에게 겸손은 비겁하고 수치스럽고 천한 것으로 여겨졌습니다. 성취한 사람이 교만하지 않다는 것은 오히려 부자연스러운 것이었습니다. 주후 수세기 동안 이방인 작가들은 그리스도인들을 비난할 때 겸손이라는 단어를 사용하였습니다. 그러나 그리스도인의 문화는 그렇지 않습니다. 겸손은 그들의 부름받은 소명입니다.

둘째, 다른 사람이 겸손한 것은 높이 평가하지만 자신이 겸손한 것은 원하지 않는다는 사실입니다.

겸손하는 데는 대가가 큽니다. 솔직히 말하면 겸손한 사람을 좋아하는 것은 그들이 우리의 자리를 위협하지 않기 때문입니다. 겸손은 우리가 무엇을 구하는가에 있습니다. 그리고 그 책임을 감당할 수 있는가입니다. 예수 그리스도의 제자들도 예외는 아니었습니다.

"가버나움에 이르러 집에 계실새 제자들에게 물으시되 너희가 노중에서 서로 토론한 것이 무엇이냐 하시되 저희가 잠잠하니 이는 노중에서 서로 누가 크냐 하고 쟁론하였음이라 예수께서 앉으사 열두 제자를 불러서 이르시되 아무든지 첫째가 되고자 하면 뭇사람의 끝이 되며 뭇사람을 섬기는 자가 되어야 하리라 하시고" 막 9:33-35.

셋째, 겸손은 자존심이 부족하기 때문이 아닙니다.

자신은 아무런 가치도 없으며, 벌레 같은 가련한 존재이며, 그리스도를 떠나서는 아무것도 할 수 없다고 말하는 고백 자체가 겸손은 아닙니다. 이와 같은 관perspective은 오히려 겸손을 개발시키지 못할 수도 있습니다. 이것은 이 땅에서 예수님이 보여 주신 모습은 아닙니다. 그분은 열등의식이 없었으며 불안감 때문에 시달린 적이 없으셨습니다. 예수 그리스도가 그럴 수 있었던 것은 그분이 바로 하나님이셨기 때문입니다.

넷째, 우리가 겸손하다고 생각하는 순간 우리는 겸손한 것이 아닙니다.

새뮤얼 테일러Samuel Taylor는 "겸손한 척하면서 겸손을 흉내 내는 교만은 마귀가 좋아하는 죄이기 때문에 그는 그때다 히죽히죽 웃는다."라고 말했습니다. 참으로 겸손한 사람들은 자신의 겸손에 대하여 드러내거나 주의를 기울이지 않습니다. 자신이 겸손함을 의식하지 못하는 것은 자연스러운 일입니다. 겸손한 사람은 다른 사람의 복지를 생각한 나머지 자신의 유익이나 자신의 중요성을 나타내려는 생각을 하지 않습니다.

로버트 리 장군의 진정한 고결함The Sterling Nobility of Robert E. Lee에 대하여 글을 쓴 제이 스티븐 윌킨스J. Steven Wilkins는 다음과 같이 말하였습니다.

> 자신의 명예에 대한 리Lee 장군의 무관심의 정도는 놀랍다. 남북 전쟁이 있고 난 후에 북쪽의 유명 인사들이 종종 렉싱턴Lexington에 있는 그의 집을 방문하는 경우가 있었다. 그때 그는 손님들을 정중히 맞이하였다. 손님들은 북쪽의 많은 상류 사회의 가족처럼 리 장군도 집안에 하인들이 있으리라 생각하고서 잠자리에 들 때 구두를 닦아 주기를 바라면서 문 밖의 복도에 내어 놓았다. 여러 날 저녁 모든 사람이 다 잠자리에 든 후에 그들을 당황하게 하는 일이 없도록 하기 위하여 장군 자신이 자지 않고 구두 부스를 깨끗이 닦고 광을 내었다.

우리말 사전에 겸손은 자기를 낮추고 남을 높임이라고 설명하고 있습니다. 겸손은 문자 그대로 자기를 낮추는 것입니다. 교만과 반대되는 것입니다.

I. 하나님은 교만한 자를 대적하신다

'교만한 자'라는 말은 '겸손함이 없이 건방지고 방자한 자'를 뜻합니다. 영어 웹스터 사전에는 "feeling or showing pride"라고 기록하고 있습니다. 이는 부당한 우월감을 느끼거나 나타내 보이는 것입니다.

아침의 아들 루시퍼는 하나님의 아름다운 피조물이었지만 교만해졌습니다. 영어 성경에 보면 "내가 하리라"I will는 말을 다섯 번이나 반복해 말하고 있습니다. "내가 하늘에 올라", "내가 하나님의 뭇별 위에 나의 보좌를 높이리라", "내가 북극 집회의 산 위에 좌정하리라", "내가 가장 높은 구름에 올라", "내가 지극히 높은 자와 비기리라"라고 말한 결과, 그는 지옥으로 끌려갔습니다. 결국 루시퍼는 사탄으로 전락하고 말았습니다. 사탄은 교만하도록 동기 부여를 하며 하나님께서는 교만을 제일 싫어하십니다.

"진실로 그는 거만한 자를 비웃으시며 겸손한 자에게 은혜를 베푸시나니" 잠 3:34.

"그러나 더욱 큰 은혜를 주시나니 그러므로 일렀으되 하나님이 교만한 자를 물리치시고 겸손한 자에게 은혜를 주신다 하였느니라" 약 4:6.

"젊은 자들아 이와 같이 장로들에게 순복하고 다 서로 겸손으로 허리를 동이라 하나님이 교만한 자를 대적하시되 겸손한 자들에게는 은혜를 주시느니라" 벧전 5:5.

겸손의 꽃은 교만의 무덤에서 자랍니다.

II. 하나님은 겸손한 자에게 은혜를 베푸신다

1. 겸손은 하나님의 구원하시는 은혜를 입게 한다

성경은 겸손한 자에게 은혜를 베푸신다는 것을 반복해서 말씀하고 있습니다 잠 3:34; 약 4:6; 벧전 5:5. 우리가 구원받는 것은 하나님의 은혜로 인하여 믿음으로 말미암는다고 말씀합니다 엡 2:8.

구원받기 위하여 거룩하신 하나님 앞에서 자신을 낮추고 죄인임을 고백하고 회개해야 합니다. 가난한 걸인인 것처럼 하나님께 죄용서와 구원을 구해야 합니다.

"심령이 가난한 자는 복이 있나니 천국이 저희 것임이요" 마 5:3.

"가라사대 진실로 너희에게 이르노니 너희가 돌이켜 어린아이들과 같이 되지 아니하면 결단코 천국에 들어가지 못하리라" 마 18:3.

자기를 낮추고 죄를 회개하는 자들에게 은혜가 임하였습니다.
디 엘 무디 목사는 다음과 같은 말을 하였습니다.

하나님은 스스로 의롭다고 하는 자에게는 아무것도 말씀하시지 않는다. 단지 티끌 가운데 자기를 낮추고 하나님 앞에 자기의 죄악을 자백하면 그 죄인을 위한 하늘 문이 열리고 은혜로 구원을 받는다. 그렇지 않으면 그 문은 그에게 영원히 닫힐 것이다.

2. 겸손은 기도의 응답을 받게 한다

"내 이름으로 일컫는 내 백성이 그 악한 길에서 떠나 스스로 겸비하고 기도하여 내 얼굴을 구하면 내가 하늘에서 듣고 그 죄를 사하고 그 땅을 고칠지라" 대하 7:14.

"여호와여 주는 겸손한 자의 소원을 들으셨으니 저희 마음을 예비하시며 귀를 기울여 들으시고" 시 10:17.

하나님 앞에 겸손하고 자기를 낮추며 죄를 자백하는 기도를 할 때 하나님께서 그 기도를 들으십니다. 그러한 기도를 하는 겸손한 자에게 하나님께서 은혜를 베푸십니다.

성경에서 기도할 때 어떤 특정한 자세를 지녀야 한다는 말씀은 없지만 마음만은 하나님 앞에 부복하는 겸손의 자세를 지녀야 합니다. 하나님의 은혜가 임하고 삶의 변화가 일어납니다. 하나님께서는 솔로몬의 겸손한 기도에 은혜를 베푸시고 그의 구하는 것 이상으로 주셨습니다.

3. 겸손은 하나님의 임재하심을 경험하게 한다

"지존무상하며 영원히 거하며 거룩하다 이름하는 자가 이같이 말씀하시되 내가 높고 거룩한 곳에 거하며 또한 통회하고 마음이 겸손한 자와 함께 거하나니 이는 겸손한 자의 영을 소성케 하며 통회하는 자의 마음을 소성케 하려 함이라" 사 57:15.

『천로역정』을 저술한 존 번연John Bunyan은 "겸손한 자는 교만하지 아니하므로 항상 하나님을 그의 인도자로 삼는다."라고 말하였습니다. 에라스무스Erasmus는 "겸손이 없는 덕목은 그 무엇도 헛된 것이다. 하나님의 영은 겸손한 자의 마음에 거하시기를 즐겨 하기 때문이다."라고 말하였습니다.

4. 하나님은 겸손한 자를 높이신다

그것은 또한 하나님의 역설적인 법칙입니다. 높아지려고 하면 낮아지고, 낮아지면 하나님이 높이십니다. 마르틴 루터는 "하나님께서는 아무것도 없는 데서 세상을 창조하셨다. 우리가 아무것도 아닐 때에도 하나님께서는 우리에게서 무엇인가를 만들어 내신다."라고 말하였습니다.

사도 바울은 "나의 나 된 것은 하나님의 은혜"고전 15:10라고 하였습니다. 그의 겸손 때문에 하나님께서는 이방인에게 복음을 전하는 일에 크게 쓰셨습니다.

III. 하나님의 능하신 손 아래서 겸손하라

구약에서 하나님의 손은 그분의 능력을 가리키며 두 가지 상징적인 의미를 지니고 있습니다.

1. 채찍 discipline

"주께서 돌이켜 내게 잔혹히 하시고 완력으로 나를 핍박하시오며" 욥 30:21.

욥기 30:21에 있는 "완력으로"라는 구절은 '주의 손의 힘으로' with the might of Thy hand 라는 의미입니다.

"주의 손이 주야로 나를 누르시오니 내 진액이 화하여 여름 가물에 마름 같이 되었나이다(셀라)" 시 32:4.

2. 건져 주심 deliverance

'하나님의 능하신 손 아래서 겸손하다.'는 것은 하나님께서 하나님의 영광과 우리의 유익을 위하여 훈련하며 징계하실 때 기꺼이 받아들이는 것을 말합니다. 그리고 하나님의 때에 하나님의 방법으로 우리가 겪고 있는 처지에서 우리를 건져 주실 것을 감사함으로 받아들입니다. 그것이 바로 겸손입니다.

세상은 치고받고 살벌하며 서로 위에 오르기 위해 상처를 주기도 하며 받기도 합니다. 그때 우리가 주장하는 자세를 하지 않고 하나님의 능하신 손 아래 우리 자신을 맡기면, 하나님의 이름과 영광을 위하여 때가 되면 건져 주시고 높여 주실 것입니다.

저는 1963년에 큰 꿈을 안고 미국 유학길에 오르기를 원했습니다. BBC에서 입학 허가서를 받고 비자까지 얻어 출국할 날을 정하고 교회에서 송별 예배도 드렸습니다. 목요일 출국 예정이었는데 월요일에 미국에 계시는 배스킨 목사님으로부터 편지를 받았습니다. 지금 미국에 오는 것이 하나님의 뜻이 아니라고 생각한다는 내용이었습니다. 저의 멘토이며 목사님이신 그분의 편지였습니다. 좌절감 때문에 울면서 기도하였습니다. 그러나 배스킨 목사님의 권면을 받아들이고 하나님의 능하신 손 아래 맡겼습니다.

1967년, 하나님의 때에 하나님께서 다시 길을 열어 주셨습니다. 아내 될 자매도 만나게 하시고 주님 안에서 많은 친구들, 동역자들, 기도의 동지들을 얻게 하셨습니다. 지금도 그들은 기도의 동지들입니다.

다윗을 생각해 봅시다. 유대 언덕에서 아버지의 양을 치던 목동, 그는 노래하는 자였습니다. 독학한 음악인이었습니다. 그는 자신의 이름을 선전하려 하지 않았습니다. 양을 향하여 불렀던 노래들이 후에 하나님에 의해 성령으로 감동되고 수많은 사람들을 위한 노래가 되었습니다.

다윗은 자신의 성공을 추구하지 않고 하나님의 능하신 손 아래 자신을 낮추고 주님 가까이 머물며 그분에게 순복하였습니다. 하나님께서는 다윗을 그 땅의 가장 높은 자리로 이끄셨습니다. 그리고 그를 이스라엘 모든 민족의 목자가 되게 하셨습니다.

자신을 높이고 선전하려는 것을 중지합시다. 하나님께서 높이도록 합시다. 하나님께서 여러분을 쓰시기 원하면 쓰시고 여러분을 높이실 것입니다. 많은 것을 가지고도 겸손한 자를 하나님께서는 높이시고 사용하실 것입니다.

그 · 리 · 스 · 도 · 인 · 의 · 삶 · 과 · 인 · 격

고난에 대한 반응

고후 1:8-10

대부분의 사람들은 리사 비머Lisa Beamer가 누구인지 잘 모릅니다. 미국 뉴저지주 크렌베리Cranbury에 살고 있던 그녀에게 2001년 9월 11일 아침에 남편 토드Todd로부터 비밀리에 전화가 걸려 왔습니다. 전화 내용은 그가 타고 있는 비행기가 공중 납치되었다는 것이었습니다. 그녀의 남편은 3만 2천 피트 상공에 있던 UA93편 비행기 기내에서 테러범을 상대로 싸웠던 세 사람 중의 한 명이었습니다.

비행기는 펜실베이니아주의 한 시골에 추락하였는데, 휴대 전화 통화 내용을 해독한 결과, 미국 정부 건물에 충돌하여 많은 사람을 살상하려는 계획을 무산시켰다는 사실을 발견하게 되었습니다. 리사는 이 소식을 듣고 경악하여 멍하니 서 있었습니다. 그녀는 임신한 지 몇 개월이 되던 때였습니다. 테러리스트들이 무죄한 사람들을 향하여 감행

한 공격으로 그녀의 남편이 희생되고 말았습니다. 남편의 용감한 행위에 대하여 어떻게 생각하느냐는 질문에 그녀는 이렇게 말했습니다. "나의 삶을 다시 한번 가치 있게 살게 하는 계기가 되었습니다." 역경에 대한 그녀의 반응은 그녀를 위대한 사람이 되게 하였습니다.

생애에 일어나는 일이 그 사람의 생애에 미치는 영향은 10%입니다. 그러나 그에게 일어난 일에 대한 반응은 그 사람의 생애에 90% 영향을 줍니다. 리사에게 그녀의 남편을 잃는 것은 10%의 영향이었습니다. 어려운 경우를 당했을 때 아름다운 반응은 그 사람을 위대하게 합니다.

사도 바울의 생애, 그의 사역, 그의 인격에서 이와 같은 위대함을 찾아볼 수 있습니다. 사실주의 화가가 바울을 본 그대로 그렸다면 어떻게 그렸을까요? 그가 그린 그림 속의 바울은 흉터와 상처가 있는 모습이었을 것입니다. 몸의 어떤 부분은 부어 있고 피멍이 들었거나 피가 나고 있었을 것입니다.

갈라디아서 6:11에 보면 "내 손으로 너희에게 이렇게 큰 글자로 쓴 것을 보라"라고 말하고 있습니다. 아마도 큰 글자로 쓴 것은 그의 시력이 나빠졌기 때문일지도 모릅니다. 또는 그의 팔에 있는 신경에 손상이 왔기 때문일지도 모릅니다. 그는 자신의 친필로 진솔한 고백을 하고 있습니다.

"이후로는 누구든지 나를 괴롭게 말라 내가 내 몸에 예수의 흔적을 가졌노라" 갈 6:17.

직 죽은 자를 다시 살리시는 하나님만 의뢰하게 하심이라" 고후 1:8-9.

바울이 여기서 말한 환난trouble, affliction은 큰 돌에 짓눌리는 압박pressure을 뜻하는 단어입니다. 바울은 그를 반대하는 무리로부터 오는 압박감, 그를 배격하려는 무리로부터 오는 압박감, 육체적으로나 정서적인 긴장으로부터 오는 압박감 때문에 힘에 지나도록 심한 고생을 겪었습니다. 몹시 짓눌리고 무척 짐이 무거웠습니다. 마음에 사형 선고를 받은 것 같았습니다. 그럼에도 불구하고 바울이 그가 당한 일에 대하여 어떻게 반응하였는가를 살펴보고자 합니다. 바울은 하늘의 시각으로 사물을 보았습니다. 그의 반응은 달랐습니다. 그의 반응의 비결은 무엇일까요?

I. 그는 하나님만 의뢰하였다

"우리 마음에 사형 선고를 받은 줄 알았으니 이는 우리로 자기를 의뢰하지 말고 오직 죽은 자를 다시 살리시는 하나님만 의뢰하게 하심이라 그가 이같이 큰 사망에서 우리를 건지셨고 또 건지시리라 또한 이후에라도 건지시기를 그를 의지하여 바라노라" 고후 1:9-10.

바울은 처음부터 끝까지 환경을 다스리시는 하나님께 초점을 두고 있습니다. 건지셨고, 건지시고, 건지시리라는 말씀에서 과거에도 건지셨고, 현재 그리고 미래에도 건져 주신다는 것을 확신하고 있습니다.

바울은 이 시점에서 자신의 힘으로 변경시킬 수 있는 것은 아무것도 없다는 것을 깨달았습니다. 그의 지식이나 힘으로는 아무것도 할 수 없었습니다. 그는 살 소망까지 끊어진 데에 이르렀습니다. 그리고 다음과 같은 심정으로 기도했습니다.

주님, 저는 더 이상 계속할 수 없습니다. 저에게는 능력도 없고 기력도 없습니다. 저는 이 압박에서 어떤 모양으로든지 헤어 나올 수 있는 자신이 없습니다. 주님, 주님만 바라보고 의지합니다.

이것이 바로 하늘의 시각으로 역경을 바라보는 것입니다. 그러할 때 화난禍難 가운데 힘을 얻을 수 있습니다. 우리는 사무엘상 30:1-6에서 이와 유사한 이야기를 찾아볼 수 있습니다.

다윗이 아직 왕위에 오르지 않았을 때입니다. 그가 전쟁터에서 돌아왔을 때 아말렉 사람들이 시글락을 공격하여 불사르고 여인들을 포로로 데리고 갔습니다. 다윗과 함께하였던 사람들이 울 기력이 없도록 소리를 높여 울었습니다. 자녀들 때문에 슬픔에 빠져 있던 그들은 다윗을 돌로 치자고 하였습니다.

다윗이 당한 일은 지도자의 위치에 있는 그 누구에게나 일어날 수 있는 일입니다. 목숨을 걸고 따랐던 백성들이 그를 향하여 돌로 치자고 하였습니다. 다윗은 크게 그리고 몹시 비통하였습니다. 함께했던 그들이 다윗을 향하여 돌을 던지자고 한 것입니다. 충성이 증오로 변하고 다윗은 반란에 직면하게 되었습니다. 참으로 슬픈 일이었습니다. 그를 짓누르는 중압감은 이루 말할 수 없었습니다.

이와 같은 상황에 처해 본 적이 있습니까? 이와 같은 때는 여러분 주위에 있는 그 무엇도 아무런 도움이 되지 못합니다. 가까운 친구들도 의지할 수 없습니다. 상황은 비극적이며 미래는 위협적입니다. 지혜도 없고 홀로 있다는 생각뿐입니다. 이때 할 수 있는 일은 위를 바라보는 것뿐입니다.

그때 다윗의 반응은 어떠했습니까? 하나님을 바라보았습니다. 그리고 하나님을 의지하였습니다. 그러자 하나님께서 그에게 힘을 주시고 다윗은 용기를 얻었습니다.

"백성이 각기 자녀들을 위하여 마음이 슬퍼서 다윗을 돌로 치자 하니 다윗이 크게 군급하였으나 그 하나님 여호와를 힘입고 용기를 얻었더라"

삼상 30:6.

바울의 반응은 다윗이 한 반응과 같았습니다.

"우리가 이 보배를 질그릇에 가졌으니 이는 능력의 심히 큰 것이 하나님께 있고 우리에게 있지 아니함을 알게 하려 함이라 우리가 사방으로 우겨쌈을 당하여도 싸이지 아니하며 답답한 일을 당하여도 낙심하지 아니하며 핍박을 받아도 버린 바 되지 아니하며 거꾸러뜨림을 당하여도 망하지 아니하고 우리가 항상 예수 죽인 것을 몸에 짊어짐은 예수의 생명도 우리 몸에 나타나게 하려 함이라 우리 산 자가 항상 예수를 위하여 죽음에 넘기움은 예수의 생명이 또한 우리 죽을 육체에 나타나게 하려 함이니라" 고후 4:7-11.

바울의 반응은 예수 그리스도를 닮은 반응이었습니다.

"그가 곤욕을 당하여 괴로울 때에도 그 입을 열지 아니하였음이여 마치 도수장으로 끌려가는 어린 양과 털 깎는 자 앞에 잠잠한 양같이 그 입을 열지 아니하였도다" 사 53:7.

몽골에 가면 양을 도살하는 장면을 보게 됩니다. 배를 째는데도 양은 반항하지 않습니다. 그러나 염소를 도살할 경우에 염소는 온갖 힘을 다하여 반항하며 발악을 합니다. 양처럼 오직 하나님만 바라보며 순종하는 모습으로 살고 있는지 우리의 삶을 되돌아보아야겠습니다.

II. 그는 보이지 않는 것에 초점을 두었다

"우리의 잠시 받는 환난의 경한 것이 지극히 크고 영원한 영광의 중한 것을 우리에게 이루게 함이니 우리의 돌아보는 것은 보이는 것이 아니요 보이지 않는 것이니 보이는 것은 잠간이요 보이지 않는 것은 영원함이니라" 고후 4:17-18.

바울은 자신에게 일어나는 일에 대하여 반응하는 또 다른 차원이 있었습니다. 그는 모든 것을 믿음의 눈으로 바라보았습니다. 성경에 나오는 믿음의 용사들의 모습입니다.

"믿음으로 애굽을 떠나 임금의 노함을 무서워 아니하고 곧 보이지 아니하는 자를 보는 것같이 하여 참았으며" 히 11:27.

모세는 믿음으로 보이지 아니하는 자를 보는 것같이 하여 참았습니다. 바울은 모세처럼 보이지 아니하는 것, 영원한 것에 초점을 두고 어려운 때를 참았습니다. 마음이 발라야 바른 것을 할 수 있습니다.

벽난로 위에 다음과 같은 글을 써 놓은 집이 있었습니다. "당신의 마음이 차면 내 난로는 당신의 마음을 따듯하게 할 수 없습니다." 이 세상의 어떤 불도 차가운 마음을 따듯하게 할 수 없습니다.

바울은 환난은 있어도 주님 때문에 마음이 따듯했습니다. 왜냐하면 하늘의 시각, 믿음으로 바라보기 때문입니다. 주님을 향한 그의 뜨거운 마음은 의심과 두려움도 다 녹여 버렸고, 영원한 것을 바라보도록 했습니다.

제임스 돕슨Dr. James Dobson이 말한 감동스러운 이야기를 책에서 읽었습니다. 한 흑인 어머니가 폐암으로 죽어가는 다섯 살 아들이 입원한 병원을 매일 아침마다 방문하였습니다. 어느 날 아침, 어머니가 도착하기 전에 간호사가 아이의 입원실에서 말소리가 울려오는 것을 들었습니다. "종소리가 들려요. 종소리가 들리네요. 종이 울려요." 간호사는 같은 말이 아이의 입원실에서 나는 것을 들었습니다. 조금 후에 그곳에 온 어머니가 간호사에게 아들이 어떠한가를 물었습니다. 간호사는 한숨을 쉬면서 "아이가 혼수상태에 빠진 것 같아요. 아니면 복용하는 약 때문인지 종소리가 들린다고 헛소리를 하곤 해요." 어머니의 아름다운 얼굴에 알겠다는 듯 희색이 돌았습니다. 그리고 간호사에게 말했습니다. "내 아들이 혼수상태에 빠진 것이 아니에요. 약물 부작용도 아니에요. 수주일 전에 내가 아들에게 가슴의 고통이 심하고 숨쉬기가 어려우면 우리를 떠나게 되는 신호라고 했어요. 고통이 아주 심하면 하늘나라의 새 집을 바라보라고 했죠. 그리고 너를 위하여 종이 울릴 것이니 종소리에 귀를 기울이라고 했답니다." 어머니는 아들에게 뛰어가 부드럽고 넓은 품으로 아들을 안았습니다. 종소리는 조용히 산울림처럼 울리고 아이는 떠났습니다.

보이지 않는 미래에 초점을 두면 견딜 수 없는 것도 참을 수 있는 은혜를 입습니다. 바울이 가장 어려울 때 강하였던 것은 보이지 않는 것, 영원한 것을 바라보았기 때문입니다.

III. 그는 연약함을 인정하였다

고린도후서 11:22-28의 말씀을 통해 우리는 바울이 복음을 전함으로 겪은 고난과 고통이 무엇이었는지를 목격할 수 있습니다. 주님은 바울에게 육체의 가시를 주셨습니다. 바울은 가시를 제하여 주기를 간절히 기도하였지만, 기대와는 달리 그 가시는 계속 남아 있었습니다. 그러나 바울은 다음과 같이 고백하였습니다.

"내게 이르시기를 내 은혜가 네게 족하도다 이는 내 능력이 약한 데서 온전하여짐이라 하신지라 이러므로 도리어 크게 기뻐함으로 나의 여러 약한 것들에 대하여 자랑하리니 이는 그리스도의 능력으로 내게 머물게 하려 함이라 그러므로 내가 그리스도를 위하여 약한 것들과 능욕과 궁핍과 핍박과 곤란을 기뻐하노니 이는 내가 약할 그때에 곧 강함이니라" 고후 12:9-10.

시련이 있을 때 자신의 강함이나 자신의 어떤 자원에 의지하지 않고, 약함을 자랑하고 하나님의 능하심을 인정할 때 하나님의 능력을 경험합니다.

오스왈드 샌더스J. Oswald Sanders는 그의 저서 『리더 바울』Paul Leader에서 "우리는 힘을 숭상하는 시대에 살고 있다. 군사력, 지력-정보력, 경제력, 과학의 힘 등 온 세계는 세력으로 나누어져 있다. 각 분야에서 세력을 추구하고 때로는 회의적인 방법으로 행하고 있다."라고 말했습니다. 그것을 다른 말로 하면 바로 권력 투쟁입니다.

유명한 스코틀랜드의 목사인 제임스 스튜어트James Stewart는 다음과 같은 도전이 되는 말을 하였습니다. "하나님께서 그분의 나라를 세우실 때 인간의 힘이나 신념이 아니라 인간의 연약함과 겸손에 따라 하셨다."

하나님은 우리의 연약함 때문에 우리를 쓰십니다. 하나님을 의지하며 하나님을 바라기 때문에 하나님께서 역사하십니다.

우리는 환난과 시련 중에 바울이 어떻게 반응하였는지 생각해 보았습니다. 1세기에서 21세기로 와서 생각해 봅시다. 여러분을 짓누르는 고난과 시련이 있습니까? 경제적인 어려움이 있습니까? 직장의 어려운 일이나 실직의 위험이 있습니까? 자녀들로 인하여 무거운 짐에 눌리고 있습니까? 예기치 않게 건강에 이상이 왔습니까? 미래를 예측할 수 없는 어떤 상황에 직면해 있습니까?

바울은 살 소망까지 끊어진 형편이었습니다. 그는 마음에 사형 선고를 받은 줄 알았다고 했습니다. 그때 그가 배운 것은 자기를 의뢰하지 않고 오직 죽은 자를 다시 살리시는 하나님만 의뢰하는 것이었습니다. 하나님께 순종하는 것이었습니다.

바른 시각을 갖게 하는 플로렌스 화이트 윌레트Florer.ce White Willet의 아름다운 시 한 편을 소개하고자 합니다.

나는 나를 괴롭게 한 일들을 하나님께 감사한다.
그런 일들은
내가 은혜에 이르게 하는 친구가 되었으며
평탄한 길에서 비밀의 곳, 광풍이 있는 곳으로
나를 이끌어 왔다.
나는 내 마음의 깊은 필요를 채우지 못한 친구들을
하나님께 감사한다.
그들은 나를 구주의 발 앞으로 이끌어

그의 사랑으로 자라도록 하였다.
아무도 만족할 수 없는
인생의 모든 길을 지나면서 나는 또한 감사한다.
그리하여 나는 하나님 안에서만
나의 풍요함, 나의 필요에 대한 모든 공급을
얻었기 때문이다.

이와 같은 값진 삶은 예수 그리스도를 구주로 믿고 그분의 은혜와 그분을 아는 지식에서 자라가는 데 있습니다 벧후 3:18.

그·리·스·도·인·의·삶·과·인·격

큰 자의 덕목, 섬김

마 20:25-28

예수님의 가르치심은 그 당시 많은 경우에 논쟁을 불러일으켰습니다. 왜냐하면 예수님은 당시 여론이나 대중의 생각과는 전혀 반대되고 역설적인 논리를 말씀하셨기 때문입니다. 예수님의 가르치심은 그 당시 사회에 혁명적인 교훈이었습니다. 예수님이 제자들에게 가르치신 교훈 중에는 그들을 놀라게 한 것이 있었습니다.

"너희 중에 큰 자는 너희를 섬기는 자가 되어야 하리라" 마 23:11.

예수님이 가르치시며 본을 보이신 것은 큰 자to become great, 즉 위대한 사람의 덕목인 '섬김' 그 자체였습니다. 예수님이 이 땅에 오신 목적 중 하나는 바로 섬기기 위해서입니다.

"인자가 온 것은 섬김을 받으려 함이 아니라 도리어 섬기려 하고 자기 목숨을 많은 사람의 대속물로 주려 함이니라" 마 20:28.

I. 섬김의 의미

성경에 보면 종servant, 봉사service, 섬기다serve 등 같은 의미의 말이 641번이나 출현합니다. 히브리어나 헬라어의 섬긴다는 말을 종합하면, 섬김은 '다른 사람의 복지福祉를 위하여 돌보며 필요를 채우는 일'을 뜻합니다. 이는 영적 복지나 물질적 복지일 수 있습니다. 그러므로 섬김은 다른 사람의 영적 내지 물질적 필요를 충당하기 위하여 무엇인가를 행하는 덕목입니다.

II. 섬김의 위대함

"인자의 온 것은 섬김을 받으려 함이 아니라 도리어 섬기려 하고 자기 목숨을 많은 사람의 대속물로 주려 함이니라" 막 10:45.

마가는 마가복음에서 예수 그리스도를 종으로 묘사하였습니다. 마태는 예수 그리스도를 메시아로 말씀하면서 종의 일을 하는 자로 묘사하고 그 일의 위대함을 말하였습니다.

"예수께서 제자들을 불러다가 가라사대 이방인의 집권자들이 저희를 임의로 주관하고 그 대인들이 저희에게 권세를 부리는 줄을 너희가 알거니와 너희 중에는 그렇지 아니하니 너희 중에 누구든지 크고자 하는 자는 너희를 섬기는 자가 되고 너희 중에 누구든지 으뜸이 되고자 하는 자는 너희 종이 되어야 하리라" 마 20:25-27.

예수님은 섬기는 삶을 사셨을 뿐만 아니라 섬김의 지위를 높이셨습니다. 아서 애덤스Arthur Adams는 예수님의 태도에 대하여 다음과 같이 말하였습니다.

예수님은 짐짓 권세를 부리는 모든 사상에 대하여 등을 돌리고 새로운 제안을 하셨다. 그것은 바로 종의 태도였다.

구약의 메시아에 대한 예언을 보십시오.

"여호와께서 가라사대 보라 내 종이 형통하리니 받들어 높이 들려서 지극히 존귀하게 되리라" 사 52:13.

"내가 내 종 순을 나게 하리라" 슥 3:8.

그분은 종으로 오셨고 종으로 섬기셨습니다. 그분은 위대한 일을 하셨습니다.

III. 섬김의 본

"저희 발을 씻기신 후에 옷을 입으시고 다시 앉아 저희에게 이르시되 내가 너희에게 행한 것을 너희가 아느냐 너희가 나를 선생이라 또는 주라 하니 너희 말이 옳도다 내가 그러하다 내가 주와 또는 선생이 되어 너희 발을 씻겼으니 너희도 서로 발을 씻기는 것이 옳으니라 내가 너희에게 행한 것같이 너희도 행하게 하려 하여 본을 보였노라" 요 13:12-15.

유대인에게는 손님이 왔을 때 종이 발을 씻어 주는 관습이 있었습니다. 스승인 경우는 제자들이 발을 씻어 주었습니다. 그런데 예수님이 제자들과 마지막 만찬을 하게 되었을 때, 제자들은 오면서 누가 높은 자리에 앉을 것인가를 두고 논쟁을 벌이며 자신들이 기본적으로 해야 할 일도 하지 않았습니다. 높아지려고 하면 섬김을 잊게 마련입니다. 그때 예수님이 직접 제자들의 발을 씻겨 주심으로 섬김의 본을 보여 주셨습니다.

발을 씻겨 주는 섬김은 축복을 안겨 줍니다. 감동과 함께 깨끗하게 하는 교제를 하게 합니다. 또한 심령을 새롭게 하고 격려하여 새 힘을 얻게 합니다.

우리는 종의 마음을 지니고 섬김으로써 형제자매가 새 힘을 얻고 일어서도록 해야 합니다. 병약한 자들을 찾아 돌보고, 슬픔과 고통을 당하고 있는 자들을 살펴보며, 형제자매의 필요에 민감하게 반응하며 그들을 위하여 기도해야 합니다. 형제자매들의 영적인 성장에 대해 관심을 가질 뿐만 아니라 잃어버린 영혼을 위하여 애통하며 복음을 전하고 그들에게 감동을 주는 삶을 살기 위해 최선을 다해야 합니다.

댈러스 제일침례교회에서 50여 년 동안 위대한 목회를 하신 조지 트루엣George Truett 목사님은 뛰어난 종의 태도를 지니고 살았던 영국의 정치가요 재상宰相이었던 윌리엄 글래드스턴William Gladstone에 대하여 다음과 같이 말했습니다.

> 그는 주님을 많이 닮은 정치가였다. 지방을 방문하면서 하나님의 말씀을 읽어 주며 그들을 위하여 기도하고 평안을 빌었다. 그는 눈물의 재상이었다. 국회 앞 거리 청소를 하는 청소부와 함께 이야기를 하다가 손수건으로 그의 눈에서 눈물을 닦았다. 그는 이기적인 세상을 바꾸어 그리스도가 자신을 주신 희생과 사랑의 면류관이 되도록 주께 드리기 원하였다.

IV. 섬김의 개발

"너희 안에 이 마음을 품으라 곧 그리스도 예수의 마음이니 그는 근본 하나님의 본체시나 하나님과 동등됨을 취할 것으로 여기지 아니하시고 오히려 자기를 비어 종의 형체를 가져 사람들과 같이 되었고 사람의 모양으로 나타나셨으매 자기를 낮추시고 죽기까지 복종하셨으니 곧 십자가에 죽으심이라" 빌 2:5-8.

빌립보서 2:5-8의 말씀을 통해서 우리는 섬김을 잘 개발하기 위한 방법을 배울 수 있습니다. 무엇보다 우리는 그리스도의 마음을 품어야 합니다. 예수님을 개인적으로 알고 그분을 닮고자 하는 간절한 소원을 가질 때 예수님의 태도가 나의 삶의 태도가 되기 때문입니다. 또한 지위를 내려놓아야 합니다. 그리고 권한을 다른 사람을 위해서 사용해야 합니다.

예수님은 자신의 역할을 낮추시고 자기를 비워 종의 형체를 가지셨습니다. 죽기까지 복종하신 예수님처럼 우리는 희생하고자 해야 합니다. 다른 사람을 위한 희생은 섬김의 중요한 덕목입니다. 하나님의 뜻에 복종하고 사랑으로 서로 종 노릇 할 때, 우리는 섬김의 태도를 개발시킬 수 있습니다. 섬김은 사랑의 증거입니다.

V. 섬김의 보상

"또 누구든지 제자의 이름으로 이 소자 중 하나에게 냉수 한 그릇이라도 주는 자는 내가 진실로 너희에게 이르노니 그 사람이 결단코 상을 잃지 아니하리라 하시니라" 마 10:42.

"그 주인이 이르되 잘 하였도다 착하고 충성된 종아 네가 작은 일에 충성하였으매 내가 많은 것으로 네게 맡기리니 네 주인의 즐거움에 참예할지어다 하고" 마 25:21.

폴 디 무디Paul D. Moody는 "한 사람의 크기는 그의 종의 수에 달려 있지 않고 그가 섬기는 사람들의 수에 달려 있다."라고 했습니다. 조지 트루엣 목사님은 성경적 가치관을 반영하는 지혜로운 말을 했습니다.

> 한 사람이 아무리 많은 재능을 가지고 있고 그 재능이 뛰어나다 해도 그것이 그 사람을 위대하게 하는 것은 아니다. 그리고 생각과 삶에 정신적인 풍부함을 가져다 주는 많은 양의 공부도 아니다. 빛나는 사교적인 자질도 아니다. 지위와 명예를 보장하는 많은 부의 축적도 아니다. 이러한 모든 것을 하나님의 자로 측정할 때 그 자체가 위대한 것은 아니다. 오히려 참된 위대함은 그의 모든 재능을 사용하여 이기적이 아닌 봉사로 다른 사람을 섬기는 데 있다. 모든 권세는 의무가 있다. 다른 사람에게 빚을 진 빚진 자들이다.

예수님은 섬김을 받기 위함이 아니고 도리어 섬기려고 오셨습니다. 자기 목숨을 많은 사람을 위한 대속물로 주기 위하여 오셨습니다. 그 분이 오셔서 자신의 목숨을 우리를 위한 대속물로 주셨기 때문에 우리가 구원을 받았습니다. 우리가 구원받은 것은 섬기기 위함입니다.

"그가 우리를 대신하여 자신을 주심은 모든 불법에서 우리를 구속하시고 우리를 깨끗하게 하사 선한 일에 열심 하는 친 백성이 되게 하려 하심이니라" 딛 2:14.

"이는 유업의 상을 주께 받을 줄 앎이니 너희는 주 그리스도를 섬기느니라" 골 3:24.

"너희가 이것을 알고 행하면 복이 있으리라" 요 13:17.

　섬김을 받고자 하면 기쁨이 없고 원망과 시비가 있게 됩니다. 그러나 섬기려고 할 때 참된 기쁨을 경험하게 됩니다. 섬기는 그때가 우리 생애 최고의 순간, 바로 '우생순'입니다.

성령 충만한 삶

영·광·스·러·운·그·날·을·바·라·보·며

선한 싸움을 싸우는 군사가 되라 딤전 6:12

거룩한 삶을 위한 도전 벧전 1:13-21

능력 있는 그리스도인의 삶을 살려면 고전 16:13-14

견고한 헌신 욥 6:8-10

경건에 이르기를 연습하라 딤전 4:7

깊은 골짜기의 굴속에서 기도 시 142:1-7

성·령·충·만·한·삶

선한 싸움을 싸우는 군사가 되라

딤전 6:12

　사도 바울은 선한 싸움을 싸우는 생애를 살았습니다. 그는 십자가의 원수로 행하는 이들과 교리적 싸움을 싸웠고 또한 감옥에서는 외로움이라는 내적 싸움을 싸우기도 하였습니다. 사실상 구원받은 그 순간부터 영적 싸움이 시작된 것입니다. 사탄은 우리가 구원받지 못하도록 방해할 뿐만 아니라 구원받은 성도들이 넘어지며 실패하도록 온갖 일을 행합니다.

　사도 바울은 에베소에 있는 성도들에게 그리스도인의 삶이란 영적 싸움을 싸우는 삶이라고 말했습니다. 그렇기 때문에 그는 마귀를 능히 대적하기 위해서 하나님의 전신갑주를 입어야 한다고 가르쳤습니다. 그리스도 예수 안에서 경건하게 살고자 하는 자는 핍박을 받고 딤후 3:12, 끊임없이 영적 싸움을 싸우면서 살아가고 있다는 사실을 기억해야 합니다엡 6:11-13. 그렇다면 이러한 영적 싸움터에서 그리스도인들이 승리하기 위해서는 어떠한 전략이 필요한지에 대하여 함께 살펴보기를 원합니다.

I. 승리하는 자의 네 가지 특징

1. 두려움이 없어야 한다

사탄이 사용하는 무기는 두려움입니다. 사탄은 두려워하는 자를 쉽게 공격합니다. 따라서 영적 싸움에서 승리하는 사람은 두려움이 없는 사람입니다.

여호수아는 이스라엘 백성을 이끌고 가나안으로 인도해야 할 책임이 있었습니다. 수많은 사람들을 인도해야 하기 때문에 그에게는 두려움이 있었을 것입니다. 그러나 하나님께서 여호수아에게 다음과 같이 말씀하셨습니다.

"두려워 말며 놀라지 말라 네가 어디로 가든지 네 하나님 여호와가 너와 함께하느니라" 수 1:9.

두려워할 때 포기하기 쉽고, 그렇게 될 때 사탄이 공격해 오는 창을 열어 주게 됩니다. 그러나 어디를 가든지 하나님께서 나와 함께하신다는 분명한 믿음과 확신이 있어야 합니다. 그러기 위해서는 하나님의 말씀으로 마음에 가득 차게 해야 합니다. 하나님께서 여호수아에게 말씀하셨습니다.

"이 율법책을 네 입에서 떠나지 말게 하며 주야로 그것을 묵상하여 그 가운데 기록한 대로 다 지켜 행하라 그리하면 네 길이 평탄하게 될 것이라 네가 형통하리라" 수 1:8.

하나님의 말씀이 그 안에 풍성히 거하면 영적 싸움을 싸우는 전쟁터에서 두려움 없이 승리하는 선한 군사가 될 수 있습니다.

2. 충성해야 한다

고린도전서 4:2에 보면 "그리고 맡은 자들에게 구할 것은 충성이니라"고 말씀하고 있습니다. 충성은 무엇을 의미합니까? 그것은 하나님께서 맡겨 주신 일을 있는 곳에서 계속하는 것을 의미합니다. 그리스도인들이 주님의 영광을 위하고 하나님의 뜻을 행하고자 할 때 마귀는 참소합니다. 열심히 일하다 보면 참소를 받기도 하고 비난을 받기도 합니다. 그럴 때 사탄은 그리스도인으로 하여금 모든 것을 포기하도록 만들어 버립니다. 그러나 그러할 때 결단코 포기하지 말아야 합니다. 오히려 그럴수록 하나님께서 원하는 곳에서 하나님의 일을 계속해야 합니다.

바울은 어려운 문제에 봉착하였습니다. 돌에 맞기도 하고, 채찍에 맞기도 하였습니다. 또한 감옥에 갇히기도 했습니다. 그럼에도 불구하고 포기하지 않았습니다. 끝까지 계속하고자 했습니다. 그것이 바로 충성입니다. 갈라디아서 6:9에서 "우리가 선을 행하되 낙심하지 말지니 피곤하지 아니하면 때가 이르매 거두리라"고 말씀하고 있듯이, 승리하는 자의 특징은 두려움이 아니라 하나님께서 원하시는 곳에 머물러 있는 충성입니다.

3. 어떤 값이 든다 하여도 하나님의 뜻을 행하고자 해야 한다

사탄은 성도들로 하여금 하나님의 뜻에서 이탈하여 좌로나 우로 치우침으로써 열매를 맺지 못하도록 합니다. 어찌하든지 그리스도인들을 메마르게 하고 연약하게 하고 낙심케 하여 결국은 포기하도록 만드려는 것이 사탄의 계략입니다. 그러나 그리스도인들은 어떤 일이든지 하나님의 뜻을 행하겠다는 의지가 있어야 합니다. 왜냐하면 하나님의 뜻을 이루는 자가 결국은 승리하는 자이기 때문입니다.

예수님은 하나님의 뜻을 온전히 이루기를 원하셨습니다. 요한복음 4:34에 보면 "예수께서 이르시되 나의 양식은 나를 보내신 이의 뜻을 행하며 그의 일을 온전히 이루는 이것이니라"고 말씀하고 있습니다. 십자가를 지시기 전날 밤에 예수님은 깊은 고뇌에 빠지셨습니다. 그러나 마태복음 26:39에 "아버지여 만일 할 만하시거든 이 잔을 내게서 지나가게 하옵소서 그러나 나의 원대로 마옵시고 아버지의 원대로 하옵소서"라고 말씀하고 있듯이, 예수님은 하나님의 뜻을 이루기 원하셨습니다. 치열한 영적 싸움터에서 이기는 자는 어떠한 환경에 처하든지 하나님의 뜻을 이루기 원하는 자입니다.

4. 헌신으로 말미암는 열정이 있어야 한다

승리를 위해서는 목표 지향적이어야 합니다. 하나님께서는 미지근한 것을 싫어하십니다. 사도 바울은 주님을 닮고자 했고 영혼을 향한 열정이 있었습니다. 그는 복음 전하는 일에 감격하고 흥분하였으며 헌신된 열정이 있었습니다. 사도행전 20:24에서 "나의 달려갈 길과 주 예수께 받은 사명 곧 하나님의 은혜의 복음 증거하는 일을 마치려 함에는 나의 생명을 조금도 귀한 것으로 여기지 아니하노라"고 말씀하고 있는 것처럼, 사도 바울의 열정은 자신뿐만 아니라 다른 사람에게 확신을 갖게 하였으며 용기를 북돋워 주었습니다. 영적 싸움에서 승리하는 자는 주께 헌신된 열정이 있는 사람입니다.

II. 승리를 위한 원리들

1. 하나님께 순종하라

찰스 스탠리Charles Stanley 목사가 젊은 시절 일반 대학에서 공부하여 자유주의적 입장에 있었을 때, 목사였던 그의 할아버지가 다음과 같이 말씀해 주셨다고 합니다. "찰스, 하나님께 순종해라. 하나님께서 벽돌 벽에 머리로 구멍을 뚫으라고 하시면 머리로 벽돌 벽을 쳐라! 그 다음은 하나님께서 책임지실 것이다." 할아버지의 말씀은 찰스 스탠리 목사의 마음속에 깊이 새겨져 그의 삶이 변화되는 계기가 되었고, 그리하여 그는 훗날 세계적으로 영향을 주는 위대한 하나님의 사람이 될 수 있었습니다.

  자기 나름대로 계산하며 순종하지 못하고 사는 사람은 능력 있는 삶을 살지 못합니다. 오직 결과를 하나님께 맡기고 순종하는 사람만이 승리를 쟁취할 수 있습니다. 사울 왕은 자신의 계획으로 인하여 하나님의 말씀에 순종하지 못했습니다. 하나님께서는 아말렉을 진멸하라고 말씀하셨지만 다른 계획을 가지고 있었기 때문에 사울은 자기 생각에 좋은 것을 남겨 두었고 살려 둘 자들을 살려 두었습니다. 그때 사무엘이 나타나서 "순종이 제사보다 낫고 듣는 것이 수양의 기름보다 낫다"는 말씀으로 사울을 책망했습니다. "왕이 여호와의 말씀을 버렸으므로 여호와께서도 왕을 버렸다"고 책망했습니다 삼상 15:22-23. 사울 왕은 자기 생각대로 순종했지만 결국은 하나님의 말씀에 불순종하게 되었습니다.

  하나님의 말씀을 분명히 받고서도 순종하지 않음으로 인하여 평생 후회하는 경우가 많이 있습니다. 주님의 분명한 명령이 있을 때 그 즉시 순종해야만 합니다. 영적 싸움에서 승리하는 비결은 바로 순종하는 것입니다.

2. 범사에 주님을 인정하라

  어떤 일이든지 하나님의 주재하심 가운데 이루어진다는 사실을 알아야만 합니다. 성경에 보면 천사들이 우리들을 옹위하고 있다고 했습니다. 우리에게 어떤 일이 일어났을 때 그것은 하나님께서 허락하신 것입니다. 하나님께서 허락하지 않으신 것은 그 무엇도 우리의 생애에 관여할 수 없습니다. 그러기에 범사에 감사할 수 있습니다. 때로는 사랑하는 사람으로부터 큰 상처를 입기도 합니다. 어떤 경우에는 참을 수 없는 분노가 일어날 때도 있습니다. 이때 주님을 인정하지 않으면 끝까지 용서하지 못하고 분노를 풀지 않습니다. 그러나 범사에 주님을 인정할 때 하나님의 위대하심과 능력을 경험하게 됩니다. 그런 경험들은 경건한 품성을 이루게 합니다.

로마서 8:28에 "우리가 알거니와 하나님을 사랑하는 자 곧 그 뜻대로 부르심을 입은 자들에게는 모든 것이 합력하여 선을 이루느니라"고 말씀한 것처럼, 영적 싸움터에서 범사에 주님을 인정하고 그분의 주재권과 통치권을 인정하는 이들에게는 승리가 주어지게 될 것입니다. 삶 가운데 일어나는 모든 일을 철저히 하나님의 주권에 맡김으로써 자신을 애굽의 노예로 팔았던 형들을 용서했던 요셉처럼, 범사에 주님을 인정하는 태도는 참으로 중요합니다.

3. 감정을 다스리라

감정을 다스리는 것은 선한 싸움을 싸우는 데 중요한 요소입니다. 우리에게 있는 희로애락喜怒哀樂의 감정은 하나님께서 우리를 지으셨을 때 주신 감정입니다. 그러나 이런 감정에 의하여 인도함을 받게 된다면 사탄에게 이용을 당하고 맙니다. 헐트Halt란 말은 스톱Stop이란 말과 같습니다. 감정을 어떻게 다스릴 것인지에 관하여 헐트Halt라는 단어를 통해 다음과 같이 말하기도 합니다.

Hungry : 너무 시장하게 하지 말라!

Angry : 너무 노하도록 하지 말라!

Lonely : 너무 외롭게 하지 말라!

Tired : 너무 피곤하게 하지 말라!

감정을 다스리기란 쉽지 않습니다. 잠언 19:19에서는 "노하기를 맹렬히 하는 자는 벌을 받을 것이라 네가 그를 건져 주면 다시 건져 주게 되리라"고 했고, 잠언 26:24에서는 "감정 있는 자는 입술로는 꾸미고 속에는 궤휼을 품나니"라고 말씀하고 있습니다. 자신의 감정을 잘 다스릴 수 있는 사람은 성숙한 사람이며 영적 싸움에서 승리할 수 있는 사람임을 반드시 기억해야만 할 것입니다.

4. 무릎을 꿇고 싸우라

영적 싸움은 육체적 싸움이나 추한 말과 비열한 수단을 가지고 공개적으로 싸우는 것이 아니라 기도실에서 싸우는 것을 말합니다. 기도는 사물을 변화시키며 나를 변화시킵니다. 겟세마네 동산의 주님을 보십시오. 주님은 십자가를 앞에 두고 기도하셨습니다. 땀방울이 핏방울처럼 떨어지도록 오열과 통곡으로 기도하셨습니다. 예수님은 십자가를 앞에 두고 아버지와 함께하셨습니다. 영적 싸움터에서 승리하는 비결은 무릎을 꿇고 싸우는 것입니다. 무릎을 꿇을 때 하나님께서 그에게 신뢰감을 주고, 무릎을 꿇을 때 하나님께서 확신과 평안을 주십니다. 무릎을 꿇을 때 하나님께서 용기를 주시며 또한 하나님과 함께 있다는 친밀감을 주십니다. 영적 싸움을 싸우는 그때, 우리는 하나님께 의뢰해야만 합니다.

5. 하나님께서 말하라고 할 때까지 침묵하라

하나님께서 말하라고 하실 때까지 말하지 않는 것이 승리의 비결입니다. 조용히 듣고 진정해야 승리합니다. 다 듣고서도 아무 말 하지 않을 수 있어야 합니다. 오해를 받고, 부당한 비판을 받고, 심지어 버림받아도 침묵해야 할 때가 있습니다. 말하고 싶지만 하나님께서 말하라고 할 때까지 침묵할 수 있어야 합니다. 침묵은 비겁한 것이 아닙니다. 경건한 침묵godly silence은 무서운 능력이 있습니다.

사역자들은 어떤 때는 귀먹은 사람이 되어야 하고, 어떤 때는 벙어리같이 입을 열지 않는 거룩한 경건의 침묵을 아는 사람이 되어야 합니다. 시편 38:13에서 "나는 귀먹은 자같이 듣지 아니하고 벙어리같이 입을 열지 아니하오니"라고 말씀하고 있는 것처럼, 아무 때나 입을 여는 무게 없는 사람이 되지 말아야 합니다. 영적 싸움터에서는 하나님께서 말하라고 하실 때까지 침묵할 줄 알고, 하나님께서 말하라고 하실 때에는 담대하게 말할 수 있는 사람이 되어야 합니다.

6. 하나님께만 초점을 두라

간호사 생활을 50년 동안 했던 80세 된 한 노인이 자신의 집으로 한 목사님을 초대하였습니다. 굉장히 큰 교회를 목회하는 목사님이셨지만 목사님에게는 큰 시련이 있었습니다. 목사님은 노인의 간곡한 요청 때문에 그 집에 가게 되었습니다. 그 노인이 어떤 그림을 보여 주었습니다. 그것은 다니엘이 사자굴 속에 갇혀 있는 그림이었습니다. 그런데 다니엘은 사자를 바라보지 않고 위로 뚫린 창을 바라보고 있었습니다. 다니엘이 생존한 이유는 하나님을 바라보았기 때문입니다. 가장 어려운 시련의 때에 하나님을 바라보면 그 삶은 하나님께서 원하시는 경건한 사람의 모습으로 변화됩니다.

"나의 영혼아 잠잠히 하나님만 바라라 대저 나의 소망이 저로 좇아 나는도다 오직 저만 나의 반석이시요 나의 구원이시요 나의 산성이시니 내가 요동치 아니하리로다 나의 구원과 영광이 하나님께 있음이여 내 힘의 반석과 피난처도 하나님께 있도다 백성들아 시시로 저를 의지하고 그 앞에 마음을 토하라 하나님은 우리의 피난처시로다(셀라)" 시 62:5-8.

시편 기자가 고백하고 있듯이, 그 어떤 고난과 어려운 상황 속에 처해 있다 할지라도 하나님께만 초점을 맞추고 있다면 그 사람은 승리할 수 있습니다. 하나님께 순종하며, 범사에 주님을 인정하고, 감정을 잘 다스리며, 기도에 힘쓰고, 침묵할 줄 알며, 하나님께만 초점을 둠으로써 놀라운 승리를 경험하는 우리의 삶이 될 수 있기를 소망합니다.

성·령·충·만·한·삶

거룩한 삶을 위한 도전

벧전 1:13-21

만약 우리가 구원을 받자마자 천국에 이르게 된다면 얼마나 좋겠습니까? 구원과 동시에 아무런 시험도 받지 않고, 육신의 처절한 싸움도 없는 그곳에 이를 수만 있다면 이보다 더 좋을 것이 어디 있겠습니까? 그러나 하나님께서는 무한한 지혜로 구원받은 자신의 백성을 하나님의 목적을 위하여 이 땅에 두셨습니다.

빌립보서 2:15에 "이는 너희가 흠이 없고 순전하여 어그러지고 거스르는 세대 가운데서 하나님의 흠 없는 자녀로 세상에서 그들 가운데 빛들로 나타내며"라고 말씀하고 있습니다. 구원받은 우리들은 어그러지고 거스르는 세대 가운데서 "빛들"로 나타나야 합니다.

요한복음 17:14-15에 나타난 예수님의 기도를 생각해 봅시다.

"내가 아버지의 말씀을 저희에게 주었사오매 세상이 저희를 미워하였사오니 이는 내가 세상에 속하지 아니함같이 저희도 세상에 속하지 아니함을 인함이니이다 내가 비옵는 것은 저희를 세상에서 데려가시기를 위함이 아니요 오직 악에 빠지지 않게 보전하시기를 위함이니이다" 요 17:14-15.

요한이 여기서 말하는 "세상"은 헬라어로 '코스모스' kosmos 인데 헬라어 문법학자인 웨스트 Dr. Wuest 는 다음과 같이 정의하였습니다. " '코스모스' kosmos 는 한 체제를 의미하는 것으로 그 체제의 수장은 '사탄' satan 이다. 그리고 타락한 천사들과 귀신들이 그의 사자로 심부름꾼들이다. 구원받지 않은 사람들은 불순종의 아들로서 사탄의 신하들이다. 그 세상은 종교적이요 문화적이요 지성적이기도 하다. 그러나 그것은 반그리스도적 anti-Christ 이다. 세상은 명성, 물질, 세력, 향락을 통해서 유혹하며 하나님의 원리와 반대되는 원리 또는 체제이다. 이 세상의 권세 잡은 자, 그는 바로 사탄이다. 세상의 유혹은 강하고 저항하기가 어려우며 그 영향력은 간교하다."

사도 베드로는 이러한 세상에 살고 있는 '흩어진 나그네', '택하심을 입은 자들'에게 거룩한 삶을 살라고 도전합니다.

I. 거룩한 삶을 살라

"그러므로 너희 마음의 허리를 동이고 근신하여 예수 그리스도의 나타나실 때에 너희에게 가져올 은혜를 온전히 바랄지어다 너희가 순종하는 자식처럼 이전 알지 못할 때에 좇던 너희 사욕을 본 삼지 말고 오직 너희를 부르신 거룩한 자처럼 너희도 모든 행실에 거룩한 자가 되라 기록하였으되 내가 거룩하니 너희도 거룩할지어다 하셨느니라" 벧전 1:13-16.

여기서 베드로는 우회하지 않고 직접적으로 말을 하면서 강조하고 있습니다. 베드로전서 1:13-16에 사용된 주요 문장의 의미를 설명하면 다음과 같습니다.

1. 너희 마음의 허리를 동이고 : 생각을 한 군데로 묶고 주님 다시 오심을 생각하라.
2. 근신하여 be sober : 생각을 흐리지 말고 깨어 있어라. 차분한 마음을 지녀라.
3. 온전히 바랄지어다 hope to the end : 끝까지 소망을 가지라.
4. 순종하는 자식처럼 : 하나님의 자녀들의 특징은 하나님께 순종하고자 한다.
5. 너희 사욕을 본 삼지 말고 : 구원받기 전에 육신의 정욕, 안목의 정욕, 재물 또는 소유욕, 이생의 자랑, 명예욕 그리고 권세욕의 지배를 받고 살았으나 그것을 본받지 말아라.
6. 모든 행실에 거룩한 자가 되라 : 거룩함의 의미는 '갈라놓다, 구별하다, 구분하다'이다. 남편이 아내에게로 갈라진 것같이, 아내가 남편에게 갈라진 것처럼 하나님을 향하여 갈라진 것을 의미한다.

모든 행실에 거룩한 자가 되라는 것은 언어, 행동, 태도, 윤리적 면 등 모든 생활 방식이 구별되어야 함을 의미합니다. 이는 유별난 것이 아니라 구별된 것이며, 괴상한 것이 아니라 하나님 쪽으로 구별되어 있는 것을 뜻합니다. 베드로전서 3:15에 보면 "너희 마음에 그리스도를 주로 삼아 거룩하게 하고"라고 말씀하고 있습니다.

하루를 시작하면서 우리는 이렇게 기도합시다. "주님! 오늘 주님을 위하여 나의 생각, 나의 마음, 나의 열정을 갈라놓기 원합니다. 나의 눈, 나의 귀, 나의 동기, 나의 삶의 모든 부분까지 주님께 의뢰합니다." 이렇게 기도하며 하루를 시작할 때 놀라운 하루가 되리라고 믿습니다.

II. 경외하는 삶을 살라

"외모로 보시지 않고 각 사람의 행위대로 판단하시는 자를 너희가 아버지라 부른즉 너희의 나그네로 있을 때를 두려움으로 지내라" 벧전 1:17.

거룩한 삶의 비결은 하나님을 경외하며 사는 삶입니다. 우리는 어느 날 하나님 앞에서 헤아림을 받게 된다는 사실을 기억해야 합니다. 로마서 14:12에도 보면 "이러므로 우리 각인이 자기 일을 하나님께 직고하리라"고 말씀하고 있습니다. 우리는 언젠가 그리스도 심판대 앞에 서게 될 것입니다. 그곳에서 우리는 그 심판 결과에 따라 상급을 얻거나 잃게 될 것입니다.

"각각 공력이 나타날 터인데 그날이 공력을 밝히리니 이는 불로 나타내고 그 불이 각 사람의 공력이 어떠한 것을 시험할 것임이라" 고전 3:13.

1988년 서울 올림픽 때 캐나다의 벤 존슨Ben Johnson은 100m 단거리 경주에서 올림픽 기록을 깨고 우승함으로 금메달을 땄습니다. 당시 세계 기록을 보유하고 있었던 미국의 칼 루이스Carl Lewis를 꺾고 그가 1위를 하자 모든 사람이 충격을 받았습니다. 그러나 그는 약물 검사에서 실격하고 말았습니다. 그는 빨리 달리고 기록도 깼지만 금메달을 잃고 말았습니다.

이 세상에서 어떤 그리스도인들은 많은 갈채를 받을지 모르지만 상을 잃을 수 있습니다. 그러나 하나님을 경외하며 그분의 모습을 닮아 거룩하게 살아가고자 하는 이들은 분명 그 상급을 얻게 될 것입니다. 거룩한 삶을 영위합시다. 하나님께서는 우리가 행복하기를 원하시지만 보다 거룩하심을 원하십니다.

III. 그리스도께서 행하신 것을 기억하자

거룩한 삶을 살기 원하면 그리스도께서 우리를 위하여 행하신 것을 기억해야 합니다. 하나님의 사랑은 거룩한 삶의 가장 고상한 동기를 부여하기 때문에 그리스도 중심으로 살아갈 때 우리는 세상을 이길 수 있습니다.

"너희가 알거니와 너희 조상의 유전한 망령된 행실에서 구속된 것은 은이나 금같이 없어질 것으로 한 것이 아니요 오직 흠 없고 점 없는 어린양 같은 그리스도의 보배로운 피로 한 것이니라 그는 창세 전부터 미리 알리신 바 된 자나 이 말세에 너희를 위하여 나타내신 바 되었으니 너희는 저를 죽은 자 가운데서 살리시고 영광을 주신 하나님을 그리스도로 말미암아 믿는 자니 너희 믿음과 소망이 하나님께 있게 하셨느니라" 벧전 1:18-21.

베드로전서 4:3-4에 보면 구원받기 전 망령된 행실이 어떤 것이었는지 잘 묘사하고 있습니다. 그러나 우리는 구속함을 받았습니다. 은이나 금 같은 없어질 것으로 한 것이 아니요 오직 흠 없고 점 없는 어린양 같은 보배로운 피로 하셨습니다. 이 사실을 항상 기억합시다.

IV. 결론

결론적으로 거룩한 삶을 살기 위한 몇 가지 지침들에 대해서 살펴보고자 합니다.

첫째, 바라보는 것을 주의해야 합니다.

바라보는 것과 생각은 직접적인 관계가 있습니다. 그러므로 어떻게 바라보는가가 굉장히 중요합니다. 히브리서 11:24-26에 보면 "믿음으로 모세는 장성하여 바로의 공주의 아들이라 칭함을 거절하고 도리어 하나님의 백성과 함께 고난받기를 잠시 죄악의 낙을 누리는 것보다 더 좋아하고 그리스도를 위하여 받는 능욕을 애굽의 모든 보화보다 더 큰 재물로 여겼으니 이는 상 주심을 바라봄이라"고 말씀하고 있습니다.

또한 골로새서 3:1-2에 보면 "그러므로 너희가 그리스도와 함께 다시 살리심을 받았으면 위엣 것을 찾으라 거기는 그리스도께서 하나님 우편에 앉아 계시느니라 위엣 것을 생각하고 땅엣 것을 생각지 말라"고 말씀하고 있습니다. 이렇듯 우리는 단지 육신적인 눈에 보이는 현실 상황이 아니라, 하나님의 관점에서 믿음의 눈으로 사물을 바라보아야 합니다.

둘째, 죄의 즐거움보다 죄의 결과를 더 생각해야 합니다.

『리더십』Leadership이라는 계간지에 보면 랜디 알칸Randy Alcarn은 성적 유혹으로 인한 범죄의 결과에 대해서 열거하고 있습니다. 이러한 죄는 구속해 주신 주님을 슬프게 만드는 것입니다. 뿐만 아니라 가장 좋은 친구와 충성스러운 아내에게 말할 수 없는 상처를 입히고 존경과 신뢰를 상실하게 만들어 버립니다. 죄 의식이 깊이 박히고 하나님께서 용서하여도 자신이 용서 못하는 어려움이 있을 수 있습니다. 미래의 배우자에게 친밀감을 해치는 기억들이 될 수 있습니다. 또한 오랫동안 이룬 사역을 일순간에 헛된 것으로 만들고 맙니다.

셋째, 매일 하나님을 경외하면서 새롭게 하루를 시작합시다.

거의 매일 범죄하지 않도록 기도하고 하루를 시작합시다.

넷째, 매일 그리스도께 초점을 맞추고 살도록 합시다.

그분과 더불어 깊은 사랑에 빠집시다.

랭커스터 침례교회Lancaster Baptist Church에 가 보면, 성도들에게 "그렇게 하여 어떻게 살겠는가?"라는 질문이 아니라 "그렇게 하면 어떻게 구령자가 될 수 있겠는가?"라는 질문을 던집니다.

우리는 세상에 살고 있지만 세상에 속한 자들이 아닙니다. 우리가 거룩한 모습으로 구별되어 살아갈 때, 하나님께서 우리에게 맡겨 주신 복음 전파의 위대한 사명을 이루어 갈 수 있습니다.

성·령·충·만·한·삶

능력 있는 그리스도인의 삶을 살려면

고전 16:13-14

고린도 교회는 사도 바울이 제2차 선교 여행 중에 시작한 교회입니다. 사도 바울은 그곳에서 1년 6개월을 유하며 하나님의 말씀을 가르쳤습니다. 그 후 그들은 구원의 메시지를 들었으며 성숙할 수 있는 기회들이 많았습니다. 이제 성숙할 때가 되었음에도 불구하고 그들은 영적으로 어린아이 상태에 머물러 있었습니다.

"형제들아 내가 신령한 자들을 대함과 같이 너희에게 말할 수 없어서 육신에 속한 자 곧 그리스도 안에서 어린아이들을 대함과 같이 하노라 내가 너희를 젖으로 먹이고 밥으로 아니하였노니 이는 너희가 감당치 못하였음이거니와 지금도 못하리라 너희가 아직도 육신에 속한 자로다 너희 가운데 시기와 분쟁이 있으니 어찌 육신에 속하여 사람을 따라 행함이 아니리요 어떤 이는 말하되 나는 바울에게라 하고 다른 이는 나는 아볼로에게라 하니 너희가 사람이 아니리요" 고전 3:1-4.

그 교회에는 여러 가지 문제가 있었습니다. 하나님의 말씀 대신에 인간의 지혜를 앞세웠고, 지식으로 인하여 교만해졌습니다. 사람에 따라 나누어진 당파가 있었고, 도덕적인 문제도 있었는데 심지어 음행이 교회에까지 들어오고 말았습니다. 서로 소송하는 문제가 있었으며 다른 사람의 복지나 유익에 대하여 무관심했습니다. 은사에 대한 오해와 은사를 그릇되게 사용하였을 뿐만 아니라 그들에게는 사랑을 나타내 보이는 증거가 보이지 않았습니다. 바울은 그들에게 사랑으로 책망하고 바로잡는 편지를 마무리하면서 능력 있는 그리스도인의 삶의 원리를 들어 강하게 권면하였습니다.

하나님의 모든 사역은 우리의 최선을 요구합니다. 교회는 어린아이들이 장난하고 노는 놀이터가 되어서는 안 됩니다. 사탄의 공격에 도전하고 하나님의 영광을 위하여 "넉넉히 이기는 자" 롬 8:37가 되기 위해 싸우는 곳이어야 합니다. 우리를 교회의 일원이 되도록 하기 위하여 예수께서 십자가에서 피 흘리시고 죽으시는 값을 치르셨습니다. 그렇게 하여 얻은 구원을 당연히 여기지 말아야 합니다. 우리의 삶에서 진정한 섬김으로 나타나야 합니다. 구원해 주신 목적대로 살아야 합니다.

하나님의 교회는 그 어느 때보다 성숙한 지도력이 요구되고 있습니다. 본문 고린도전서 16:13-14에서 바울은 능력 있는 그리스도인의 삶의 원리, 다시 말해 주님을 섬기는 사역을 위한 영적인 성숙함에 이르는 몇 가지 방법을 제시하며 개인적인 권면을 하고 있습니다. 그것은 아주 강력한 권고였습니다. 오늘 본문을 통해 능력 있는 그리스도인으로 살기 위한 네 가지 원리를 살펴보고자 합니다.

I. 깨어 있으라 13절

"깨어라"는 말은 "영적으로 무감각하고 무관심 상태에서 깨어나라!"는 강한 경고의 명령이며 잠자는 상태에서 깨어나라는 말씀입니다. 그것은 영적으로 잠자는 상태에서 깨어나라는 의미입니다. 영적으로 잠자고 있는 상태에서는 반응이 일어날 수 없습니다. 무감각하고 무관심한 상태로 그 메시지가 자신에게 주어진 것으로 받아들이지 못하고 변화도 없고 성장도 없게 됩니다. 신약성경은 "깨어나라"는 말을 22번이나 사용하고 있습니다. 1번 사용되었다 하더라도 중요한 의미가 있는 말인데 신약성경에 보면 예수님도 사용하셨고, 바울과 베드로도 사용한 것을 볼 수 있습니다.

예수님은 마태복음 15:14에서 바리새인들을 향하여 "저희는 소경이 되어 소경을 인도하는 자로다"라고 말씀하셨습니다. 예수님의 말씀을 듣는 사람들이 역설적인 말씀에 크게 웃었을 것입니다. 소경이 큰일을 이룬 경우도 있겠지만 사람들은 앞을 바라보며 앞에 놓여 있는 장애물이 무엇인가를 식별할 줄 아는 인도자를 더욱 선호할 것입니다. 바로 눈을 뜨고 깨어 바라보는 자가 되어야 할 것입니다.

성경에는 우리가 무엇에 깨어 주의해야 할 것인지에 대하여 말씀하고 있습니다.

첫째, 사탄에 대하여 깨어 있으라고 말씀하고 있습니다.

"근신하라 깨어라 너희 대적 마귀가 우는 사자같이 두루 다니며 삼킬 자를 찾나니 너희는 믿음을 굳게 하여 저를 대적하라 이는 세상에 있는 너희 형제들도 동일한 고난을 당하는 줄을 앎이니라" 벧전 5:8-9.

이렇듯 사탄은 우는 사자와 같이 우리를 삼키려고 돌아다니고 있는데 그 사탄의 전략은 무엇입니까? 요한일서 2:16 말씀을 보면 사탄은 육신의 정욕, 안목의 정욕, 이생의 자랑 세 분야를 통하여 우리를 유혹하고 있음을 알게 됩니다.

둘째, 거짓 선생들이 가르치는 거짓 교리에 깨어 있으라고 말씀하고 있습니다.
사도 바울이 매번 서신을 쓴 것은 그때 그때 교회마다 들어온 그릇된 교리를 바로잡고자 했기 때문입니다. 에베소서 4:14에 보면 "이는 우리가 이제부터 어린아이가 되지 아니하여 사람의 궤술과 간사한 유혹에 빠져 모든 교훈의 풍조에 밀려 요동치 않게 하려 함이라"고 말씀하고 있습니다. 거짓 선생들의 가르침이 교회에 문제를 일으키자 바울은 "묵은 누룩을 버리자! 오직 순전함과 진실함의 누룩 없는 떡으로 하자!"고전 5:8라고 말했습니다. 음행과 같은 죄가 있었음에도 회개하지 않고 오히려 교만해지자 바울은 "적은 누룩이 온 덩어리에 퍼지는 것을 알지 못하느냐?"고전 5:6라고 지적하며 질책하였습니다. 아직도 옛 생활, 옛 모습에 빠져 변화되지 못한 어린아이와 같은 모습을 지적하며, 깨어 있어 기도하라고 말씀하신 것입니다.

"모든 기도와 간구로 하되 무시로 성령 안에서 기도하고 이를 위하여 깨어 구하기를 항상 힘쓰며 여러 성도를 위하여 구하고" 엡 6:18.

깨어 있는 사람은 기도해야 합니다. 부흥이 있었을 때를 각성 운동이 일어난 때라고 말하기도 합니다. 부흥이란 주님을 전보다 더 새롭게 사랑하게 되는 것입니다. 작년보다는 금년에, 얼마 전보다는 지금 주님을 더 새롭게 사랑하는 것, 그것이 '부흥했다.'라는 의미입니다. 그런데 그것은 깨어 기도하는 사람에게서 일어나는 특징입니다. 우리는 순간순간 무시로 성령 안에서 기도하고 우리의 삶을 성령의 인도하심에 맡기면서 살아야 합니다. 그러한 삶에서 기회를 살 수 있습니다. 기회를 산다는 것은 세월을 아낀다는 말입니다. 하나님을 섬길 수 있고 주님의 지상 명령을 수행할 수 있는 기회를 산다는 말씀입니다.

"너희가 넉 달이 지나야 추수할 때가 이르겠다 하지 아니하느냐 내가 너희에게 이르노니 눈을 들어 밭을 보라 희어져 추수하게 되었도다" 요 4:35.

우리 주위에는 열린 문들이 있습니다. 그러므로 문이 닫히기 전에 들어가야 합니다. 문이 열렸을 때 기회를 사야 합니다. 어떤 나라들은 전도의 문이 열려 있지만 언제 문이 닫히게 될지 알 수 없습니다.

필리핀에 있는 김원배 선교사님이 저에게 이메일E-mail을 보내 왔습니다. 12월 5일 민도로 섬에서의 교회 개척과 부족 예배당 헌당식을 위하여 기도 부탁을 한 간단한 내용이었습니다. 선교사님은 "나의 세계 안에 있는 사람들"이란 제목을 붙인 그림을 첨부하였는데, 그곳에는 "전도 대상을 찾아보세요!"라는 글귀와 함께, '나'를 중심에 두고 주위 친구들, 친척들, 직장 동료들, 이웃들 그리고 또 다른 사람들의 그림이 그려져 있었습니다. 깨어 기회를 찾는다면 전도 대상이 얼마든지 있다는 의미였습니다.

II. 믿음에 굳게 서 있으라 13절

바울이 여기서 말하는 믿음은 단순히 하나님을 의지하는 믿음을 말한 것이 아니라 '진리를 믿는 믿음', '복음의 내용'을 의미하고 있습니다.

"성도에게 단번에 주신 믿음의 도를 위하여 힘써 싸우라" 유 3절.

"형제들아 내가 너희에게 전한 복음을 너희로 알게 하노니 이는 너희가 받은 것이요 또 그 가운데 선 것이라" 고전 15:1.

"믿음의 선한 싸움을 싸우라" 딤전 6:12.

"너희가 일심으로 서서 한뜻으로 복음의 신앙을 위하여 협력하는 것과" 빌 1:27.

그러므로 우리는 무엇을 믿으며 어떤 자리에 서 있는가를 분명히 해야 합니다. 마르틴 루터Martin Luther는 이렇게 말하였습니다. "여기 내가 서 있습니다. 나는 그 외에 달리할 수 없습니다. 그러므로 하나님 나를 도와주시옵소서!"

그의 말은 우리를 위한 훌륭한 본을 보여 주었습니다. 우리가 하나님의 말씀에 순종하고 있는지, 우리가 믿음에 굳게 서 있는지, 우리가 성경적인 사고를 하며 성경적인 가치관을 가지고 있는지를 살펴보아야 합니다.

우리가 믿음으로 하나 되어 함께 서 있을 때 원수를 물리치고 승리할 수 있습니다. 그리스도와 복음을 위하여 새로운 영역을 넓혀 가고 정복해 갈 수 있습니다. 하나님의 나라가 확장되는 것입니다.

III. 남자답게 강건하여라 13절

여기서 "남자답게"라는 말은 어린이와 같지 않고 장성한 사람, 성숙한 사람을 의미합니다. 어린아이의 일을 버리고 그리스도의 은혜와 지식으로 성장할 것을 말하고 있습니다.

존 맥아더 주석 475페이지에 보면 "'강건하여라.'는 뜻의 헬라어 '크라타이오'krataioo는 신약에서 종종 '영적인 내적 성장'을 뜻하는 것으로 사용되고 있다."라고 설명하고 있습니다. 이 단어는 문법적으로 수동형입니다. 그렇기 때문에 자신이 스스로 강해지는 것이 아니라 주님에 의하여 강해지는 것을 말합니다. 우리를 강하게 하는 것은 주님이 하시는 일입니다.

에베소서 6:10에 보면 "종말로 너희가 주 안에서와 그 힘의 능력으로 강건하여지고"라고 말씀하고 있습니다. 또한 디모데후서 2:1에 보면 "내 아들아 그러므로 네가 그리스도 예수 안에 있는 은혜 속에서 강하고"라고 말씀하고 있습니다. 그러므로 우리의 할 일은 그분께 순종하며 우리 자신을 그분께 의탁하여 우리 안에서 역사하시도록 해야 하는 것입니다.

고린도전서 3:3에 보면 "너희가 아직도 육신에 속한 자로다 너희 가운데 시기와 분쟁이 있으니 어찌 육신에 속하여 사람을 따라 행함이 아니리요"라고 말씀했습니다. 육신적인 것을 이기는 것이 바로 강함입니다.

육신적인 것에 대하여 바울은 갈라디아서 5:19-21에서 다음과 같이 말씀하고 있습니다.

"육체의 일은 현저하니 곧 음행과 더러운 것과 호색과 우상 숭배와 술수와 원수를 맺는 것과 분쟁과 시기와 분냄과 당 짓는 것과 분리함과 이단과 투기와 술 취함과 방탕함과 또 그와 같은 것들이라 전에 너희에게 경계한 것같이 경계하노니 이런 일을 하는 자들은 하나님의 나라를 유업으로 받지 못할 것이요" 갈 5:19-21.

이어서 바울은 갈라디아서 5:22-25에서 위의 말씀과는 대조적으로 성령의 열매에 대하여 말씀하고 있습니다.

"오직 성령의 열매는 사랑과 희락과 화평과 오래 참음과 자비와 양선과 충성과 온유와 절제니 이 같은 것을 금지할 법이 없느니라 그리스도 예수의 사람들은 육체와 함께 그 정과 욕심을 십자가에 못 박았느니라 만일 우리가 성령으로 살면 또한 성령으로 행할지니" 갈 5:22-25.

어린아이와 같은 육신적인 것을 버리고 남자답게 강건하여서 이제는 영적으로 주님의 힘을 얻어 성숙한 사람의 모습으로 성령을 좇아 살면서 성령의 열매가 나타나야 합니다. 성령 충만함으로 성령의 지배를 받아 성령의 열매를 맺을 때 그리스도의 은혜가 나타납니다.

강건함은 담대한 용기를 지닙니다. 용기는 오직 목표를 바라보기 때문에 장애물을 극복하고 넘어가게 합니다.

"형제들아 나는 아직 내가 잡은 줄로 여기지 아니하고 오직 한 일 즉 뒤에 있는 것은 잊어버리고 앞에 있는 것을 잡으려고 푯대를 향하여 그리스도 예수 안에서 하나님이 위에서 부르신 부름의 상을 위하여 좇아가노라" 빌 3:13-14.

IV. 모든 일을 사랑으로 행하라 14절

능력 있는 그리스도인의 삶을 살기 위해서는 반드시 사랑이 있어야 합니다. 사랑은 모든 것을 보완하며 균형 있게 해줍니다. 사랑은 아름다운 것이며 부드럽게 합니다. 때때로 우리가 굳게 서야 할 것이 있을 때, 사랑은 그것이 강퍅함이 되지 않도록 합니다. 강함은 지배하려는 속성이 있습니다. 그러나 사랑이 역사하면 지배하려고 하지 않습니다. 사랑은 성숙함으로 온유함이 되게 하며 다른 사람을 배려할 줄 아는 사람이 되게 합니다. 사랑은 올바른 교리로 완강한 독단주의에 빠지지 않게 하며 바른 생활로 잘난 체하는 독선주의에 빠지지 않게 합니다.

모든 그리스도인에게 가장 필요한 것은 바로 사랑입니다. 그래서 바울은 사랑이 제일 좋은 길이라고 했고, 사랑이 없으면 성취함도 없다고 했습니다. 사랑이 없으면 가치가 없고 유익도 없습니다. 사랑은 영원하며 가장 위대한 것입니다. 그러므로 사랑을 추구하면서 살라고 말했습니다.

바울뿐만 아니라 베드로도 베드로전서 4:8에서 "무엇보다도 열심으로 서로 사랑할지니 사랑은 허다한 죄를 덮느니라"고 말씀했습니다. 하나님은 사랑이십니다. 사랑하지 않는 자가 어찌 하나님을 안다고 말할 수 있겠습니까?

요한복음 3:16에 보면 "하나님이 세상을 이처럼 사랑하사 독생자를 주셨으니 이는 저를 믿는 자마다 멸망치 않고 영생을 얻게 하려 하심이니라"라고 말씀하고 있습니다. 그분이 먼저 우리를 사랑하셨기 때문에 우리가 서로 사랑할 수 있게 되었습니다.

혈액이 순환되다가 어디 가서 막히거나 혈전이 되면 몸의 균형이 깨지고 제대로 움직일 수 없게 됩니다. 책을 읽다 보니까 어떤 사람이 이런 말을 한 것을 보았습니다. "사랑은 영적인 몸의 순환기이다." 사랑이 순환되지 않으면 그 몸의 지체에 병이 생깁니다. 그러므로 무엇보다 먼저 사랑이어야 합니다.

성·령·충·만·한·삶

견고한 헌신

욥 6:8-10

전문가들의 통계에 의하면 우리에게 일어나는 사건들에서 성공과 실패에 영향을 주는 것은 10%에 불과한 반면, 우리에게 일어나는 사건에 대하여 내가 어떻게 반응하느냐가 성공과 실패에 90%의 영향을 준다고 합니다. 욥은 순전하고, 정직하고, 하나님을 경외하고, 악에서 떠난 사람입니다욥 1:1. 그뿐만 아니라 자녀가 열 명이나 되었으며, 동방에서 가장 큰 자라고 성경은 말씀하고 있습니다욥 1:3.

그런 욥이 하루아침에 모든 것을 잃었습니다. 재산도 잃고, 자녀도 잃고, 건강마저도 잃었습니다. 아마도 사람들은 수군거렸을 것입니다. "아, 저 사람이 얼마나 죄를 지었으면 저렇게 되었을까?", "아, 저 사람은 지금 하나님으로부터 벌을 받는다."라고 험담하는 사람도 있었을 것입니다.

욥의 아내도 "당신이 그래도 자기의 순전을 굳게 지키느뇨 하나님을 욕하고 죽으라"욥 2:9고 말했습니다. 오죽했으면 아내마저도 그렇게 얘기를 했겠습니까? 세상에서 온갖 실패를 다해도 집에 돌아와 아내로부터 격려와 존경을 받는 남편은 천하를 얻은 것 같아 다시 새 힘을 얻어 재개할 수 있지만, 천하를 정복하고도 아내로부터 존경과 격려를 받지 못하는 남편은 패배감에 매인다는 말이 있습니다. 이보다 더 큰 상처의 말이 어디 있겠습니까?

외부에서 원수가 공격하고 비난할 때는 그러려니 하고 넘어갈 수 있습니다. 그러나 가장 가까운 아내가 그와 같이 말한다면 남편은 가장 깊은 상처를 받기 마련입니다.

욥도 인간이기 때문에 두려움이 있었을 것입니다. 낙망의 늪에 빠질 수 있고, 분노에 사로잡힐 수 있었을 것입니다. 그러나 욥은 하나님을 의지하는 것을 포기하지 않았습니다. 그것은 '욥이 하나님께 헌신한 표'라고 말할 수 있습니다.

사도 바울은 로마인들에게 보낸 편지에서 "내가 하나님의 모든 자비하심으로 너희를 권하노니 너희 몸을 하나님이 기뻐하시는 거룩한 산 제사로 드리라 이는 너희의 드릴 영적 예배니라"롬 12:1고 했습니다. 하나님께 영적 예배를 드리기 원하십니까? 하나님께 합당한 봉사를 드리기 원하십니까? 그러기 위해서는 먼저 우리 몸을 거룩한 산 제사로 드려야 한다고 말씀하고 있습니다. 그렇게 할 때 합당한 봉사와 영적 예배를 드릴 수 있습니다.

욥은 견고한 헌신을 했습니다. 어떤 면에서 최후적인 헌신을 한 것이라고 말할 수 있습니다. 하나님께 자신의 삶을 드렸고, 하나님이 중심에 계시며, 하나님께서 그를 통치하고 다스리는 것을 볼 수 있습니다.

I. 욥의 헌신

욥은 자녀, 재산, 건강 등 모든 것을 잃었습니다.

"가로되 내가 모태에서 적신이 나왔사온즉 또한 적신이 그리로 돌아가올지라 주신 자도 여호와시요 취하신 자도 여호와시오니 여호와의 이름이 찬송을 받으실지니이다 하고" 욥 1:21.

우리는 욥에게 일어난 사실과 욥의 반응을 보고 "아, 그렇습니다."라고 말합니다. 그러나 우리에게 그런 일이 일어난다면 그렇게 반응할 수 있습니까? 한번 생각해 보기 바랍니다. 졸지에 모든 것을 잃어버린 욥의 반응을 보십시오. "하나님이 주신 것을 하나님이 가져가셨으니 하나님을 찬송할지로다" 욥 1:21라고 고백했습니다. 어떤 반응입니까? 하나님의 절대적인 주재권을 인정하는 것입니다. 욥은 하나님께 헌신되어 있기 때문에 그런 반응을 보일 수 있었습니다. 바로 그 모습이 헌신된 그리스도인의 삶에 나타나는 반응입니다.

욥은 아내로부터 "하나님을 욕하고 죽으라" 욥 2:9는 말을 듣고 다음과 같이 말했습니다.

"그가 이르되 그대의 말이 어리석은 여자 중 하나의 말 같도다 우리가 하나님께 복을 받았은즉 재앙도 받지 아니하겠느뇨 하고 이 모든 일에 욥이 입술로 범죄치 아니하니라" 욥 2:10.

어떤 일을 당하게 되었을 때 제일 먼저 입이 열립니다. 제일 먼저 입술로 범죄하게 됩니다. 그런데 욥은 자신의 입술을 다스리고 있습니다. 성령의 지배를 받고 있습니다. 주께 드려져 있는 것을 볼 수 있습니다. 속에 있는 것이 입을 통해서 나온다고 예수님은 말씀하셨습니다. 주님이 삶의 중심에 와 있고, 욥이 자신을 주님 앞에 드렸기 때문에 이 모든 일에 입술로 범죄하지 않을 수 있었습니다. 입술로 범죄하기가 얼마나 쉽습니까? 그러나 욥은 헌신되어 있었기 때문에 입이 다스려졌습니다. 그렇기 때문에 이와 같이 고백할 수 있었습니다.

"그러할지라도 내가 오히려 위로를 받고 무정한 고통 가운데서도 기뻐할 것은 내가 거룩하신 이의 말씀을 거역지 아니하였음이니라" 욥 6:10.

욥은 엄청난 고통 중에서도 하나님의 말씀을 거역하지 않았음을 이야기하고 있습니다. 하나님께서 하신 말씀과 그 약속하신 대로 되리라는 확신이 있었습니다. 고통이 있고 가난이 온다 할지라도 하나님을 부인할 수 없었습니다. 그는 고통 중에 깨닫기 시작했습니다.

"나의 날은 베틀의 북보다 빠르니 소망 없이 보내는구나 내 생명이 한 호

흙 같음을 생각하옵소서 나의 눈이 다시 복된 것을 보지 못하리이다" 욥 7:6-7.

베틀의 북이 왔다 갔다 하는 것을 본 적이 있습니까? 정신없이 빨리 지나갑니다. 욥이 고통 중에 깨달은 것은 '인생이 그렇게 빨리 가는구나!' 였습니다. 그렇게 빨리 가는 세월을 살면서 사랑하고 격려하는 삶을 살아야 합니다.

소위 욥의 친구들은 그를 격려하기 위하여 온 것같이 보였습니다. 그런데 그 대화를 가만히 살펴보면 참 묘합니다. 욥에게 도전하고 은근히 비난합니다. 욥의 친구들은 "네가 그래도 죄를 지었기 때문에 이런 거지."라고 말하고 있습니다. 욥의 친구들이 그렇게 도전을 했는데도 욥은 겸손하게 말합니다.

"내가 진실로 그 일이 그런 줄을 알거니와 인생이 어찌 하나님 앞에 의로우랴" 욥 9:2.

"가령 내가 의로울지라도 감히 대답하지 못하고 나를 심판하실 그에게 간구하였을 뿐이며" 욥 9:15.

욥은 하나님께 긍휼을 간구하였을 뿐입니다. 욥의 태도는 하나님 앞에서 겸손합니다. 욥처럼 우리의 태도도 하나님 앞에서 겸손해야 합니다. 욥은 자기 생명보다 하나님을 더 사랑했습니다. 하나님께서 나를 죽인다 할지라도 나는 소망 중에 있을 것이라고 말하였습니다 욥 13:15.

그는 하나님에 대한 믿음을 표시하였습니다. 그것이 헌신된 사람에게서 볼 수 있는 반응입니다.

욥은 사망 후에도 삶이 있음을 보았습니다.

"내가 알기에는 나의 구속자가 살아 계시니 후일에 그가 땅 위에 서실 것이라 나의 이 가죽 이것이 썩은 후에 내가 육체 밖에서 하나님을 보리라" 욥 19:25-26.

자신이 죽어서 육체가 썩어질지라도 영혼이 하나님을 볼 것이라고 확신했습니다. 바울 역시 "내가 떠나 그 몸을 떠나서 주님과 함께 거하는 것이 더욱 좋다."라고 고백했습니다. 욥에게 고난이 없었더라면 그런 진리를 깨달았겠습니까? 욥이 고난 중에 이와 같이 반응할 수 있었던 것은 그가 헌신되었기 때문입니다.

디모데후서를 보면 토굴 속에 있는 바울이 자신을 해하려는 사람들도 하나님께 맡기고, 자신에게 상처를 준 사람들도 하나님께 맡기는 모습이 나타나 있습니다. 주께 의뢰하는 것이 바로 그런 것입니다.

마침내 욥은 하나님과 대면하게 됩니다. "변박하는 자가 전능자와 다투겠느냐 하나님과 변론하는 자는 대답할지니라" 욥 40:2라는 하나님의 말씀에 욥은 "나는 미천하오니 무엇이라 주께 대답하리이까 손으로 내 입을 가릴 뿐이로소이다" 욥 40:4라고 말합니다. 그는 하나님 앞에 할 말이 없다고 고백하였습니다. 성숙하면 성숙할수록 자기 자신을 알게 됩니다. 주님의 놀라우신 것을 알고, 주님의 크심을 알고, 자기 자신이 얼마나 죄인인가를 알게 됩니다.

우리는 의롭다함을 입은 의인의 지위에 서 있습니다. 이미 지위로는 하늘에 앉은 자들입니다. 그러나 하나님께서 어떻게 해서 나를 구원해 주셨는가를 볼 수 있어야 합니다. 주님을 더 알수록 자기가 어떤 존재인지를 알게 됩니다. 그런 사람일수록 다른 사람을 더 잘 이해합니다. 욥은 티끌과 재 가운데서 회개한다고 말했습니다. 헌신된, 성숙한 사람의 모습에서 회개하는 모습, 낮아지는 모습을 보게 됩니다.

II. 헌신은 변화를 가져온다

헌신이 변화를 가져옵니다. 헌신할 때 합당한 봉사가 있고, 헌신할 때 영적인 예배가 있으며, 주님 중심이 되고 삶의 변화가 일어납니다.

욥은 인생의 어떤 경우에도 하나님의 주권과 섭리에 헌신되어 있었습니다. 역경 속에서도 요동하지 않고 하나님의 말씀과 약속을 굳게 붙잡았습니다. 하나님의 긍휼에 의뢰하였고, 믿음에 기초한 소망을 가졌으며, 영원한 곳을 보았습니다. 그와 같은 헌신이 영적인 성숙함에 이르게 합니다.

구원받은 그리스도인에게 있어서 인격적인 목표는 그리스도를 닮아가는 것이며, 밖으로의 목표는 잃어버린 영혼들이 복음을 들을 수 있도록 복음을 내보내는 일입니다. 바울의 사역 목적은 성도를 온전케 하는 것이었습니다.

Ⅲ. 헌신의 표는 열매를 맺고 순종하는 것이다

헌신하게 될 때 열매가 있습니다.

열매를 맺는 나무가 성숙한 나무입니다. 그러므로 성숙한 그리스도인은 열매를 맺습니다. 구령과 양육, 거룩한 생활, 그리스도를 나타내는 품격, 성령 충만한 가운데 물질을 나누는 삶, 섬김, 찬양과 감사 등이 헌신된 표이자 성숙함을 나타내는 표입니다.

또 다른 성숙함의 표는 순종입니다.

예수님은 순종하시되 죽기까지 복종하셨습니다. 성장은 멈추지 않습니다. 자신이 성숙했다고 말하지 않습니다. 성숙한 사람일수록 거룩한 불만이 있기 때문입니다.

인생에 여러 가지 일들이 일어날 수 있는 상황에서도 주께 헌신되어 주님을 영화롭게 한 욥처럼 반응하는 성숙한 그리스도인의 모습들이 보여지기를 바랍니다.

Ⅳ. 헌신의 적

그런데 헌신하지 못하게 하는 것이 있습니다. 물질주의, 육체의 정욕, 방종하고자 하는 욕망이 헌신하지 못하게 합니다. 분명한 비전과 목적이 없기 때문에 헌신하지 못합니다. 뿐만 아니라 두려움이 헌신하지 못하게 합니다. '내가 헌신하면 혹시라도 물질을 다 바쳐야 되는가?', '내가 헌신하면 목사나 선교사가 되어야 하는 것 아닌가?' 등의 두려움이 있을 때 헌신하기가 어렵습니다.

또한 게으름이 헌신하지 못하게 합니다. 게으른 사람이 어떻게 헌신할 수 있겠습니까? 잠언 6:9-11에 보면 "게으른 자여 네가 어느 때까지 눕겠느냐 네가 어느 때에 잠이 깨어 일어나겠느냐 좀더 자자, 좀더 졸자, 손을 모으고 좀더 눕자 하면 네 빈궁이 강도같이 오며 네 곤핍이 군사같이 이르리라"라고 말씀하고 있습니다. 게으름은 영적 빈곤을 초래합니다. 영적으로 바르지 못한 친구도 헌신하지 못하게 함을 기억해야 합니다.

그러므로 우리는 하나님의 말씀이 우리의 삶을 다스리게 해야 합니다. 사람이나 환경이 아니라 오직 하나님 말씀에 온전히 붙들려 있어야 합니다. 그러할 때 우리는 하나님께 헌신할 수 있습니다. 그 어떤 상황에서도 하나님을 신뢰하며 견고하게 서 있었던 욥처럼 반응하는 우리가 되기를 소망합니다.

성·령·충·만·한·삶

경건에 이르기를 연습하라
딤전 4:7

2008년 4월 11일 한국복음주의협회(회장 김명혁 목사)는 "영적 위기, 어떻게 극복할 것인가"란 주제로 발표회를 갖고 극복을 위한 대안을 모색하였습니다. 주선애 교수전 장신대 교수는 "한국 교회가 그동안 놀라운 성장을 이루었지만 오늘날에는 혐오의 대상으로 전락했다."고 토로하고 그 원인을 다음과 같이 말하며 한탄하였습니다.

설교는 사람들을 끌기 위해 코믹하게 되어가고, 마음을 괴롭히는 죄의식을 깨우치거나 회개를 촉구하는 일은 피하고, 안위와 축복이 내용의 대부분을 차지하고 있는 경향이다.

교회의 영적 위기의 주된 이유는 기독교의 핵심 진리인 십자가가 흐려져 가고 있기 때문이다. 교회에서 십자가를 논리적으로 가르치고 있으나 십자가를 지고 따르는 길을 가르치지 못하고 있다.

그리고 보다 구체적으로 다음과 같이 지적하였습니다.

첫째, 교인들은 성도로서 마땅히 세상과 구별되어 있어야 한다는 의식이 결여되어 있다. 구원의 감격을 체험하지 못한 까닭에 주님의 제자로 날마다 자기 십자가를 지고 주님을 따라야 한다는 말씀을 잊어버리고 세상과 짝하여 살아가고 있다.

둘째, 이신득의의 교리는 가르쳤지만 "내가 거룩하니 너희도 거룩하라."는 하나님의 명령인 '성결의 삶'을 강조하지 않고 있다. 주님의 모습으로 성숙한 인격이 형성되어 경건한 삶이 이루어지도록 이끌어 주지 못하고 있다.

셋째, 세상을 이기기 위해 말씀의 지배를 받으며 살아갈 수 있는 성경 공부 운동이 사라져 가고 있다. 장년 성경 공부마저 없어졌다. 따라서 말씀에 철저히 복종하는 자기 훈련 과정이 없이 피상적으로 교회에 출석하는 것만으로 만족하는 영아적 신앙에 머물러 있다.

마지막으로, 이 시대에 영적 지도자의 결핍이 위기를 초래했다. 주님의 모습을 닮기 위해 몸부림치는 스승이 보이지 않는다.

한국 교계 전반을 두고 말한 이 견해에 대해 저는 상당히 공감하였습니다.

사도 바울은 에베소에서 젊은 나이에 목회를 하고 있는 사랑하는 믿음의 아들 디모데에게 권면했습니다. 그 권면을 통해 사도 바울은 거짓 교사들이 그들의 지식 때문에 교만하고 그 경건을 일개 재료로 삼는다는 사실을 지적했습니다.

또한 골로새의 성도들에게 보낸 서신을 보게 되면, 교회에 그리스도가 으뜸임에도 불구하고 제설혼합주의가 난무한 것을 언급하고 있습니다. 그런데 오늘날의 교회 내에도 이러한 혼합주의가 흡입되어 십자가의 도를 흐리고 있다는 사실입니다.

그 모든 지적은 한마디로 요약할 수 있습니다. 그것은 바로 경건 Godliness에 관한 문제입니다. 저는 오늘 사도 바울이 믿음의 아들 디모데를 향하여 간절히 권면한 본문 말씀을 통해 "경건에 이르기를 연습하라"는 제목으로 여러분과 함께 나누기 원합니다.

I. 경건은 과연 무엇인가?

새 국어사전에 보면 '경건은 하나님께 자기 몸을 바치어 공경하고 조심하는 것'이라고 설명하고 있습니다. 또한 웹스터Webster 영영사전에서는 경건을 '하나님의 계시된 품격과 목적에 일치하는 삶을 사는 것'이라고 정의하고 있습니다.

경건은 단지 지리적인 문제, 즉 위치적인 문제가 아닙니다. 예배당에 앉아 있거나 산 속 깊은 곳에 들어가서 아무것도 하지 않고 기도만 하고 성경만 읽는 것이 경건을 의미하지 않습니다. 특정한 곳에 가 있는 그 자체가 경건을 의미하지는 않습니다.

경건은 또한 문화적인 문제가 아닙니다. 마치 어떤 문화적인 영향 때문에 특정한 옷을 입고 특정한 모습으로 보여지는 것을 경건이라 할 수는 없습니다. 경건은 정신적인 것과 연관시키는 것도 아닙니다. 모든 것을 단절하고 수도원 생활하는 것이 경건인 것처럼 생각할 수는 없습니다.

교회 역사를 보면 예루살렘에서 여리고로 내려오는 가운데 한 수도원이 있었습니다. 그곳은 일단 올라가면 사다리를 없애고 평생 살아야 하는 수도원이었습니다. 그러한 삶을 경건이라 표시하였는데 그 수도원은 현재도 그 자리에 그대로 있습니다.

또한 교회 역사를 통해 보면 주행자가 있었습니다. 그들은 큰 말뚝 위에 앉아서 30-40일 동안 고행을 하면서 그것이 경건이라고 말하였습니다.

오늘날 한국이 처해 있는 문제는 경건입니다. 그것은 아마도 저와 여러분이, 우리 교회가 당면하고 있는 가장 큰 문제일 수도 있습니다. 그 경건에 대하여 우리 자신의 편견에 따라서 잘못 정의해서는 안 됩니다.

우리는 다음과 같은 질문을 던질 수 있습니다. '산에 올라 성경만 읽으면서 기도만 하는 것이 경건인가?', '경건한 사람은 경쟁적인 사업도 하지 아니하고 재정적인 성공을 해서는 안 되는가?', '운동선수나 유명인도 경건한 사람이 될 수 있는가?' 이상과 같은 질문을 던지는 것은 경건이 무엇인가에 대한 해답을 얻고자 하기 때문입니다.

우리는 때때로 어떤 사람의 외모나 그 사람의 소유 때문에 경건에 대하여 혼돈할 수도 있습니다. 그러나 우리가 기억할 것은 "나의 보는 것은 사람과 같지 아니하니 사람은 외모를 보거니와 나 여호와는 중심을 보느니라"삼상 16:7라고 하신 하나님의 말씀입니다.

그러므로 우리가 경건이라고 말할 때, 그것은 밖으로 보이는 표면적인 것이 아니라 생활의 내면 깊은 곳에서 하나님에 대한 태도를 의미합니다.

경건한 사람은 그 마음이 하나님을 향하여 민감하고, 하나님을 신중히 대하며, 하나님을 경외하는 사람입니다. 시편 42:1-2에서 다윗이 고백한 것처럼 경건한 사람은 하나님의 인격을 나타내고, 하나님을 사랑하며, 갈급하여 하나님을 더욱 알고자 합니다.

"하나님이여 사슴이 시냇물을 찾기에 갈급함같이 내 영혼이 주를 찾기에 갈급하니이다 내 영혼이 하나님 곧 생존하시는 하나님을 갈망하나니 내가 어느 때에 나아가서 하나님 앞에 뵈올꼬"시 42:1-2.

1963년으로 기억합니다. 그 당시는 지금과 같이 생수를 담아 파는 때가 아니었습니다. 무더운 여름 관산에서 남송리까지 약 2km를 걸었습니다. 땀을 흘리고 무더위에 갈증은 극에 달하였습니다. 그때 박칠송 목사님 집 뜰에 있는 우물에서 바가지로 물을 길러 한숨에 다 들이켰던 기억이 납니다. 얼마나 시원했는지 모릅니다. 저에겐 갈급함이 있었기 때문입니다.

하나님을 향하여 이러한 갈급함이 있습니까? 무더위 갈증이 극에 달했을 때 한 바가지의 시원한 물을 찾듯이 하나님을 추구하고 있습니까? 예수님은 하나님을 알면 알수록 더욱 사랑하게 되고, 하나님을 사랑하면 사랑할수록 하나님께 더욱 순종하게 되고, 하나님께 순종하면 순종할수록 하나님과 더 깊은 교제 속에 있게 되고, 그 안에 거하면 거할수록 많은 열매를 맺고 하나님께 영광을 돌린다고 말씀하셨습니다.

사랑하는 여러분, 하나님을 향하여 갈망이 있습니까? 저는 어떤 연령층에 다다라야 된다고 말씀을 드리는 것이 아닙니다. 저는 여러분의 신분이나 성격에 대하여 이야기하는 것도 아닙니다. 단지 제가 말씀드리고자 하는 것은 '그 깊은 내면에 하나님을 알고자 하는 거룩한 소원, 내적인 소원, 갈망이 있는가?' 하는 사실입니다. '하나님의 말씀에 귀를 기울이고자 하는가?', '겸손히 하나님의 얼굴을 구하고, 그분과 함께 동행하며, 하나님을 기쁘게 해 드리고자 하며, 어찌되었든지 주님을 닮고자 하는 소원이 있는가?' 하는 것입니다.

우리 모두 연약함이 있고 실패도 있습니다. 우리가 완전한 자가 아니라는 것은 설명할 필요도 없습니다. 거듭났음에도 불구하고 여전히 죄성이 있고 아직도 연약함이 있지만, 우리 안에 성령이 계시기에 그분이 역사하시면 새로운 성품이 우리 안에 있게 되고, 시편 기자처럼 우리 마음속에 하나님을 향하여 갈급한 심령이 있어야 되지 않겠습니까?

II. 경건에 이르는 연습

경건한 사람은 하나님과 같은 생각을 가지는 습관이 있습니다. 또한 하나님의 판단에 동의하고, 하나님이 사랑하시는 것을 사랑하며, 하나님이 싫어하시는 것을 싫어합니다. 모든 것을 하나님의 말씀에 따라 측정하며, 하나님과 전적으로 동의하는 그 사람이 바로 경건한 사람이요 거룩한 사람입니다.

그러한 사람은 주 예수 그리스도를 닮고자 합니다. 주님을 닮고자 하는 거룩한 소원이 있습니다. 용납하고 용서하려고 하며, 쓴 뿌리가 없습니다. 예수님같이 아버지의 뜻을 행하고자 하며, 마음의 청결을 추구합니다. 뿐만 아니라 그는 겸손을 추구하며 하나님이 삶의 전부가 되어 있습니다. 남을 나보다 낫게 여기고자 하며, 세상의 어떤 사람보다 자기 안에 더욱 악한 것을 볼 수 있는 사람이 바로 경건한 사람입니다.

성경에 나온 인물들을 예로 들어 보겠습니다. 아브라함은 자신을 "티끌 같은 나"라고 묘사했고, 야곱은 "나는 베푸신 모든 은총을 조금이라도 감당할 수 없사오나"라고 말했습니다. 욥은 "나는 미천하오니"라고 고백했고, 바울은 자신을 "죄인 중에 괴수"라고 표현했으며, 다윗은 "나는 벌레요"라며 자신을 묘사했습니다.

그리스도를 위하여 순교한 순교자의 편지 맨 마지막 부분에 이렇게 써 있었다고 합니다.

가장 비참한 죄인이었던 존 브래드포드 A most miserable sinner, John Bradford.

그림쇼Mr. Grimshaw라고 하는 사람은 "무익한 종이 여기 갑니다."라는 마지막 글을 남기고 천국에 갔다고 합니다. 성경을 보고 아는 사람, 성경적 사고를 하는 사람, 하나님 앞에서 살았던 사람, 하나님과 동행했던 사람, 경건이라는 타이틀을 붙일 수 있었던 사람들의 삶의 모습이었습니다.

경건한 사람은 십자가의 도를 깨닫고 그 길을 가는 사람입니다. 예수님이 오셔서 내가 연약할 때, 내가 죄인 되었을 때에 나를 사랑하시고, 내가 원수 되었을 때에 내 죄를 위하여 십자가에서 대신 고통과 고난을 당하시고 피 흘려 죽으셨습니다. 그리하여 하나님과 나 사이의 화목제물이 되셔서 이제는 그분을 믿기만 하면 거저 선물로 구원을 주시고 하나님의 자녀가 되는 놀라운 은혜를 입게 하셨습니다. 그런 예수님이 이제 "네가 나를 따라오기를 원하느냐?"라고 물으시고, "자기를 부인하고 제 십자가를 지고 날마다 나를 좇을 것이니라."라고 말씀하셨습니다.

십자가의 도를 깨달으셨습니까? 갈라디아서 2:20의 말씀처럼 "내가 그리스도와 함께 십자가에 못 박혔나니 그런즉 이제는 내가 산 것이 아니요 오직 내 안에 그리스도께서 사신 것이라"는 말씀을 행하고 있습니까? 십자가를 지고 그분을 따라가는 삶, 그것이 바로 오늘날 우리에게 요구되는 삶의 모습입니다.

성·령·충·만·한·삶

깊은 골짜기의 굴속에서 기도
시 142:1-7

2009년 2월 14일 토요일자 국민일보 사설에 "이젠 막장 드라마에 제동 걸어야"라는 제목 아래 오늘의 사태를 묘사한 글이 실렸습니다.

……우리 드라마의 선정성은 어제 오늘 일이 아니지만 근래는 아예 통제 불능 상태로 치닫는 느낌이다. 이혼, 자살, 낙태, 불륜, 패륜, 출생 비밀 같은 소재는 이제 기본이고 남편이 아내를 죽이고, 아내가 남편을 파멸시키는 등 극한 장면이 예사로 나온다. 청소년 대상 드라마에서조차 성희롱, 욕설, 학교 폭력, 청소년 비행 같은 내용이 여과 없이 쏟아진다.

우리 사회의 도덕적 가치 기준은 포스트모더니즘 시대를 대변이라도 하듯 없어지고 있습니다. 중학교를 졸업하는 청소년들이 옷을 벗기는 진풍경이 공영 방송 뉴스 화면을 통해 보도된 것을 직접 보았습니다. 거기에다 동성연애까지 기승을 부리고 있다고 교사들은 개탄합니다. 또한 재벌 2세들의 이혼과 함께 천문학적인 숫자의 위자료와 자녀 양육권에 재산 분할까지 요구하는 소송이 제기되었습니다.

지난 2개월 동안 자영업만 42만 개 업체가 문을 닫았다고 어제 뉴스에서 보도되었습니다. 경제적인 한파가 몰아쳐서 충격을 줄 뿐만 아니라 반사회적 인격 장애자psychopath들의 연쇄 살인 사건이 잇달아 일어나고 있습니다.

마치 깊은 골짜기의 굴속에 갇힌 느낌이 듭니다. 견디고 견디다가 지친 굴에 갇힌 절망감에 사로잡히고 맥이 풀리고 용기를 잃게 됩니다. 하나님의 마음에 합한 다윗이 깊은 골짜기 굴속에 있으면서 경험한 것과 동일한 감정이었으리라고 생각합니다.

사울 왕이 다윗을 죽이려고 면전에서 창을 던지는가 하면 사람들을 동원하여 그를 찾아 죽이라고 했습니다. 그런 상황에서 다윗이 어떻게 반응하였는가를 보면서 교훈을 얻고자 합니다.

시편 142편은 "다윗이 굴에 있을 때에 지은 마스길 곧 기도"라고 표제를 달고 있습니다. 표제에는 네 가지 중요한 부분이 있습니다.

첫째, "마스길"입니다.

히브리인들의 노래 중에 13편의 시詩를 '마스길'이라고 이름을 붙였습니다. 그 말은 동사로서 어근의 뜻은 '신중하고 지혜로우며 통찰력을 준다.'라는 의미를 지니고 있습니다. 그것은 인생 여정에서 만나는 어떤 경우에 교훈을 주는 시편이라는 뜻입니다. 그와 같은 상황에서 지혜롭게 처신하기 위한 것입니다.

둘째, "다윗"이 지은 노래입니다.
모든 시편을 다윗이 다 기록한 것은 아니지만 누구보다 더 많은 시를 썼습니다.

셋째, "굴에 있을 때에"라는 표제에서 이 노래는 "굴에 있을 때" 부른 노래임을 말하지만 어디에 있었던 굴이었는지는 명시하지 않고 있습니다.
굴은 둘 중의 하나일 가능성이 있습니다. 하나는 엔게디 삼상 24장에 있는 굴이거나 다른 하나는 아둘람 굴 삼상 22장입니다. 그런데 후자일 가능성이 높습니다.

"그러므로 다윗이 그곳을 떠나 아둘람 굴로 도망하매 그 형제와 아비의 온 집이 듣고는 그리로 내려가서 그에게 이르렀고 환난당한 모든 자와 빚진 자와 마음이 원통한 자가 다 그에게로 모였고 그는 그 장관이 되었는데 그와 함께한 자가 사백 명 가량이었더라" 삼상 22:1-2.

다윗은 자신의 목숨을 노리는 사울을 피하여 어두운 굴속에서 잠시 휴식을 취하려고 하였습니다. 그러나 "환난당한 자, 빚진 자, 불만으로 가득 찬 자" 등 약 400명의 남자들이 그에게로 모였습니다.
실패의 상징인 400명의 사람들이 실패자 신세가 되어 버린 다윗에게 온 것이었습니다. 400명은 조직된 그룹이 아니었습니다. 그들은 비능률적인 사람들로 리더가 없는 무리들mob이었습니다. 이제 다윗이 책임을 지는 리더, 대장captain으로 선출되었습니다. 바로 그때 "왜 나에게", "무엇을 어떻게"라고 하면서 굴속에서 외치듯 부른 노래가 시편 142편입니다.

넷째, "기도"입니다.
스펄전 목사는 "굴은 기도하기 좋은 골방이다."라고 말하였습니다. 본 시편은 기도입니다. 그러므로 분석하지 말고 존중하며 살핌으로 통찰력과 교훈을 얻어야 합니다.

만일 당신이 다윗과 같은 형편에 처하였다면 본 시편은 유익이 될 것입니다. 이제 그의 기도를 살펴보도록 하겠습니다.

I. 고통을 그대로 주께 가지고 오다

"내가 소리 내어 여호와께 부르짖으며 소리 내어 여호와께 간구하는도다 내가 내 원통함을 그 앞에 토하며 내 우환을 그 앞에 진술하는도다" 시 142:1-2.

다윗은 1절에서 두 번이나 "여호와께" 소리 내어 부르짖으며 간구하였습니다. 그리고 2절에서도 그 앞에 "토하며"pour라고 진술하였습니다. 여호와 하나님을 부르며 "원통함"complaint과 "우환"trouble을 그 앞에 쏟아 놓았습니다. 큰소리로 살려 달라고 애원하였습니다. 자아상을 무너뜨리는 공격을 받고, 초라하고 무익하고 소용이 없는 자로 느끼며 낙망에 처할 때, 존경과 자존심마저 사라졌을 때, 인생의 바닥을 칠 때 누구에게로 가겠습니까? 다윗을 비롯하여 그와 함께한 친구들은 모두 동일한 상처를 받은 사람들이었습니다. 그들도 바닥을 치고 있었습니다.

해답의 첫걸음은 "여호와께", "그 앞에" 나오는 것입니다. 자기 연민에 빠져 몇 날 며칠이고 주저앉아 있지 말고 하나님께 소리 내어 부르짖어야 합니다. 하나님은 바로 당신의 말을 듣기 원하십니다. 기도는 당신의 마음속에 있는 그대로 솔직히 아뢰는 것입니다.

"이스라엘아 네 하나님 여호와께로 돌아오라 네가 불의함을 인하여 엎드러졌느니라 너는 말씀을 가지고 여호와께로 돌아와서 아뢰기를 모든 불의를 제하시고 선한 바를 받으소서 우리가 입술로 수송아지를 대신하여 주께 드리리이다" 호 14:1-2.

호세아 14:2을 쉬운 말로 바꿔 보면 다음과 같습니다.

"여호와께 돌아와 회개하고 말하시오. 내 모든 죄를 용서하시고 은혜로 나를 받아 주옵소서. 수송아지를 대신해서 입술의 열매로 주께 드립니다."

말로 하나님께 말씀드리는 것이 제물이 됩니다.

스스로 존재하시는 하나님, 영원하신 하나님, 모든 것을 미리 아시고 채워 주시는 여호와 이레 하나님! 항상 우리 곁에 계시며 우리의 기도를 듣기 원하시는 하나님께 말씀드려야 합니다.

이스라엘 백성들이 출애굽 하였을 때 앞에는 홍해가 가로막고 뒤에는 애굽 군대가 추격해 왔습니다. 문자 그대로 진퇴양난進退兩難이었습니다.

"애굽 사람들과 바로의 말들, 병거들과 그 마병과 그 군대가 그들의 뒤를 따라 바알스본 맞은편 비하히롯 곁 해변 그 장막 친 데 미치니라 바로가 가까와 올 때에 이스라엘 자손이 눈을 들어 본즉 애굽 사람들이 자기 뒤에 미친지라 이스라엘 자손이 심히 두려워하여 여호와께 부르짖고" 출 14:9-10.

위는 열려 있었습니다. 그러므로 여호와 하나님께 부르짖었습니다. 그때 하나님께서 기적을 베푸시고 홍해를 가르시고 길을 내어 주셨습니다.

제가 살아온 길에서 바닥을 치는 때가 있었습니다. 다른 길이 없었습니다. 오직 위를 바라보고 마음에 있는 것을 그대로 말씀드렸습니다. 그리고 때로는 울었습니다. 말로 드리는 기도를 하나님께서 제물로 받으시고 응답하셨습니다. 그리고 길을 여셨습니다. 그것이 바로 지금 제가 여기 서 있는 이유입니다.

"내가 내 원통함을 그 앞에 토하며 내 우환을 그 앞에 진술하는도다" 시 142:2.

다윗은 원통함과 우환을 하나님께 아뢰었습니다. 억울하고 분한 감정을 아뢰었습니다. 고난, 고통, 질병에 대한 염려를 그대로 아뢰었습니다. 하나님 앞에서 "토하라"는 말은 '속에 있는 말을 한다.', '쏟아 놓는다.'는 의미입니다. "진술하는도다"는 '자세하게 말한다.'는 뜻으로 '내보였다.', '밝히 말한다.'는 의미입니다. 히브리어의 뜻은 '아무 것도 숨기지 않는다.'는 의미를 가지고 있습니다.

우리는 하나님 앞에서 다윗이 자신의 고통을 그대로 말씀드렸던 것처럼, 우리의 모습을 내어 놓고 솔직해야 합니다. 그리고 그분의 음성을 들어야 합니다.

저는 찬송가 중에 487장을 좋아합니다. 미국 교회에서 집회할 때 저희 부부에게 특송을 하라고 한 적이 있었는데, 아내와 함께 부른 유일한 찬송입니다.

죄 짐 맡은 우리 구주 어찌 좋은 친군지.
걱정 근심 무거운 짐 우리 주께 맡기세.
주께 고함 없는 고로 복을 얻지 못하네.
사람들이 어찌하여 아뢸 줄을 모를까.

시험 걱정 모든 괴롬 없는 사람 누군가
부질없이 낙심 말고 기도드려 아뢰세.

이런 진실하신 친구 찾아볼 수 있을까
우리 약함 아시오니 어찌 아니 아뢸까.

근심 걱정 무거운 짐 아니 진 자 누군가
피난처는 우리 예수 주께 기도드리세.
세상 친구 멸시하고 너를 조롱하여도
예수 품에 안기어서 참된 위로받겠네.

II. 낙망한 모습

"내 심령이 속에서 상할 때에도 주께서 내 길을 아셨나이다 나의 행하는 길에 저희가 나를 잡으려고 올무를 숨겼나이다 내 우편을 살펴보소서 나를 아는 자도 없고 피난처도 없고 내 영혼을 돌아보는 자도 없나이다" 시 142:3-4.

다윗은 밖에서 일어난 일뿐 아니라 자신의 안에서도 낙망하였음을 말하고 있습니다. "내 심령이 속에서 상할 때"라는 말은 그의 내면에서도 압도당하고 낙망하였다는 것을 말해 주고 있습니다. 다윗이 가는 길에는 사방에 첩자들이 있었고, 그를 잡으려고 올무를 놓았습니다. 그는 지명 수배를 받은 사람이었습니다.

다윗은 자신을 도와줄 수 있는 사람이 있는가 살펴보았습니다. 그를 아는 자도 없고 피신할 곳도 없으며 돌아보는 자도 없었습니다. 삶이 풍전등화風前燈火와 같이 느껴졌습니다.

III. 형제보다 더 가까운 친구

"여호와여 내가 주께 부르짖어 말하기를 주는 나의 피난처시요 생존 세계에서 나의 분깃이시라 하였나이다" 시 142:5.

다윗은 주께 부르짖으며 주님을 향하여 "나의 피난처시요"라며 자신의 믿음을 고백했습니다. 주님은 그를 죄에서 구원하시고 새 생명을 주셨습니다. 주님은 우리를 인도하시는 선한 목자요, 우리의 필요대로 만나 주시고 우리를 보호하시며 언제나 피할 수 있는 피난처가 되십니다.

또한 다윗은 "생존 세계에서 나의 분깃이시라"라고 고백하였습니다. 이는 "내가 사는 세계에서 주님만이 내가 가질 수 있는 나의 몫이다."라고 고백한 것입니다. 그 무엇도 여러분과 나의 분깃이 될 수 없습니다. 이 세상에서 모든 것이 다 없어질지라도 오직 주님을 섬긴 것만이 남을 것입니다.

"이 세상이나 세상에 있는 것들을 사랑치 말라 누구든지 세상을 사랑하면 아버지의 사랑이 그 속에 있지 아니하니 이는 세상에 있는 모든 것이 육신의 정욕과 안목의 정욕과 이생의 자랑이니 다 아버지께로 좇아온 것이 아니요 세상으로 좇아온 것이라 이 세상도, 그 정욕도 지나가되 오직 하나님의 뜻을 행하는 이는 영원히 거하느니라" 요일 2:15-17.

무디는 자신의 묘비에 "오직 하나님의 뜻을 행하는 이는 영원히 거하느니라"는 말씀을 새기도록 유언하였습니다.

오늘 당신이 있는 '굴'이 무엇인지 생각해 보시기 바랍니다. 최근에 있었던 어떤 일입니까? 분노를 느끼는 어떤 일이 있습니까? 다른 사람과의 관계입니까? 분하고 원통한 감정이 해결되지 않은 일이 있습니까? 미래를 두려워하고 있습니까?

다윗을 본받으십시오. 소리를 내어 주께 부르짖으십시오. 원통함과 우환을 다 쏟아 놓으십시오. 그리고 믿음으로 고백하십시오. 그분은 구주이십니다. 피난처이십니다. 당신이 살아가는 세계에서 유일한 몫이 바로 그분이십니다. 그분을 인격적으로 아십니까? 바로 오늘 그분을 개인의 구주로 만날 수 있으시기를 바랍니다.

교회의 사명

영·광·스·러·운·그·날·을·바·라·보·며

진정한 평가 고전 3:9-17

드림의 성경적 모델 고후 8:1-8

교회가 해야 할 주된 일 마 28:16-20

하나님은 교회를 사랑하신다 마 16:18

교회의 각성 행 2:42-47

주여, 부흥을 주옵소서! 대하 7:14

교 · 회 · 의 · 사 · 명

진정한 평가

고전 3:9-17

　무엇을 기대해 본 적이 있습니까? 우리가 잘 인식하고 있지 못하더라도 기대는 우리의 생활에 매일 영향을 미칩니다. 기대는 감동을 안겨 주기도 하고 때로는 실망을 안겨 주기도 합니다.

　약 5주 전2007. 10.에 롤링스 파운데이션의 초청으로 벨기에 브뤼셀 근교의 스와니에서 열린 "아랍인 목회자 지도자 컨퍼런스"에 참석하게 되었습니다. 집회에 참석하기 전에 잠시 스위스에 들러 유럽의 지붕이라고 말하는 융프라우를 전동차를 타고 올라가서 알프스 산맥의 아름다운 장관을 보고자 하는 기대로 꽉 차 있었습니다.

　그런데 올라가는 중에 비가 내리더니 어느새 눈으로 바뀌고 말았습니다. 기묘하게 만든 돌산 터널을 뚫고 해발 3,450m 지점에 다다라서 전망대 창을 통하여 바라보는데 눈보라 치는 광경만 보게 되었습니다.

그러던 중 잠시 눈보라가 치지 않을 때 찍은 사진을 보고 내려오면서 허탈감에 사로잡혔습니다. 기대가 무너지고 말았습니다.

한국으로 돌아오는 길에 취리히 공항에서 대한항공 탑승을 기다리다가 한 배낭 여행자를 만났습니다. 그는 유럽 배낭 여행을 한 달 동안 하다가 마지막으로 융프라우에 올라 화창한 날씨에 눈 덮인 아름다운 알프스 산을 배경으로 찍은 사진을 우리에게 보여 주었습니다. 그 사진을 보면서 그곳까지 가서도 그 광경을 제대로 보지 못하고 돌아온 실망감이 더욱 커졌습니다.

우리는 교회에 대한 기대가 있습니다. 교회가 교회다울 때 이 땅에 교회를 대신할 수 있는 기관은 없습니다. 그러면 교회는 과연 무엇일까요? 교회란 단어의 뜻은 '목적을 위하여 불러낸 무리'ekklesia 입니다. 그러나 교회의 명제적 의미는 '예수 그리스도를 개인의 구주로 믿고, 그분의 믿음을 침례로 고백하며, 하나님의 목적을 위하여 지역적으로 모인 무리'입니다. 그러므로 구원받은 여러분이 바로 교회입니다. 아멘!

교회에 대한 기대에 따라 교회 생활이 행복할 수도 있고 그렇지 못할 수도 있습니다. 사도 바울은 고린도전서 3:9에서 "너희는……하나님의 집이니라"고 교회를 비유해서 말하고 있습니다. 교회에 대하여 기대할 때 고려해야 하는 것은 "하나님의 교회"God's building라는 사실입니다. 영어 성경에는 "여러분은 하나님의 건물입니다"ye are God's building라고 말씀하고 있습니다. 교회는 우리의 것이 아니며 하나님께서 아들의 피로 사신 그분의 것입니다.

본문은 교회를 '하나님의 건물'로 묘사하고 그 건물을 위한 하나님의 설계도를 우리에게 보여 주고 있습니다. 그것은 하나님께서 교회에서 무엇을 보기 원하시며 그분의 기대하신 바가 무엇인가를 이해하는 데 도움을 줍니다.

우리는 그분의 잣대로 우리 자신을 평가해 볼 필요가 있습니다. 다음의 세 가지 질문을 통해서 교회에 대하여 진정한 평가를 내릴 수 있습니다.

I. 무엇을 터로 삼고 건축하고 있는가?

"우리는 하나님의 동역자들이요 너희는 하나님의 밭이요 하나님의 집이니라 내게 주신 하나님의 은혜를 따라 내가 지혜로운 건축자와 같이 터를 닦아 두매 다른 이가 그 위에 세우나 그러나 각각 어떻게 그 위에 세우기를 조심할지니라 이 닦아 둔 것 외에 능히 다른 터를 닦아 둘 자가 없으니 이 터는 곧 예수 그리스도라" 고전 3:9-11.

바울은 9절과 10절에서 건축물의 터기초에 대하여 논하고 난 후에 11절에서 유일한 터는 예수 그리스도이심을 말하고 있습니다. 터는 건물을 세우거나 건물을 유지시키는 데 가장 중요한 부분입니다. 기초가 잘못되면 그 무엇도 바르게 될 수 없습니다. 기초가 무너지면 모든 것이 무너지고 맙니다. 예수 그리스도가 우리의 죄를 위하여 갈보리 십자가 위에서 죽으시고 장사 지낸 바 되었다가 다시 살아나사 우리에게 영생을 주신 바로 그 진리 위에 교회를 세워야 합니다.

우리가 드리는 예배가, 우리가 찬양하는 노래가, 우리의 프로그램이, 우리의 사역이 하나님의 말씀에 따라 실행되고 있는가를 시험해 보아야 합니다. 왜냐하면 기초만큼 건물을 세울 수 있기 때문입니다.

우리는 이런 질문을 해보아야 합니다.

"예수 그리스도의 복음을 전하고 있는 교회인가? 여수 그리스도만이 구원의 유일한 길이라고 믿으며 하늘 아래 구원받을 수 있는 다른 이름을 주신 적이 없음을 분명히 믿고 있는 교회인가? 구원의 확신이 있는 교회인가? 복음을 한번도 듣지 못한 종족들에게 복음을 전하기 위하여 선교사를 파송하는 교회인가? 설교자의 메시지는 성경적인 올바른 기독론을 바탕으로 하고 있는 교회인가?"

교회는 구원받은 한 사람 한 사람이 모여서 이루고 있습니다. 그렇기 때문에 교회의 영성은 성도 개개인의 영성을 능가할 수 없습니다. 그 말은 교회의 진정한 영성의 책임은 바로 그 교회의 한 회원으로 되어 있는 우리 자신에게 있다는 것을 의미합니다.

크리스웰Dr. Criswell 목사는 요한계시록 강해 설교에서 하나님의 빛나는 별 중의 하나로서 위대한 침례교 목사였던 발타자르 후프마이어 Balthazar Hubmaier에 대하여 다음과 같이 소개하고 있습니다.

1928년 3월 10일, 침례교도들이 비엔나 광장에 모여 400년 전에 비엔나 천주교회에 의하여 화형을 당한 발타자르 후프마이어 목사를 추모하는 모임을 가졌다. 그들은 추모 예배 후에 푸른 물이 흐르는 다뉴브 강으로 갔다. 예수님을 위한 사랑과 헌신 때문에 강에서 순교한 그의 신실한 아내를 추모하는 꽃다발을 물에 띄웠다. 후프마이어 목사는 히브리어와 그리스어로 된 성경을 가지고 복음을 전하였다. 하나님께서 그를 축복하셨으며 모리비아에서 매년 해가 바뀔 때마다 6,000명, 8,000명, 10,000명, 12,000명에게 침례를 베풀었다. 그는 하나님의 아들 예수 그리스도의 은혜의 복음을 전한 위대한 침례교 목사였다. 복음 전하는 것 때문에 그는 화형을 당하고 아내는 강에 던져져 죽음을 당하는 순교를 했다. 우리의 선배들이 이와 같이 복음을 우리에게 전수하여 주었다. 바로 이러한 복음의 바탕 위에 교회가 세워진 것이다.

II. 무엇으로 건축하고 있는가?

"만일 누구든지 금이나 은이나 보석이나 나무나 풀이나 짚으로 이 터 위에 세우면 각각 공력이 나타날 터인데 그날이 공력을 밝히리니 이는 불로 나타내고 그 불이 각 사람의 공력이 어떠한 것을 시험할 것임이니라 만일 누구든지 그 위에 세운 공력이 그대로 있으면 상을 받고 누구든지 공력이 불타면 해를 받으리니 그러나 자기는 구원을 얻되 불 가운데서 얻은 것 같으리라" 고전 3:12-15.

사도 바울은 고린도전서 3:12-15에서 어떤 재료를 사용하여 건축하고 있는가에 대하여 논의했습니다. 바울은 재료를 크게 두 가지 범주로 분류하고 있습니다. 하나는 캐내어 얻을 수 있는 금이나 은이나 보석으로 분류하고, 또 하나는 손쉽게 구할 수 있는 나무와 풀과 짚으로 분류했습니다.

하나님께서는 교회에서 질적이고 가치 있으며, 쉽게 변하지 않고 오래가는 것을 찾으십니다. 교회가 교회답기 위해서는 그 값을 치르려고 하는 각오가 있어야 하며 금과 은 등의 보석을 캐듯이 해야 합니다. 이는 오랜 세월이 걸릴 수 있습니다.

세상에서 일반 회사 하나를 세울 때에는 돈이 있어야 하고, 권력과 지위와 명성도 있어야 하고, 때로는 조작하는 기술도 있어야 합니다. 그러나 하나님께서 교회를 세우실 때에는 교회를 구성하고 있는 성도들의 기도와 희생과 드림으로, 하나님의 말씀으로, 성령의 봉사로, 사랑과 친절로, 은혜를 경험하고 은혜를 나타내는 것으로, 돌보고 섬기는 것으로 교회를 세우십니다. 그와 같은 재료들은 성도들의 삶을 통하여 나타나며 마침내 영광스러운 교회가 이루어지기까지 기여할 것입니다.

고린도전서 3:13에 보면 어느 날 반드시 시험받을 날이 다가옴을 알 수 있습니다. 그때 우리가 건축한 재료들이 드러나게 될 것입니다. 만일 편리하고 유리한 것만을 행하였다면 남는 것이 별로 없을 것입니다. 그러나 그리스도를 첫째 자리에 두고 말씀에 순종하고 기도하며 희생하였다면 상이 있을 것입니다.

III. 무엇을 위하여 건축하고 있는가?

"너희가 하나님의 성전인 것과 하나님의 성령이 너희 안에 거하시는 것을 알지 못하느뇨" 고전 3:16.

사도 바울은 교회를 "하나님의 성전"으로 묘사하고 있습니다. 세 번째 질문인 "무엇을 위하여 건축하고 있는가?"는 바로 교회가 하나님의 영이 살아 계신 곳임을 강조하며 도전하는 것입니다.

구원받은 사람 안에는 성령께서 거주하고 계십니다. 교회가 교회로 모일 때 하나님의 거하시는 처소가 됩니다. 하나님께서는 교회에서 예배를 받기 원하십니다. 우리가 예배를 드릴 때 하나님의 영광을 보며 하나님 만나는 경험을 하고 삶에 변화가 일어납니다. 하나님께서는 예배하는 자를 찾으십니다. 교회가 존재하는 이유는 만왕의 왕 되시며 만주의 주 되시는 그분의 영광을 위해서입니다.

그런데 사람들이 자신들의 목적을 위하여 교회를 이용할 가능성도 있다는 것을 알아야 합니다. 그들은 그들의 교회가 큰 교회라는 명성을 얻기 위하여 교회를 세우려고 하며 영적 지도자임을 인정받기 위하여 그 일을 하려고 하는 경우가 있습니다. 우리가 무엇을 위하여 교회를 세우는가를 알아보는 좋은 시험이 있는데, 그것은 어떤 좋은 일이 일어났을 때 누가 그 공로를 얻는가 하는 것입니다.

사도 바울은 교회를 두고 엄한 경고를 하고 있습니다.

"누구든지 하나님의 성전을 더럽히면 하나님이 그 사람을 멸하시리라 하나님의 성전은 거룩하니 너희도 그러하니라" 고전 3:17.

교회를 더럽히면 하나님이 그 사람을 멸하리라고 하셨습니다. 교회는 거룩하여야 하며 교회는 존귀하게 여겨야 할 대상입니다. 교회는 하나님의 집이고 그리스도의 신부입니다. 교회는 바로 그리스도의 사랑이 나타나는 곳이 되어야 합니다. 하나님께 영광을 돌리고자 하지 않는다면 그는 교회를 세우는 자이기보다는 허무는 자가 될 것입니다.

교회가 교회다운 교회로 세워지기 위해서는 예수 그리스도를 터기초로 삼아 영적 진리와 정직, 성실함의 재료를 사용하여 건축하고 하나님의 영광이 목표가 되어야 합니다.

"교회 안에서와 그리스도 예수 안에서 영광이 대대로 영원 무궁하기를 원하노라 아멘" 엡 3:21.

끝으로 16세기에 취리히에 살았던 우리의 믿음의 선배 펠릭스 만츠 Felix Mantz를 소개하고자 합니다.

그는 취리히의 큰 성당에서 봉사하던 학문이 있는 아버지 슬하에서 자랐습니다. 그러나 아들 펠릭스는 원어로 성경을 읽기 시작하였으며 그로 인하여 침례교도가 되었습니다. 들에서나 거리에서나 집에서나 그는 소리를 높여 하나님의 말씀을 선포하고 강해하였습니다. 수천 명이 그가 전하는 복음을 듣고 그리스도에게로 돌아왔습니다. 그러나 천주교에서는 위원회를 소집하여 그에게 사형 선고를 내리고 말았습니다. 그들이 펠릭스를 취리히 시 거리로 끌고 다녔을 때 펠릭스의 어머니가 옆에 서서 펠릭스에게 "아들아, 죽도록 충성하라!"고 권면하였습니다. 그들은 취리히 호수로부터 흘러 강이 되는 라몬트 강에 그를 끌고 가서 "그가 물을 좋아하니 그에게 많은 물을 주자."며 강물에 빠뜨려 죽였습니다.

크리스웰 목사는 그를 가리켜 하나님의 별 중의 하나라고 말하였습니다. 우리들의 믿음의 선배들이 어떻게 신앙생활을 했는지를 보여 주고 있습니다. 그들은 오직 하나님의 영광을 위하여 자신의 목숨까지도 아끼지 않고 내어 드렸습니다. 교회는 바로 하나님의 영광을 위하여 존재해야 합니다.

교 · 회 · 의 · 사 · 명

드림의 성경적 모델

고후 8:1-8

　사람은 자신의 생활의 50%를 '돈을 버는 방법', '돈을 쓰는 방법', '돈을 저축하는 방법', '돈을 어떻게 투자할까?' 등등에 관한 생각을 하며 살고 있다고 합니다. 이 조사 결과가 얼마나 정확한지 알 수는 없지만 돈에 대하여 많이 생각하는 것은 틀림없습니다.

　돈을 바라보는 시각은 그의 영성을 나타내 보이는 '지표'barometer라고 할 수 있습니다. 부패한 사람은 돈을 악한 용도로 사용하지만 착한 사람은 선한 용도로 바르게 사용합니다. 돈은 선한 것도 아니고, 악한 것도 아닌 중립이지만 그의 내적인 도덕성을 나타내 보입니다.

　"너희 보물 있는 곳에는 너희 마음도 있으리라" 눅 12:34.

성경은 '돈'을 소유하는 것을 금한 적이 없습니다. 다음의 말씀에서 그것을 알 수 있습니다.

"네 하나님 여호와를 기억하라 그가 네게 재물 얻을 능을 주셨음이라 이같이 하심은 네 열조에게 맹세하신 언약을 오늘과 같이 이루려 하심이니라" 신 8:18.

"네가 이 세대에 부한 자들을 명하여 마음을 높이지 말고 정함이 없는 재물에 소망을 두지 말고 오직 우리에게 모든 것을 후히 주사 누리게 하시는 하나님께 두며" 딤전 6:17.

성경에 보면 하나님께서는 경건한 사람, 예를 들어 욥욥 1:3, 아브라함창 13:2, 보아스룻 2:1, 솔로몬왕상 10:23 등에게 물질로도 축복하셨습니다. 하나님께서는 자신에게 순종하는 이들에게 영적인 축복은 물론이요 물질의 축복을 주시어 부하게도 하셨습니다.

그러므로 우리가 명심해야 할 것은 성경에는 돈을 소유하지 말라 한 것이 아니라 돈을 사랑하지 말라고 하였습니다.

"돈을 사랑함이 일만 악의 뿌리가 되나니 이것을 사모하는 자들이 미혹을 받아 믿음에서 떠나 많은 근심으로써 자기를 찔렀도다" 딤전 6:10.

"부자 되기에 애쓰지 말고 네 사사로운 지혜를 버릴지어다 네가 어찌 허무한 것에 주목하겠느냐 정녕히 재물은 날개를 내어 하늘에 나는 독수리처럼 날아가리라" 잠 23:4-5.

"은을 사랑하는 자는 은으로 만족함이 없고 풍부를 사랑하는 자는 소득으로 만족함이 없나니 이것도 헛되도다" 전 5:10.

아간은 돈을 사랑하여 자신과 가정뿐만 아니라 나라에까지 화를 불러왔습니다 수 7:1-25. 발람은 돈을 사랑하였기 때문에 하나님의 선택된 백성들을 저주하려고 하였습니다 민 22-24장. 또한 들릴라가 삼손을 배반한 것도 돈 때문이었습니다 삿 16:4-6. 이외에도 가룟 유다는 은 삼십에 예수님을 팔았고 마 26:14-18, 아나니아와 삽비라는 드림에 대한 거짓말을 하고 위선자가 됨으로 인하여 사망에 이르는 죄를 범하고 말았습니다 행 5:1-2.

돈을 사랑하면 하나님을 잊어버리게 됩니다. 왜냐하면 하나님 대신 돈을 의지하게 되기 때문입니다. 부富는 자신을 보는 거울이 아니라 하나님을 바라보는 창이 되어야 합니다.

잠언은 솔로몬이 썼지만 잠언 30장은 아굴이 썼습니다. 솔로몬은 엄청난 부富를 소유했지만 결국 그 부富에 넘어지고 말았고, 외국인을 아내로 삼고 보물을 들여오면서도 만족해 하지 않았습니다. 이러한 솔로몬을 보면서 아굴은 다음과 같이 기도하였습니다.

"곧 허탄과 거짓말을 내게서 멀리 하옵시며 나로 가난하게도 마옵시고 부하게도 마옵시고 오직 필요한 양식으로 내게 먹이시옵소서 혹 내가 배불러서 하나님을 모른다 여호와가 누구냐 할까 하오며 혹 내가 가난하여 도적질하고 내 하나님의 이름을 욕되게 할까 두려워함이니이다" 잠 30:8-9.

뉴욕 호텔에서 상류 사회의 호화로운 만찬이 있었습니다. 한 유명한 작가가 아름답고 우아한 여인 옆에 앉아서 식사를 하며 이야기를 하다가 그 여인에게 물었습니다. "10만 달러면 나와 함께 하룻밤을 보낼 수 있겠습니까?" 그러자 얼굴을 붉히고 밑을 바라보던 여인이 마침내 "네."Yes라고 말했습니다.

그 후 작가가 다시 물었습니다. "10달러에도 그렇게 할 수 있겠습니까?" 그러자 여인은 화를 내면서 "나를 무엇으로 생각하고 그렇게 얘기를 하는 겁니까?"라고 대답했습니다.

문제는 돈의 액수가 아니라 그 여인이 어떤 사람인가에 달려 있습니다.

오늘 본문에서는 드림연보의 몇 가지 동기에 대하여 열거하고 있습니다. 드림은 경건한 그리스도인의 행위입니다. 본문 말씀을 통하여 마게도냐 교회들빌립보, 데살로니가, 베뢰아 교회들이 보여 준 드림의 본보기에 대하여 잠시 살펴보고자 합니다.

I. 드림은 하나님의 은혜를 입었기 때문이다

마게도냐 지방은 그리스 북쪽 빌립보, 데살로니가, 베뢰아가 있는 곳으로 전쟁으로 황폐해지고 로마인의 약탈로 인하여 말할 수 없을 정도로 가난한 지역이 되었습니다. 그와 같은 환경에도 불구하고 마게도냐의 그리스도인들은 드림에 있어서 놀랍게도 아낌없이 주는 후한 그리스도인들이었습니다 고후 11:9; 빌 2:25, 4:15, 18.

그들의 후한 연보는 인간적인 동정이나 박애주의적인 동기가 아니라 하나님의 은혜가 그들의 마음속에 역사하였기 때문에 드린 것이었습니다. 구원하는 은혜아무런 받을 자격이 없는 사람에게 하나님께서 조건 없이 베푸신 사랑과 은총, 변화시키는 은혜, 거룩하게 하는 은혜성화를 경험한 그들이 필요가 있는 이들특히 다른 신자들에게 후하게, 희생적으로 주고자 하는 소원이 있게 되었습니다.

마게도냐에 있는 그리스도인들은 어떤 부한 사람들처럼 표시token만 하는 것이 아니라 크고 후하게 드리며 "먼저 그 나라와 그의 의를 구하라"는 주님의 명령에 일관성 있게 순종하였습니다. 이는 하나님의 은혜가 그들을 감동하였기 때문입니다. 그들의 드림은 그들이 처한 환경을 넘어서는 것이었습니다.

> "환난의 많은 시련 가운데서 저희 넘치는 기쁨과 극한 가난이 저희로 풍성한 연보를 넘치도록 하게 하였느니라" 고후 8:2.

여기서 바울이 표현한 "환난"affliction이란 단어의 뜻은 '포도를 발로 밟아 짓누르듯 압력을 가한다.'는 의미를 지니고 있습니다. 이것은 마게도냐 그리스도인들이 겪은 핍박을 묘사한 것입니다.

"그리고 너희의 참는 모든 핍박과 환난 중에서 너희 인내와 믿음을 인하여 하나님의 여러 교회에서 우리가 친히 자랑함이라" 살후 1:4.

"그리스도를 위하여 너희에게 은혜를 주신 것은 다만 그를 믿을 뿐 아니라 또한 그를 위하여 고난도 받게 하심이라" 빌 1:29.

그들은 "극한 가난"에 처해 있었지만 하나님께서 모든 필요를 채워 주신다는 확신을 가지고 있었기 때문에 자유함으로 후하게 드렸습니다. 경건한 그리스도인들은 그들이 더 많이 가질 때까지 기다리지 않고 가난함에도 불구하고 드렸습니다.

드림은 얼마나 가지고 있는가 하는 소유의 문제가 아닙니다. 이기심이 없으며 사랑의 마음을 지니고 있다는 표현입니다.

II. 그들은 기쁨으로 드렸다

마게도냐 그리스도인들은 넘치는 하나님의 은혜를 경험했기에 주님 때문에 한량없는 기쁨으로 가득 차 있었습니다. 인색함이나 억지나 의무감 때문도 아니었고 오직 자유함과 기쁨으로 드렸습니다.

"각각 그 마음에 정한 대로 할 것이요 인색함으로나 억지로 하지 말지니 하나님은 즐겨 내는 자를 사랑하시느니라" 고후 9:7.

"또 너희는 많은 환난 가운데서 성령의 기쁨으로 도를 받아 우리와 주를 본받은 자가 되었으니" 살전 1:6.

그들은 기쁨으로 드리고 기쁨으로 말씀도 받았습니다. 주는 것이 받는 것보다 복 있는 것임을 알았습니다. 주면 후히 주시고 넘치도록 안겨 주실 것을 알고 있었습니다 눅 6:38.

III. 드림은 예배의 행위이다

"내가 증거하노니 저희가 힘대로 할 뿐 아니라 힘에 지나도록 자원하여 이 은혜와 성도 섬기는 일에 참여함에 대하여 우리에게 간절히 구하니 우리의 바라던 것뿐 아니라 저희가 먼저 자신을 주께 드리고 또 하나님 뜻을 좇아 우리에게 주었도다" 고후 8:3-5.

예배의 요소를 말할 때 찬양, 기도, 드림, 말씀 등 기본적으로 네 가지를 말합니다. 그러나 예배자에게 요구되는 우선적인 것은 자신을 주께 드리는 헌신입니다.

"그러므로 형제들아 내가 하나님의 모든 자비하심으로 너희를 권하노니 너희 몸을 하나님이 기뻐하시는 거룩한 산 제사로 드리라 이는 너희의 드릴 영적 예배니라" 롬 12:1.

헌신 없는 예배는 가능하지 않습니다. 주께 드리는 가장 중요한 신령한 제사는 자기 자신을 드리는 것입니다. 자신과 삶 모든 것을 드렸을 때 물질적인 드림도 하나님이 기쁘게 받으시는 예물이 됩니다. 마게도냐 성도들은 힘대로 할 뿐 아니라 힘에 지나도록 하였습니다. 그들은 하나님께서 필요를 채워 주시리라는 믿음이 있었기 때문에 희생적으로 드렸습니다.

그것은 다윗이 "값없이 하나님께 드리기를 원치 않겠다"대상 21:24라고 말한 것, 가난한 과부가 자신이 가진 전부를 드린 것막 12:42-44과 같은 것이었습니다. 마지못해, 강제에 못 이겨 어쩔 수 없이 드린 것이 아니라 자원해서 기쁨으로 드린 것이었습니다.

IV. 드림은 사랑을 증명한다

사도 바울은 드림의 성경적 모델로서 마게도냐 그리스도인들을 예로 들고 난 후에 고린도 그리스도인들에게 다음과 같이 결론을 맺었습니다.

"내가 명령으로 하는 말이 아니요……사랑의 진실함을 증명코자 함이로라" 고후 8:8.

참된 사랑은 감정만이 아니라 반드시 행동이 따르는 것입니다.

"누구든지 하나님을 사랑하노라 하고 그 형제를 미워하면 이는 거짓말하는 자니 보는 바 그 형제를 사랑치 아니하는 자가 보지 못하는 바 하나님을 사랑할 수가 없느니라 우리가 이 계명을 주께 받았나니 하나님을 사랑하는 자는 또한 그 형제를 사랑할지니라" 요일 4:20-21.

마게도냐 그리스도인들은 고린도 교인들뿐 아니라 믿는 우리 모두를 위한 모델입니다.

동아일보 2007년 11월 15일자 조간에 여성으로서 미국 최초 종신 대법관이 된 오코너 여사77세의 순애보 기사가 실렸습니다. 스탠퍼드대 로스쿨에서 만나 결혼한 오코너 여사의 남편 존 오코너는 워싱턴 등지의 로펌에서 근무한 유능한 변호사였습니다. 그러나 17년 전부터 그는 알츠하이머병노인성 치매에 시달리게 되었습니다. 남편은 병세가 악화되면서 하루 종일 아내의 사무실에 나와 있는 등 아내에 대한 의존도가 높아졌습니다.

오코너 여사는 매년 각종 언론과 단체로부터 세계에서 가장 영향력 있는 여성으로 꼽혀 온 여성계와 법조계의 거물이었습니다. 그러나 남편 존 오코너의 치매 증세가 심해지자 "이제는 남편과 좀더 많은 시간을 보낼 때이다."라고 퇴임 의사를 밝히며 남편을 돌보기 위해 2005년 7월, 유일한 여성 종신 대법관이었던 사법부 최고위직 자리를 물러났습니다.

그러한 희생에도 불구하고 최근 남편 존 오코너는 요양원의 다른 치매 여성과 사귀기 시작했고, 함께 손을 잡고 산책하거나 키스를 하는 장면이 주변에 자주 목격되기도 했습니다. 부인인 자신을 알아보기는 커녕 다른 여성과 새로운 사랑에 빠져 버리고 만 것입니다. 사람들이 그의 심경에 대해서 질문을 하자 오코너 여사는 이렇게 말했습니다. "나를 몰라보고 다른 여성을 사랑한다 해도 남편만 행복하다면 나는 기쁩니다."

부부간의 사랑이 이렇다면 은혜를 입고 주님을 사랑한 우리의 사랑은 어떻게 증명되어야 하겠습니까?

교 · 회 · 의 · 사 · 명

교회가 해야 할 주된 일

마 28:16-20

어떤 조직이나 기관이든지 그 설립된 목적대로 이행해 갈 때 그 기관의 존립을 정당화할 수 있습니다. 우리 생활의 모든 분야에서 이와 동일한 원리가 적용됩니다. 우리 교회 예배당 앞의 대호아파트 1층에 케이마트K-mart가 있습니다. 과일, 야채, 빵 등 먹을 수 있는 거의 모든 것을 취급합니다. 저도 가끔 들러 간식거리를 살 때가 있습니다. 그런데 어느 날 먹거리를 사기 위해 마트에 갔는데 직원이 말하기를 "미안합니다만 먹거리는 없습니다. 그러나 자동차 윤활유는 있습니다. 원한다면 드리지요."라고 했다면 그 마트는 얼마 가지 않아 없어지고 말 것입니다. 어느 기관이든지 본래 설립 목적대로 계속 이행해 갈 때만이 존재의 이유가 있게 됩니다.

교회에도 동일한 원리가 적용됩니다. 교회는 무엇이며, 교회는 왜 존재합니까? 교회란 단어는 '목적을 위하여 불러낸 무리'란 뜻입니다. 명제적 의미는 '예수 그리스도의 피로 속죄함을 받은 사람들이 그들의 믿음을 침례로 세상을 향하여 공포하고 하나님의 목적을 위하여 지역적으로 모인 무리'입니다. 교회를 세우신 예수 그리스도의 말씀을 들어봅시다.

"내가 이 반석 위에 내 교회를 세우리니 음부의 권세가 이기지 못하리라" 마 16:18.

"인자의 온 것은 잃어버린 자를 찾아 구원하려 함이니라" 눅 19:10.

예수님의 말씀은 교회를 세우신 목적이 무엇인가를 분명히 하고 있습니다. 예수님이 십자가에서 못 박히시고 피 흘려 죽으신 것이 사람들이 지옥 가지 않고 천국 가게 하신 것이라면, 그분의 피로 사신 교회가 해야 하는 주된 일은 무엇이겠습니까? 바로 복음 전하는 일입니다. 복음이란 기쁜 소식입니다. 기쁜 소식의 내용은 무엇입니까? 그것은 고린도전서 15:1-4에 분명히 나타나 있습니다.

"형제들아 내가 너희에게 전한 복음을 너희로 알게 하노니 이는 너희가 받은 것이요 또 그 가운데 선 것이라 너희가 만일 나의 전한 그 말을 굳게 지키고 헛되이 믿지 아니하였으면 이로 말미암아 구원을 얻으리라 내가 받은 것을 먼저 너희에게 전하였노니 이는 성경대로 그리스도께서 우리 죄를 위하여 죽으시고 장사 지낸 바 되었다가 성경대로 사흘 만에 다시 살아나사" 고전 15:1-4.

복음은 '그리스도께서 우리 죄를 위하여 십자가에서 죽으시고 장사 지낸 바 되었다가 사흘 만에 다시 살아나셨다.'는 기쁜 소식입니다. 죄인이 죄를 회개하고 믿음으로 예수 그리스도를 구주로 영접하면 지옥 가지 않고 천국 간다는 소식입니다. 이 기쁜 소식을 전하는 것이 복음 전하는 일입니다. 일반적으로 동일 문화권에서 전하는 것을 전도라 하고 타문화권에서 행하는 것을 선교라고 합니다. 교회가 교회다우려면 전도하고 선교해야 합니다.

어떤 사람들은 사회학적 측면에서 교회를 말합니다. 또 어떤 사람들은 이념적 측면에서 교회를 말합니다. 그러나 교회는 그리스도 피로 사신 교회이며 그분의 교회입니다. 교회의 머리는 그리스도이며 교회는 그분의 몸입니다. 몸은 머리의 지시대로 움직입니다. 그분의 말씀대로 세워지고 그분의 말씀에 따라 움직여야 합니다.

I. 하늘과 땅의 모든 권세를 가진 그분이 교회에 명하셨다

"예수께서 나아와 일러 가라사대 하늘과 땅의 모든 권세를 내게 주셨으니" 마 28:18.

"또 가라사대 너희는 온 천하에 다니며 만민에게 복음을 전파하라" 막 16:15.

이 명령은 그분의 지상 명령입니다. 그러나 여러 핑계를 대며 가장 소홀히 여기는 명령이 되고 말았습니다. 오늘날 교회가 교회답지 못하게 된 이유입니다. 본래의 사명을 망각했기 때문입니다. 한국 교회들이 구조선이 되지 못하고 유람선이 되어가고 있기 때문입니다.

바울 사도는 로마서 1:16에서 로마 교회에게 "내가 복음을 부끄러워하지 아니하노니 이 복음은 모든 믿는 자에게 구원을 주시는 하나님의 능력이 됨이라 첫째는 유대인에게요 또한 헬라인에게로다"라고 편지하였습니다.

그리고 사도행전 20:24에는 에베소 교회 목회자들을 모으고 그들에게 "나의 달려갈 길과 주 예수께 받은 사명 곧 하나님의 은혜의 복음 증거하는 일을 마치려 함에는 나의 생명을 조금도 귀한 것으로 여기지 아니하노라"라고 고별 설교를 하였습니다. 그의 생애의 목적은 오직 주 예수 그리스도의 복음을 증거하는 것이었습니다.

II. 그분이 계획을 말씀하셨다

"그러므로 너희는 가서 모든 족속으로 제자를 삼아 아버지와 아들과 성령의 이름으로 침례를 주고" 마 28:19.

목적과 목표가 있으면 다음은 계획이 있습니다. 주님은 목적을 이루기 위한 계획을 말씀하셨습니다. 그 계획에는 네 부분이 있습니다.

1. 그러므로 너희는 가서

이 말씀은 명령형이 아닙니다. 오히려 명령의 초점은 "모든 족속으로 제자를 삼아"에 있습니다. 이 명령을 수행하기 위해서는 일상에서 가야 합니다. 예수님은 자신을 따르는 자들에 대하여 "가는 것"을 전제로 하고 있습니다. 가지 않고 증인이 될 수 없습니다.

어떤 시골 교회 목사님과 그 교회에 대한 이야기를 읽었습니다. 어느 주일에 목사님은 성도들에게 이렇게 말했습니다. "사랑하는 여러분! 주님이 우리를 불러 하라 하신 일을 하려면 교회는 걸어가야 합니다." 그러자 회중이 "아멘! 교회가 걸어갑시다!"라고 화답했습니다.

목사님이 다시 말했습니다. "여러분! 주님이 우리에게 하라 하신 그 일을 하려면 우리는 달려야 합니다." 성도들은 다시 "아멘! 달려갑시다!"라고 화답했습니다.

목사님이 다시 말했습니다. "성도 여러분! 주님이 우리에게 원하시는 일을 하려면 교회가 날아야 합니다." 성도들은 "아멘! 목사님 날아갑시다!"라고 화답했습니다.

그리고 목사님이 다음과 같이 말했습니다. "여러분! 교회가 날아가려면 지금까지 한 헌금보다 더 해야 합니다." 그러자 성도들이 다음과 같이 화답했다고 합니다. "아멘! 목사님, 그러면 걸어갑시다!"

누가복음 19:10에 보면 "인자의 온 것은 잃어버린 자를 찾아 구원하려 함이니라"라고 말씀하고 있습니다. 예수님은 가시는 곳마다 그곳에서 만나는 사람들에게 구원받는 길을 일러 주셨습니다. 어부들에게 구원의 길을 말씀하시고 자신을 따르면 사람을 낚는 어부가 되게 하리라고 하셨습니다. 여리고를 지나면서 세리장 삭개오에게, 사마리아 수가의 여인에게 말씀하셨습니다. 예수님은 십자가에 달려 있으면서도 강도를 구령하셨습니다. 예수님은 자신이 주실 지상 명령을 먼저 몸소 실천하셨습니다.

사도행전에서 보는 초대 그리스도인들은 "날마다 성전에 있든지 집에 있든지 예수는 그리스도라 가르치기와 전도하기를 쉬지 아니하였습니다"행 5:42. 빌립 집사는 성령의 인도하시는 대로 갔습니다. 광야에서 에디오피아 여왕 간다게의 모든 국고를 맡은 내시에게 복음을 전하고 침례를 준 그는 복음 전도자였습니다.

2. 모든 족속으로 제자를 삼아

이 말씀은 제자를 삼으라는 지엄한 명령입니다. 제자 삼는 것은 구령할 뿐 아니라 예수 그리스도를 주님과 주인으로 삼고 예수님을 따르게 하는 것입니다. 그것은 교회의 주된 일입니다. 그 대상은 모든 족속입니다. 65억 지구상의 모든 사람, 모든 나라, 모든 민족, 모든 종족이 바로 그 대상입니다. 우리는 편견을 가져서는 안 됩니다. 하나님의 세계관을 가져야 합니다. 그것이 바로 우리의 선교사들이 선교지로 나가 계신 이유입니다.

3. 내가 너희에게 분부한 모든 것을 가르쳐 지키게 하라

구령하고, 침례 주고, 그리스도인의 삶을 살도록 가르쳐야 합니다.

그것은 성경 공부가 있고 성도의 교제가 있는 이유입니다. 새가족부가 있으며 초장이 있는 이유입니다. 예수님을 따라가는 제자로서 보다 나은 그리스도인의 삶을 영위할 뿐 아니라 주 예수 그리스도를 닮고 재생산하는 그리스도인이 되도록 훈련해야 합니다.

III. 그분이 약속하셨다

"내가 너희에게 분부한 모든 것을 가르쳐 지키게 하라 볼지어다 내가 세상 끝날까지 너희와 항상 함께 있으리라 하시니라" 마 28:20.

얼마나 놀라운 약속입니까! 어제 오후에 교회 앞 거리를 지나면서 참으로 많은 사람들이 걸어가고 있는 것을 보았습니다. 연로한 할머니가 있는가 하면 어린아이도 있었고 젊은이도 지나갔습니다. 젊은 부부가 아이들을 데리고 지나가고 있었습니다. 예수님이 예루살렘을 보고 눈물을 흘리셨던 모습을 그려 보았습니다. 저도 모르는 사이에 복받쳐 울먹였습니다. 그리고 외쳤습니다. "주님, 주님의 마음을 품고 이들에게 복음 전하게 하옵소서!" 우리는 이 땅에서 복음 전하는 데 아무런 위험도 없습니다.

며칠 전 장택규, 이유미 선교사 부부로부터 받은 이메일의 내용입니다.

김우생 목사님께

박사님과 불광동 가족들의 평안을 빕니다. 바쁘신 주일에 전화까지 주셔서 죄송하고 감사했습니다. 이곳 상황을 위해 함께 중보해 주시니 정말 감사합니다. 전쟁 그 후 소식을 알려 드립니다.

정부에 대해 게릴라전을 벌이고 있는 '알후씨' 측의 모토는 반정부(군인), 반미, 반이스라엘입니다. '싸다' 주변 산골짜기마다 근거지를 두고 있어 포성은 이어지는데 종전의 기미가 보이지 않습니다. 시간이 지날수록 전쟁의 참혹함이 드러나고 사상자가 늘어가고 있습니다.

수도로 가는 도로가 막힌 지 두 달이 지났구요. 외국인들은 '싸다' 군수의 여행 허가증을 얻은 후, 며칠 대기하여 군용 헬리콥터의 빈자리가 나면 이동할 수 있습니다. 딸 졸업식과 아들 결혼식에 참석하러 가는 팀 멤버들이 이렇게 어렵게 떠나셨고, 단기로 오신 세은이 선생님은 지난 6월 15일 도착하여 잘 지내고 있습니다.

위험을 무릅쓰고 도로를 이용하던 몇 명의 예멘 여행객들이 총에 맞아 죽고, 경유를 싣고 오던 트럭이 폭발한 후로는 도시가 더욱 고립되어 갑니다. 경유가 공급되지 않으니 시내의 전기가 끊어진 지 2주가 됩니다. 수돗물, 프로판 가스도 떨어졌습니다. 예멘 이웃들은 피난 온 친척들까지 더해진 식구에 나무로 불을 피워 음식을 합니다.

저희 팀은 정부 병원에서 공급하는 전기와 수도 혜택을 받지만, 경유 보유량이 한 달 이상을 버티기는 힘들 것 같습니다. 사우디아라비아에서 지원하는 제일 큰 병원은 외래 진료를 중단했습니다. 계속해서 생필품 공급이 막힌다면 핵심 멤버 몇 명만 남고 당분간 팀의 철수도 고려하고 있습니다. 어려운 결정을 내려야 하는 리더십에 지혜를 주시도록 기도해 주세요.

여름이면 케냐에서 공부하던 형과 누나들이 방학으로 집에 돌아오는데 이번에는 수도에서만 지내다 돌아갈 것 같습니다. 그만큼 싸다로의 여행이 힘들기 때문인데, 세은이는 이 시간을 기다려 온 만큼 도로가 뚫려서 형들이 올 수 있도록 기도하고 있습니다. 지금은 강혜원 선생님께 피아노를 배우기 시작했습니다.

막힌 담을 허시는 평화의 왕 예수께서 이 땅을 고치시도록 함께 기도해 주십시오.

2008년 6월 29일
장택규, 이유미, 세은 올림

그들이 예멘에 남아 있는 이유는 주님의 명령에 순종하고 그들을 사랑하기 때문이며, 하늘과 땅의 모든 권세를 가지신 그분의 약속 때문입니다.마 28:20.

교회의 주된 일이 무엇입니까? 그것은 우리의 죄를 위해 십자가에 달려 돌아가신 예수 그리스도의 은혜의 복음을 전하는 것입니다.

교 · 회 · 의 · 사 · 명

하나님은 교회를 사랑하신다

마 16:18

여러분은 교회를 생각할 때 무엇을 생각하십니까? 저는 교회를 생각할 때마다 "교회에서 복음을 들었다."는 사실을 상기하곤 합니다.

1959년 12월 27일 행당동에서 살 때 집에 불이 났습니다. 집은 타버렸지만 그로 인하여 배스킨 목사님을 만나 복음을 듣고 구원을 받았습니다. 그것이 계기가 되어 배스킨 목사님과 함께 교회를 개척하고 제자 훈련을 받았습니다. 교회에서 팀을 이루어 전도를 나갔습니다. 전도하다가 지금의 아내를 만났고 교회에서 결혼했습니다. 저는 교회에서 50년 이상을 보냈습니다. 저의 인생에서 교회를 빼면 정체성이 없어집니다. 저는 '교회의 사람'이라고 자랑스럽게 말할 수 있습니다.

주 예수 그리스도는 교회를 사랑하여 자신을 주셨습니다. 예수님은 교회를 사랑하십니다. 하나님께서도 교회를 사랑하십니다.

그러면 교회는 무엇인가요? 여기서 교회란 예배당 같은 건물이 아니며, 교파나 국가를 교회라고 하지 않습니다. 교회라는 말은 원어로 '에클레시아'라고 하며, '목적을 위하여 불러낸 무리'라는 뜻입니다. 즉, 주 예수 그리스도를 구주로 믿고 구원받은 사람들이 하나님의 목적을 위하여 그들의 믿음을 침례로 고백하고, 하나님의 말씀에 헌신된 그들이 지역적으로 모인 무리를 교회라고 합니다. 그리고 교회의 직분으로는 목사와 집사가 있습니다. 지역 교회 local church 는 주님이 세우신 중요한 제도입니다.

사도 바울은 자신의 서신에서 각 지역의 교회들에게 편지를 썼습니다. 예수님도 일곱 교회에게 편지를 보내면서 각 개교회의 인도자들에게 말씀하셨습니다 계 2장.

주님의 지상 명령을 수행하는 면에서 볼 때 하나님 계획의 중심은 바로 교회입니다. 교회의 목적은 위로는 하나님의 영광을 위하고, 밖으로는 복음 전도와 세계 선교를 위하며, 안으로는 세움, 즉 그리스도의 형상을 닮도록 양육하여 재생산하도록 하는 데 있습니다. 그러므로 교회는 구령하고 침례를 베풀고 선교사를 보냅니다. 또한 말씀을 가르치고 교제하며 예배를 하기 위해 모입니다. 교회의 모임에 참여하지 않으면 좋은 그리스도인이라고 말할 수 없습니다.

예수 그리스도는 교회를 위하여 죽으셨습니다. 하나님께서는 교회를 사랑하십니다. 성경에서 교회에 대하여 여러 가지로 묘사하고 있는데 그중 세 가지만 살펴보도록 하겠습니다.

I. 교회는 성전聖殿이다

마태복음 16:18에 보면 예수님이 반석 위에 자신의 교회를 세운다고 말씀하셨습니다. 반석은 예수 그리스도입니다. 여기서 세운다는 말은 건축한다는 말과 같습니다. 예수님은 교회를 건물을 세우는 것에 비유해서 말씀하셨습니다. 오해가 없으시기 바랍니다. 교회는 예배당 건물을 말하는 것이 아닙니다. 여기서 교회를 세운다는 말은 영적인 건물을 세운다는 뜻입니다. 교회는 예수 그리스도가 친히 모퉁잇돌이 되시고 성도들은 산 돌이 되어 신령한 집을 세워 가는 것입니다. 즉 영적인 건물입니다.

에베소서 2:20-22에 보면 "너희는 사도들과 선지자들의 터 위에 세우심을 입은 자라 그리스도 예수께서 친히 모퉁잇돌이 되셨느니라 그의 안에서 건물마다 서로 연결하여 주 안에서 성전이 되어가고 너희도 성령 안에서 하나님의 거하실 처소가 되기 위하여 예수 안에서 함께 지어져 가느니라"라고 말씀하고 있습니다. 성도들이 바로 성령이 거하실 처소가 된다고 말씀하신 것입니다. 그러므로 교회는 하나님의 영이 거하실 처소입니다.

하나님께서는 광야에서 이스라엘에게 이동하는 예배 처소인 성막을 지으라고 말씀하셨습니다. 하나님께서 모세에게 지시하신 대로 성막이 완성되었을 때, 그 성막에 구름이 덮였습니다. 하나님께서 그곳에 임하셨습니다. 하나님의 영광이 나타났습니다. 모든 예배와 제사가 성막에서 행해졌습니다. 그곳은 하나님의 임재하심이 있는 처소였습니다.

후에 하나님을 예배하는 영구적인 처소로 솔로몬에 의해 성전이 건축되었습니다. 성전이 봉헌되자마자 하나님의 임재하심이 가시적으로 충만하였습니다. 그분의 영광이 그곳에 가득함을 볼 수 있었습니다. 그곳이 하나님의 거하실 처소였습니다.

그러나 신약 시대에는 하나님께서 사람의 손으로 지은 건물에 머물지 않으십니다. 사도행전 17장에 보면 사도 바울이 아덴에 전도하러 갔습니다. 그곳 아덴에서는 "알지 못하는 신에게"라는 단을 쌓아 놓았습니다. 사도 바울이 그것을 보고 우주와 그 가운데 있는 신께서는 손으로 지은 성전에 계시지 않다고 했습니다 행 17:24. 하나님께서는 사람의 손으로 지은 것이 아닌 새로운 종류의 건물인 '성전'에 거하십니다. 즉 교회가 하나님의 성전입니다. 고린도전서 3:11에도 보면 예수 그리스도가 교회의 터라고 말씀하고 있습니다.

첫 번째 성전인 성막은 천과 짐승의 가죽으로 만들었습니다. 두 번째 성전은 돌과 백향목으로 지었습니다. 세 번째 성전인 교회는 구원 받은 사람들로 지어졌습니다. 예수님이 그 모퉁잇돌이 되시고 성도들은 산 돌이 되어 지어졌습니다. 교회는 하나님의 임재하심이 있으며 하나님의 영광이 나타나는 곳입니다. 그러므로 그리스도인들은 하나님의 영광을 드러내야 합니다. 그래서 이렇게 찬송합니다.

형제 안에서 하나님의 영광을 보네.
자매 안에서 하나님의 영광을 보네.

성도들이 함께 모여 예배할 때 성령이 역사하시고, 하나님의 영광이 나타납니다. 그렇기 때문에 우리의 모임 속에서 하나님을 만날 수 있습니다. 그러할 때 우리는 변화를 경험합니다. 그러므로 모이기에 힘써야 합니다.

II. 교회는 그리스도의 몸이다

"그는 몸인 교회의 머리라 그가 근본이요 죽은 자들 가운데서 먼저 나신 자니 이는 친히 만물의 으뜸이 되려 하심이요" 골 1:18.

그리스도는 몸인 교회의 머리이십니다. 교회는 몸으로서 머리인 그리스도를 바라보아야 합니다. 그리스도의 인도하심과 그분의 양육하심을 받아 하나님의 거룩한 목적을 이루기 위해 하나가 되어야 합니다.

교회는 세상에서 하나님 쪽으로 갈라진 믿는 자들이 지체가 되어 몸을 구성하는 것입니다. 그런 의미로 본다면 교회는 조직일 뿐만 아니라 유기체입니다.

교회는 생명력이 있어 성장하고 일을 할 수 있습니다. 생명을 제거하지 않고는 머리와 몸을 분리할 수 없는 것처럼 그리스도와 교회는 분리될 수 없습니다. 머리와 몸은 하나가 되어 생명으로 연결되어 있습니다. 몸의 지체가 각기 다른 기능을 하지만 서로 의존되어 있는 것처럼, 교회의 지체들도 은사가 다르고 기능이 다르지만 하나를 이룹니다.

상호 의존되어 있습니다.

그리스도 안에서 하나라는 것은 획일적인 것을 말하지 않습니다. 그것은 '다양성 중의 통일성'을 이루고 있는 것을 가리킵니다. 성령께서 각 지체들에게 은사를 주시고, 그 은사에 따라 사역을 하게 됩니다. 그러므로 사역은 각각 다르지만 한 목표를 가집니다.

사도 바울은 고린도 교인들에게 서로 한마음이 되어 돌아보라고 권면합니다. 한 지체가 고통을 받으면 모두가 고통을 받고, 한 지체가 영광을 얻으면 모두가 즐거워하기 때문입니다 고전 12:25-26. 각 교회 지체는 동일한 책임이 있습니다. 각 지체는 자기 기능을 하면서 몸의 다른 지체들과 조화를 이루어야 합니다. 그것이 교회입니다. 내 기분과 내 원하는 대로 할 수 있는 것이 교회가 아닙니다.

그렇기 때문에 그런 교회의 지체가 되려면 하나님께로부터 태어나야 합니다. 예수 그리스도를 구주로 시인하여 거듭난 사람이 믿음으로 그리스도와 동일시하는 침례를 받아 지역 교회의 회원이 될 수 있습니다.

III. 교회는 그리스도의 신부이다

에베소서 5:22-25을 보면 다음과 같이 말씀하고 있습니다.

"아내들이여 자기 남편에게 복종하기를 주께 하듯 하라 이는 남편이 아내의 머리 됨이 그리스도께서 교회의 머리 됨과 같음이니 그가 친히 몸의 구주시니라 그러나 교회가 그리스도에게 하듯 아내들도 범사에 그 남편에게 복종할지니라 남편들아 아내 사랑하기를 그리스도께서 교회를 사랑하시고 위하여 자신을 주심같이 하라"엡 5:22-25.

또한 에베소서 5:32에는 "이 비밀이 크도다 내가 그리스도와 교회에 대하여 말하노라"라고 말씀하고 있습니다. 그리스도와 교회의 관계에 대하여 말하기 위해 남편과 아내의 관계를 예로 들어 말씀하고 있습니다. 그리스도와 교회를 부부 관계로 묘사하여 교회를 신부라고 말씀합니다.

신부는 정결해야 합니다. 신부는 거룩해야 하며, 남편에게 순종하고 복종해야 합니다. 그와 마찬가지로 교회는 그리스도께 정결하고 거룩하며 그리스도의 말씀에 순종하고 복종해야 합니다.

그리스도와 교회는 부부 관계와 같습니다. 그러므로 교회는 영원한 관계입니다. 교회는 사랑으로 하나 되어 연합된 관계입니다. 또한 예수 그리스도가 교회를 사랑하여 자신을 주신 것처럼 사랑으로 헌신된 관계가 되어야 합니다. 교회는 하나님의 말씀 쪽으로 갈라져 서로 사랑하고 헌신되며 정결해야 합니다. 교회는 그리스도의 신부이기 때문입니다.

하나님께서 이 땅에 가장 중요한 제도인 교회를 주셨습니다. 이 교회가 하나님께서 원하시는 교회가 되어야 합니다.

성전으로 묘사한 교회는 하나님의 임재하심과 그분의 영광과 거룩함을 말씀합니다. 교회는 죄악 된 세상으로부터 분리되어야 합니다. 또한 몸으로 묘사한 교회는 생명이 있는 유기체로서 하나가 되어야 합니다. 그럴 때 능력이 있습니다.

그리고 신부로 묘사한 교회는 정결하고 사랑과 헌신이 있어야 합니다. 그리스도의 말씀을 중요하게 여기고 그 말씀에 순종하고 그리스도 앞에서 정결한 모습이 되어야 합니다. 그런 교회는 아름다운 간증이 있고, 능력이 있는 교회가 될 것입니다.

교 · 회 · 의 · 사 · 명

교회의 각성

행 2:42-47

　금번 선교 여행 중에 찰스 스윈돌Charles Swindoll이 저술한 『교회의 각성』The church awakening을 구입하여 귀국하는 기내에서 읽게 되었습니다. 그는 책 서두에서 우리가 주의를 기울이지 않고 있는 사이에 모든 것이 혼란의 수렁에 빠져들었다고 했습니다.

　우리의 세상은 이미 우리 조부모의 세상……그런 문제에서 보면 우리 부모들의 세상도 아니다. 우리가 주의를 기울이지 않고 있는 동안에 사물이 변화하고 있었으며 사물이 부식해 가고 있었음을 나는 말하지 않을 수 없다.
　우리가 말하는 모던 세상modern world에서 포스트모던 세상postmodern world으로 알지 못하는 사이에 빨려 들어갔다. 우리는 크리스천 시대a

Christian era에서 포스트크리스천 시대post-Christian era로 부동浮動해 왔다. 그러므로 교회에 대한 호감이 덜해지고 오히려 안티 그룹이 생겼으며 그 어느 때보다 성경에 대한 태도를 단절시키고 있다. 오늘의 시대 사람들은 암흑 시대 사람들보다 실제적으로 성경에 대한 지식이 없다는 것은 놀랄 일이 아니다.

미국에서 "투나이트 쇼"The Tonight Show를 진행하는 앵커 제이 레노Jay Leno가 어느 날 밤 무작위 거리 인터뷰를 하였다. 그런데 희한하고 비극적인 장면이 일어났다. 질문은 어려운 것도 아니고 속임수도 없었다. 질문은 쉬웠는데 대답은 웃지 않을 수 없는 것이었다.

앵커 레노가 한 사람에게 물었다.

"아담과 하와에게 자녀들이 있었습니까?"

그러자 한 여자가 깊이 생각하는 듯하다가 대답했다.

"아니, 아니요. 그들은 아이들을 가진 적이 없어요."

앵커가 다시 물었다.

"두 아들 형제의 이름을 대 보세요. 가인과……."

그러자 침묵이 흘렀다. 그녀는 가인Cain과 허리케인Hurricane을 생각하는 듯하다가 아무 말도 하지 않았다.

앵커가 다시 물었다.

"오케이. 그러면 롯의 아내에게 어떤 일이 일어났습니까?"

아무 대답이 없자 옆에 서 있던 한 사람이 불쑥 말했다.

"롯이 누구요?"

앵커가 대답했다.

"힌트를 드리지요. 롯의 아내가 무엇으로 변했지요?"

그러자 그가 말했다.

"천사요."

레노는 또 다른 사람에게 말을 건넸다.

"사도들 중 한 분의 이름을 댈 수 있어요?"

아무 대답이 없자 계속 물었다.

"오케이. 비틀즈 멤버 네 사람의 이름을 댈 수 있어요?"

그러자 그 사람은 즉시 대답했다.

"존John, 폴Paul, 조지George, 링고Ringo!"

그곳에 모인 사람들이 환호성을 발했다.

(중략)

"창세기에 어느 두 도시가 망했습니까? 힌트를 드리지요. 소돔……."
질문을 받은 거리의 한 사람이 한참 생각하다가 대답했다.

"사담 후세인Saddam Hussein?"

온 세상이 성경의 기초적인 사실에 무식할 뿐 아니라 대부분 사람들이 절대적인 진리에 대하여 회의적이거나 그런 진리는 없다고 확신하고 있다. 기만은 간교해서 무엇이 옳고 그른 것인가를 분별할 수 없게 한다. 비극을 깨달았을 때는 너무나 늦었다는 사실이다. 청교도가 세운 미국에서 일어나고 있는 현상이다.

2011년 11월 11일자 금요일 조선일보와 동아일보는 같은 사건을

"괴담에 휘둘리는 사회······놀랍고 걱정된다"라는 표지 제목으로 삼았습니다. 포스트모던 시대는 혼란을 야기시킵니다. 모든 도덕적인 표준을 무너뜨리고 아무 표준도 없게 합니다. 따라서 모든 것이 상대적이고 진리가 없으며 견해가 실체가 되도록 만듭니다. 인생을 말할 때 사실 그대로 성실하게 해석하는 대신에 감정적으로 해석합니다. 현실이 현실로 나타나지 않고 허상의 현실virtual reality이 그 자리를 차지합니다. 하나님의 말씀, 성경이 말하는 진리를 바탕으로 하는 객관적인 교훈을 생각하지 않고, 자신이 으뜸이 되어 주관적이고 수평적이고 인본주의적인 관점에서 생각하려고 합니다.

수십 년 전에 신학자 프란시스 쉐퍼Francis Schaeffer는 다음과 같은 글을 남겼습니다.

> 여기에 복음주의의 큰 재앙이 있다. 진리로서 진리를 위해 서려는 복음주의 세계의 실패이다. 그것을 한마디로 표현하면 영합accommodation이다. 복음주의 교회가 이 시대의 세상의 영the world spirit of the age에 영합迎合한 것이다.

50년이 넘게 사역을 해 오면서 교회가 각성해야 할 당위성을 절감하고 있습니다. 그 어느 때보다 더 열정과 헌신이 있음을 고백하지 않을 수가 없습니다. 기독교는 계시의 종교이기 때문에 하나님의 말씀 속에서 강조된 은혜를 말하면서 증인의 인격이 훌륭해야 합니다. 예수님이 교회를 세우신 마스터플랜master plan을 유의해야 합니다.

"또 내가 네게 이르노니 너는 베드로라 내가 이 반석 위에 내 교회를 세우리니 음부의 권세가 이기지 못하리라" 마 16:18.

교회란 말은 신약성경에서 예수님이 처음으로 사용하신 말씀입니다. 교회라는 뜻의 헬라어 에클레시아ekklesia는 'ek' from, out off, 무엇으로부터와 'klesis' calling, called out, 불러내다의 합성어로, 그리스에서 국가의 일을 논의하기 위하여 모이는 시민들의 모임을 뜻하였습니다. 다시 말하면 교회는 어떤 목적을 위하여 한 지역에서 모이는 회중assembly을 의미하고 있습니다.

신약성경에서 말하는 교회의 명제적命題的 의미는 '예수 그리스도를 구주로 믿고, 즉 예수 그리스도의 피로 구속함을 받은 사람들행 20:28이 침례를 받으므로행 2:41 세상을 향하여 그의 믿음을 증거하고 하나님의 목적을 위하여 지역에서 모이는 회중'입니다. 그리스도를 반석으로 삼고 그 기초 위에 한 사람 한 사람이 신령한 돌이 되어 세워지는 신령한 집이 바로 하나님의 성전입니다.

사도 바울은 가는 곳마다 그리스도의 복음을 전하였고, 믿는 그들로 갈라디아 교회, 에베소 교회, 빌립보 교회, 데살로니가 교회, 고린도 교회 등을 세웠습니다. 교회를 세웠다는 것은 예배당을 세웠다는 의미가 아닙니다. 그때는 대체로 집에서 모였기 때문입니다.

우리말 성경에 '교회'라는 말이 110번, 영어 성경KJV에 'church, churches'라는 말이 115번 나옵니다. 헬라어 성경에는 교회라고 번역된 '에클레시아'라는 말이 우리말 성경이나 영어 성경보다 적지만 사도행전 19장에는 3번 더 사용하고 있습니다. 사도행전 19:32에 "모인 무리", 19:39에 "민회", 19:41에 "모임" 등은 교회가 아닌 다른 모임을 말하고 있습니다.

우리 교회 이름은 불광동 성서침례교회입니다. 예수 그리스도를 구주로 믿고 성경만이 무오한 하나님의 말씀이요 유일한 권위이며 삶의 지침이라는 고백과 함께 침례교도들의 성경적 유산을 이어받고, 주님의 지상 명령을 수행하기 위하여 불광동에서 모이는 희중이 바로 우리입니다.

저는 오늘 본문을 통하여 초대 교회인 예루살렘 교회의 본질적인 요소, 즉 근본적인 특징을 생각하며 교회의 목표에 대하여 말씀드리고자 합니다. 우리가 유의해야 할 것은 교회의 근본적인 요소로부터 이탈되는 현상이 나타나기 시작하면 교회는 점진적으로 부식되고, 예수님이 세우신 교회가 아니라 딴 기관이 되고 만다는 사실입니다.

토저A. W. Tozer 목사는 "세상은 하나님으로부터 오는 음성, 진정한 음성을 듣고자 기다리고 있다. 다른 사람들이 하고 있는 것이나 말하고 있는 말의 산울림이 아닌 진정한 음성을 듣고자 한다."라며 교회가 해야 할 중요한 사명을 강조하였습니다.

I. 예배 worship

"저희가 사도의 가르침을 받아 서로 교제하며 떡을 떼며 기도하기를 전혀 힘쓰니라" 행 2:42.

예루살렘 교회 성도들은 기도하는 그리스도인들이었습니다. 그들은 믿는 자들의 공동체, 몸으로 주님을 찬양하고, 그들의 죄를 자백하며, 다른 사람들을 위한 중보 기도를 하고, 필요를 채워 주시도록 간구하고, 그들이 받은 축복을 인하여 감사 기도를 드렸습니다. 그들은 예수님이 가르쳐 주신 대로 기도하였습니다.

기도는 아버지 하나님에 대한 믿음이며 하나님께서 모든 것을 이루신다는 믿음입니다. 하나님께서 제일 좋은 것으로 주신다는 믿음입니다. 예수님이 세우시리라고 약속하신 교회라면 기도하는 그리스도인이 되어야 합니다.

그들은 하나님께 예배드리는 그리스도인들이었습니다. 예배는 기본적으로 네 가지를 포함합니다. 물론 넓은 의미로는 우리 삶 전체가 예배이지만 모임에서 예배는 기도prayer, 찬양praise, 드림giving, 말씀 전파 preaching the word를 포함합니다. 그리고 침례와 떡을 떼는 주의 만찬이 있습니다. 우리는 사도행전 2장에서 그들이 모여 예배하는 모습을 통해 그와 같은 요소들을 보게 됩니다.

"전專혀 힘쓰니라" 행 2:42.

이 말씀은 '계속하여 자신을 드리고 흔들리지 않는다.'는 의미를 지니고 있습니다. 온 마음을 다하는 열정과 헌신을 뜻합니다.

"사람마다 두려워하는데" 행 2:43.

예배를 드리는 중에 두려움과 경외함이 각 사람에게 임했습니다. 하나님의 거룩하신 임재를 경험하였습니다. 그것은 경직되었다는 뜻이 아닙니다. 그들은 오히려 "기쁨과 순전한 마음"행 2:46이 있었습니다. 그들의 모임에는 기쁨이 있었고, 축제적인 분위기였고, 마음이 갈라지지 않고 하나로 집중되어 있었습니다.

"하나님을 찬미하며"행 2:47.

그들은 하나님을 찬양했습니다. 그들의 예배에는 기쁨과 찬양이 넘쳤습니다. 하나님께서는 예배하는 자를 찾으십니다. 우리를 구원해 주신 목적 가운데 하나는 우리가 예배자가 되도록 하시는 것입니다.

"아버지께 참으로 예배하는 자들은 신령과 진정으로 예배할 때가 오나니 곧 이때라 아버지께서는 이렇게 자기에게 예배하는 자들을 찾으시느니라" 요 4:23.

하나님을 만나 뵙는 기대감을 가지고 예배를 드릴 때 감동과 경외함이 있고, 비로소 예배하는 자는 변화를 경험합니다.

"날마다 마음을 같이하여 성전에 모이기를 힘쓰고"행 2:46.

그 당시에는 예배당이 없었습니다. 그들은 집에서 집으로 돌아가며 모임을 가졌습니다. 그럼에도 불구하고 모이기를 힘썼습니다. 모이는 일에 열정과 헌신이 있었습니다. 예배의 신학적 의미는 '예배하는 자가 하나님의 모든 속성에 전인적으로 반응하여 하나님을 만났다는 주관적이고 신비적인 체험과, 하나님께 순종함으로 변화가 일어나는 객관적인 체험'입니다.

기도할 때 하나님 앞에 있다는 의식이 있습니다. 찬양할 때, 신령한 노래를 부를 때 하나님의 임재하심을 경험합니다. 감동이 있고 축제적입니다. 또한 하나님 앞에 드릴 때 가장 좋은 희생 제물 best sacrifice을 드립니다. 말씀이 전파될 때 하나님께서 하시는 말씀을 받아 그 말씀 앞에 부복하고 자신과 삶을 드립니다. 분명한 변화가 있으며, 예배 후에 하나님을 만난 감격에 사로잡힙니다. 그와 같은 예배를 한번 경험하면 다른 것으로는 만족할 수 없습니다. 그와 같은 예배가 그리울 때가 많습니다.

II. 가르침 the apostles' doctrine

"저희가 사도의 가르침을 받아" 행 2:42.

"믿는 사람이 다 함께 있어" 행 2:44.

"말씀을 들은 사람 중에 믿는 자가 많으니" 행 4:4.

"우리 사도들은 기도하는 것과 말씀 전하는 것을 전무하리라" 행 6:4.

"사도의 가르침을 받아" 행 2:42라는 말씀은 온전한 하나님의 말씀, 성경을 가르치는 것을 의미합니다. 하나님의 말씀을 가르치고 전하는 것이 그들의 우선순위였습니다. 그리고 성도들은 가르침을 받는 일에 헌신되어 있었습니다. 말씀은 하나님의 입에서 나오는 떡빵입니다. 복음을 듣고 주 예수 그리스도를 믿음으로 구원받은 이들은 영의 양식을 취하여 건강하게 자라야 합니다. 교회에서 말씀을 가르침받는 것을 대신할 수 있는 것은 없습니다. 하나님의 말씀을 가르치는 교육이 없으면 예수님이 세우신 교회가 아닙니다.

"너는 말씀을 전파하라 때를 얻든지 못 얻든지 항상 힘쓰라 범사에 오래 참음과 가르침으로 경책하며 경계하며 권하라" 딤후 4:2.

교회에서 하나님의 말씀을 일관되게 가르칠 때, 가르침을 받는 성도들은 다음과 같이 됩니다.

1. 안정된 믿음을 갖습니다.
2. 시련의 때에도 요동하지 않습니다.
3. 말씀을 바르게 사용합니다.
4. 영적 분별력을 갖습니다.
5. 성경적 가치관을 갖고 변화된 삶을 삽니다.
6. 그리스도의 인격을 닮습니다.

교회는 이렇듯 하나님의 말씀으로 세우는 곳입니다.
우리 교회는 축호 전도와 거리 전도로 시작하여 성경 공부로 양육하여 선교하는 교회가 되었습니다. 성경을 가르치지 않는 교회는 예수 그리스도가 세운 교회가 아닙니다.

III. 교제 Fellowship

"서로 교제하며" 행 2:42.

교회는 예배하고 배우고 떠나는 어떤 건물을 의미하는 것이 아닙니다. 교회는 서로간에 진정한 관심을 나타내 보이는 믿는 자들의 공동체입니다. 교제는 하나님의 말씀으로 가르침을 받은 그들이 하나님의 말씀으로 사는 모습입니다.

"교제"라는 뜻의 헬라어 '코이노니아' koinonia는 '사귐' fellowship, '나눔' sharing, '참여' participating 등 '함께'라는 의미를 지니고 있습니다. 구슬이 한 주머니에 들어 있는 것 같지 않고 포도가 한 송이를 이루고 있는 것과 같이 서로 짜여 있습니다.

초대 교회 그리스도인들은 복음의 교제를 하였습니다. 복음을 전하고 복음 전하는 일을 위하여 물질로 후원하는 "주고받는 일"을 하였습니다.

"빌립보 사람들아 너희도 알거니와 복음의 시초에 내가 마게도냐를 떠날 때에 주고받는 내 일에 참예한 교회가 너희 외에 아무도 없었느니라" 빌 4:15.

"오직 선을 행함과 서로 나눠 주기를 잊지 말라 이 같은 제사는 하나님이 기뻐하시느니라" 히 13:16.

교제는 나누며 참여합니다. 물질도 나누고, 즐거워하는 자와 함께 즐거워하고, 우는 자와 함께 웁니다.

"즐거워하는 자들로 함께 즐거워하고 우는 자들로 함께 울라" 롬 12:15.

마지막으로 이웃을 축복한 때가 언제였습니까? 물질을 나눈 때는 언제였습니까? 교제가 없는 교회는 주님이 세운 교회가 아닙니다.

IV. 전도

"하나님을 찬미하며 또 온 백성에게 칭송을 받으니 주께서 구원받는 사람을 날마다 더하게 하시니라" 행 2:47.

초대 교회는 구원받는 역사가 날마다 일어났습니다. 그들은 온 백성으로부터 칭찬을 들었습니다. 사람들은 그리스도인들에게 호감을 가졌습니다. 왜냐하면 그들이 변화된 삶을 살았고, 예수님의 가르치심을 그들의 삶에서 보여 주었기 때문입니다. 그들은 물질과 도덕적인 생활에서 깨끗하고 이웃에게 감동을 주었습니다. 그리고 서로 사랑하며 하나가 되어 있었습니다.

복음의 메시지가 교회 안에만 머물러 있지 않았습니다. 그들은 나가서 말씀을 전파하였습니다. 사도행전 5:28에 보면 "너희 교를 예루살렘에 가득하게 하니"라고 말씀하고 있듯이, 그들은 복음이 예루살렘에 가득 차게 전하였습니다.

"저희가 날마다 성전에 있든지 집에 있든지 예수는 그리스도라 가르치기와 전도하기를 쉬지 아니하니라" 행 5:42.

그들은 온 백성에게 칭찬을 듣는 매력적인 교회요, 감동을 주는 교회였습니다. 그들의 전도는 능력이 있었습니다. 그들은 날마다 전도하기를 쉬지 않았습니다.

스펄전Spurgeon 목사는 전도를 다음과 같이 세 가지로 정의했습니다.

1. 하나님의 복음 진리를 가르치는 것이다.
2. 삶을 통한 감동이다.
3. 성령을 통한 거듭남이다.

초대 교회 그리스도인들은 성령 충만하였고, 그들의 삶은 감동을 주었으며, 그들의 전도는 능력이 있었습니다. 그들의 삶이 바로 전도였기 때문입니다.

"오직 성령이 너희에게 임하시면 너희가 권능을 받고 예루살렘과 온 유대와 사마리아와 땅 끝까지 이르러 내 증인이 되리라 하시니라" 행 1:8.

한 가지 안타까운 것은 예루살렘 교회가 유대인에게만 전도하는 편견이 있었다는 점입니다. 그들은 주님의 지상 명령을 수행하긴 했지만 다 수행하지는 않았습니다. 교회는 120명에서 10만 명에 가깝게 늘어났지만 스데반의 일로 핍박을 받고 사도들만 남고 교회가 흩어졌습니다. 흩어진 이들 중 일부는 수리아 안디옥까지 이르렀습니다. 그들도 처음에는 유대인에게만 전도했으나 하나님의 섭리로 이방인들에게 복음이 전해지기 시작했습니다. 안디옥 교회가 바나바와 바울을 선교사로 파송하고 드디어 선교가 시작되었습니다.

1959년에 배스킨 선교사님은 그 가족과 함께 전쟁으로 피폐하고 가난한 한국 땅에 복음을 가지고 오셨습니다. 저는 그분으로부터 복음을 듣고 예수 그리스도를 구주로 믿었습니다. 그리고 우리 교회가 개척되었습니다. 1977년에 본당 건축을 위하여 미국 교회들로부터 모금할 때, 건축을 도와주면 선교로 보답하겠다고 약속했습니다. 그리고 1980년대에 한국의 경제가 나아지고 해외에 송금을 할 수 있게 되었을 때, 선교는 우리의 책임이라는 강력한 부담을 갖게 되었습니다. 그때부터 선교사를 후원하거나 파송하는 선교 지향적인 교회 모습이 되려고 애써 왔습니다.

2010년에 성서침례대학원대학교 후원, 개척 교회 후원 및 해외 선교사 후원 등 73개 이상의 프로젝트project를 위해 교회인 여러분이 471,217,000원을 지원하였습니다. 우리는 더욱 할 수 있기를 바라는 아쉬움이 큽니다. 우리가 우선적으로 밖의 필요를 위하여 보내는 것은 교회 재정이 남아서가 아닙니다. 우리의 사명이기 때문입니다. 그러므로 우리는 우리의 필요를 위하여 간절히 기도합니다.

교회는 바로 여기 모인 구원받은 '우리'입니다. 우리의 예배는 어떻습니까? 하나님의 말씀에 대한 우리의 반응은 어떠합니까? 우리는 참으로 교제합니까? 주고 나누며 함께 울고 함께 웃습니까? 우리의 전도와 선교는 능력이 있습니까?

이상의 본질적인 요소가 없는 교회는 예수님이 세우시겠다고 약속한 교회가 아닙니다. 교회의 본질적인 요소에서 이탈하는 것을 주의해야 합니다. 부식은 모르는 사이에 서서히 일어납니다. 우리는 교회의 근본적인 일에 열정과 헌신으로 참여하고 있습니까? 교회가 교회 되기 위하여 우리의 드림이 부식되지 않았는지 생각해 보시기 바랍니다.

로이드존스Lloyd-Jones 목사는 다음과 같이 말했습니다.

> 교회가 세상과 완전히 다를 때, 교회는 반드시 세상을 끌어당긴다. 처음에는 교회가 전하는 메시지를 싫어했을지라도 그때 세상은 교회가 전하는 메시지에 귀를 기울이게 된다.

교회는 예수 그리스도의 피로 구속함을 받은 믿는 자들이 하나님의 목적을 위하여 지역적으로 모인 무리들입니다. 그 놀라운 예수 그리스도를 개인적으로 알고 있습니까? 그렇지 않다면 바로 오늘 그 예수 그리스도를 여러분의 개인의 구주로 영접하실 수 있기를 바랍니다.

교·회·의·사·명

주여, 부흥을 주옵소서!
대하 7:14

2007년 1월 14일자 기독교연합신문 표지 기사에 다음과 같은 글이 실렸습니다.

2007년은 1907년 평양 장대현 교회에서 회개의 물결이 쏟아져 대부흥의 불길이 일어난 지 꼭 100년이 되는 해로서 부흥을 위한 각성이 일어나고 있습니다. 1907년엔 기독교인들의 숫자가 7만 명으로 인구의 1%도 되지 않았지만 도박과 술, 절망에 취한 사회를 자발적 회개 운동으로 이끌면서 교회가 우리 민족의 소망이 되는 계기가 되었습니다.

한국대학생선교회CCC 명예총재인 고故 김준곤 목사는 2007년 1월호 『목회와 신학』과의 인터뷰에서 다음과 같이 말했습니다.

지난 한해 동안 3,000개의 교회가 문을 닫았으며 70%의 교회가 100명 미만 교회이거나 미자립 교회입니다. 그리고 전체 인구 대비 기독교인의 수는 18.3%로 감소하였습니다. 얼마 전에 CCC에서 대학생 22만 명을 대상으로 설문 조사를 실시하였는데, 그중 단 4%만 교회에 다니겠다고 응답하였습니다. 교회의 위기입니다.

1987년 10월 23일자 국제 성서침례교회 기관지인 『뱁티스트 바이블 트리뷴』Baptist Bible Tribune 지에 빨간 글씨로 쓰인 제목의 기사가 실렸습니다. 그것은 "20세기에 가장 중요한 것은 진정한 부흥이다."였습니다.

21세기를 맞은 오늘날 교계에서 가장 필요한 것은 여전히 그리스도인의 참된 헌신과 진정한 부흥입니다. 그것이 현실이요, 실제인 것을 봅니다. 오늘날처럼 기독교의 이름이 많이 사용된 적은 드물었다고 생각됩니다. 많은 분야에서 그리스도의 이름을 사용하며, 여러 가지 행사에 그리스도의 이름을 사용합니다.

오늘날 한국에는 각 교파를 대표하는 세계 최대의 교회들이 서울 장안에 있습니다. 그러나 교회들을 보면서 주님이 무엇이라고 말씀하실까 생각해 보지 않을 수 없습니다.

한국기독교목회자협의회는 2006년 12월 13일부터 27일까지 1,006명의 성도들(남성 42%, 여성 58%)을 대상으로 "2007년 한국 교회 대부흥 100주년을 맞이하는 성도들의 의식 조사"를 실시했습니다. "2007년 대부흥 100주년을 맞이하여 부흥을 사모하는 것에 대해 어떻게 생각하는가?"라는 질문에 응답자 중 59.4%가 "매우 필요하다."라고 응답하였고, 37.5%가 "필요하다."라고 응답하였습니다. 즉, 전체 응답자의 96.9%는 "한국 교회가 대부흥 100주년을 기념하고 사모할 필요가 있다."라고 응답한 것입니다. 이는 한국 교회 대부분의 성도들이 부흥을 사모하고 있음을 보여 준 것이라 할 수 있습니다.

"한국 교회의 부흥을 위해 무엇이 필요하다고 생각하는가?"라는 질문에는 응답자의 과반수에 가까운 46.9%가 "전국 교회의 철저한 회개 운동"이라고 하였습니다. 이는 영적 각성의 필요성을 지적한 것입니다.

고故 하용조 목사는 2007년 1월호『목회와 신학』에서 "부흥은 변화로 나타나야 한다. 삶이 변하고 사고방식이 변하며 체질이 변하고 문화가 변하는 운동이 일어나지 않으면 온전한 부흥이 될 수 없다. 지금 우리나라는 도박, 마약, 음주, 음란, 부패, 거짓말, 낙태 등이 너무 심각한 상태에 있다. 이것이 우리 사회의 도덕적 수준이기에 여기에 변화가 꼭 필요하다."라고 말하기도 했습니다.

우리는 세계적으로 또는 우리나라에서, 지역 사회에서, 우리 가정에서 하나님의 역사하심과 하나님의 활동하심을 체휼해야 합니다. 역사를 주도하시는 하나님, 그 가운데서 섭리하시는 하나님께서는 그리스도인들을 쓰고자 하십니다. 그러나 우리 그리스도인들이 참된 영적 부흥을 경험하지 않고 영적 각성을 하지 않아서 하나님에 의해 쓰일 수 없는 위치에 있게 된다면, 마치 토기장이의 손에서 파상된 그릇처럼 쓰레기더미에 던져지는 자같이 된다면 얼마나 큰 비극이겠습니까! 그러므로 성경을 하나님의 말씀으로 믿고 예수 그리스도를 나의 구주라고 고백하는 그리스도인으로서 지금 가장 중요한 것은 영적 각성이요 부흥입니다.

I. 부흥이 아닌 것은 무엇인가?

부흥은 단지 많은 회중을 얻는 수단이 아닙니다. 부흥이 있을 때 사람들이 죄를 회개하고 하나님께 돌아오는 역사가 더해지는 것은 사실입니다. 그렇지만 부흥은 많은 회중을 얻기 위한 수단은 아닙니다.

또한 부흥은 거대한 복음 전도 그 자체도 아닙니다. 그것은 부흥의 결과로서 날마다 영혼이 구원받아 더해지는 역사는 있을 수 있으나, 어떤 구령이나 전도 프로그램 자체가 부흥은 아닙니다. 부흥은 사역이 성공적으로 보여지는 것이 아닙니다. 부흥은 사역의 목표를 달성하기 위한 어떤 수단이 아닙니다.

II. 참된 부흥은 무엇인가?

우리말 대사전에 '부흥'이라는 말을 찾아보니 '한 번 쇠퇴한 것이 다시 성하여 일어남'이라고 했습니다. 영어로 '부흥'revival은 라틴어의 두 단어에서 온 합성어입니다. 하나는 '다시're라는 의미이며, 다른 하나는 '살다'vivo라는 의미입니다. 그러므로 '다시 한번 살아나게 되었다.'는 뜻입니다.

부흥은 전적으로 하나님의 활동하심으로써 쇠퇴하던 것이 다시 한번 소성하게 되고, 살았다는 이름은 있으나 산 것 같지 않은 그가 참으로 살아 있는 존재로 소성된 것을 말합니다.

위대한 부흥사였던 찰스 피니Charles Finney는 부흥에 대해 이렇게 말했습니다.

> 하나님에 대한 순종의 새로운 시작이며, 그리스도인들이 먼저 깊은 회개와 마음을 쪼개며 하나님 앞에서 겸손으로 자기를 낮추며 죄를 버리는 것이다.

제이 에드윈 오어J. Edwin Orr는 "부흥은 주님으로부터 새롭게 되는 때요, 새롭고 의미 있게 예수 그리스도를 사랑하는 것이며, 영적 각성으로 영적 자각을 다시 얻는 것이다."라고 하였습니다.

사랑하는 여러분! 주님을 사랑하십니까? 주님을 사랑하는 마음이 전보다 오늘이 더 새롭습니까? 참된 부흥은 새롭게, 새로운 의미로 더욱 주님을 사랑하는 것입니다. 다시 말하면 영적 각성이 있어서 영적 지각을 가지고 죄에 대해서 민감한 것을 가리킵니다. 삶을 철저히 주님 앞에 드리고자 합니다. 예수 그리스도를 닮고자 합니다. 철저히 주님으로부터 지배받는 삶과 성령 충만한 삶을 살기를 원합니다. 그러나 주님은 한 시대나 한 나라가 부흥이 필요한 때에 어떻게 처방을 내리시는지에 대해서 말씀하고 있습니다.

III. 처방

본문 역대하 7:14에는 진정한 부흥이 있을 때 그 나라가 고쳐진다고 말씀하였습니다. 그러므로 우리 그리스도인들의 삶에서 부흥은 절대적으로 필요합니다. 본문 말씀에서 말하는 부흥을 위한 처방으로 부흥의 몇 가지 조건들을 살펴보고자 합니다.

첫째, "내 이름으로 일컫는 내 백성"이라는 말씀입니다.
하나님의 백성은 어떤 사람입니까? 그들은 하나님께로부터 난 자들이며 거듭난 하나님의 자녀들, 즉 하나님의 가족의 일원이 된 자들입니다. 요한복음 1:12을 보면 "영접하는 자 곧 그 이름을 믿는 자들에게는 하나님의 자녀가 되는 권세를 주셨으니"라고 말씀하였습니다. 그러므로 부흥은 예수 그리스도를 구주로 모신 자들, 즉 하나님의 자녀가 된 여러분과 나의 생활에서부터 시작되어야 합니다.
요나서를 읽어 보면 하나님께서는 니느웨를 부흥시키기를 원하셨음을 알 수 있습니다. 니느웨에 부흥이 일어나지 못한 이유가 무엇 때문이었습니까? 니느웨에 있는 사악한 사람들 때문이었습니까? 하나님께서도 그들이 사악한 사람들인 것을 알고 계셨습니다. 그러나 그들이 사악한 것 때문에 부흥이 없었던 것이 아니라, 바로 '요나 자신'이 니느웨 부흥의 가장 큰 장애가 되었습니다.

이 말씀은 여러분과 제가 영적 부흥의 열쇠임을 깨닫게 합니다. 하나님은 세계 부흥과 우리나라의 부흥을 위해서, 영적 각성을 위해서 여러분과 저를 쓰기를 원하십니다. 한국의 영적 형편의 책임은 여러분과 제게 있습니다. 그렇기 때문에 우리는 "주님이시여, 내 안에서부터 부흥이 시작되게 하옵소서!"라고 기도해야 합니다.

둘째, "그 악한 길에서 떠나"라는 말씀입니다.

오늘날 한국에 교회의 수가 많음에도 불구하고 한국 사회에 도덕적으로 영향을 미치지 못하는 이유가 세상과 영합하기 때문입니다. 이스라엘 백성이 요단강을 건너서 여리고성을 정복했으나 조그만 아이성에서는 처참한 패배를 당했습니다. 왜 그랬습니까? 아간 한 사람의 죄 때문이었습니다. 하나님께서 아간 한 사람의 죄를 이스라엘 전체의 죄로 보셨습니다. 그때 그 죄를 다루고 그 죄가 자복되었을 때 이스라엘에게 다시금 승리가 찾아왔습니다.

셋째, 하나님의 백성이 겸비할 때 부흥은 시작됩니다.

빌립보서 2장에서 예수님이 "비우셨다"는 말씀은 '자기를 낮추셨다.'는 의미입니다. 즉 교만하지 않으셨음을 가리키는 것입니다. 그것을 신학적인 술어로 생각해 본다면 '자기 부정'입니다. 또 다른 말로 표현한다면 '깨어지는 것'입니다.

그리스도인이 깨어지지 않고 자기 고집 속에 있다면 부흥을 경험하지 못할 것입니다. 그리스도인이 깨어지지 않고 계속 무관심 속에 있다면 부흥을 경험하지 못할 것입니다. 그리스도인이 깨어지지 않고 감동받지 못하면 부흥을 경험하지 못할 것입니다. 그리스도인이 깨어지지 않고 용서할 줄 모른다면 부흥을 경험하지 못할 것입니다. 참으로 하나님 앞에 자기를 낮추면서 자신의 모습 그대로를 하나님 앞에 인정하면서 내놓을 수 있어야 합니다.

넷째, "기도하여"입니다.

이것은 부흥을 위한 또 하나의 처방입니다. 기도 없이는 주님의 사역이 불가능합니다. 기도 없는 그리스도인에게 능력 있는 삶은 불가능하며, 기도 없이 세계 선교를 감당한다는 것은 불가능한 일이며, 기도 없이 주님의 지상 명령을 수행하는 일은 불가능합니다. 오직 하나님께서 분부하신 것은 하나님의 능력으로만 수행할 수 있기 때문입니다.

여러분, 오순절의 역사가 어떻게 이루어졌습니까? 120명이 합심하여 기도한 결과로 이루어졌습니다. 그들은 기도하는 그리스도인들이었기에 부흥을 경험할 수가 있었습니다.

사랑하는 여러분! 여러분은 자신의 영적 상태에 만족하고 계십니까? 여러분은 자신이 갖고 있는 것 중에 변화되어야 한다고 생각되는 것들이 있습니까? 내가 갖고 있는 것 중에 이것만은, 이 기질만은 고쳐야 되겠다는 것이 있습니까? 삶을 살아가는 데 변화되어야만 하겠다는 부분을 가지고 주님 앞에 나아와 기도해 보신 적이 있습니까? 생활의 혁신적인 변화를 위해서 기도하십시오. 지금 부흥을 위해 기도하시지 않겠습니까?

이와 같이 고백하시기 바랍니다. "주님, 제가 여기 있습니다. 주님은 토기장이요, 저는 진흙입니다. 저를 변화시켜 주시옵소서. 제가 쓰일 수 있게 해주실 뿐만 아니라 세계에 부흥을 가져오는 데 한 부분이 되게 해주옵소서."

다섯째, "내 얼굴을 구하면"입니다.

이것은 하나님의 존전에서 산다는 의식을 가지고 사는 생활을 말합니다. 자녀들이 부모 앞에 있을 때 잘못되어 가는 것은 거의 볼 수 없는 일입니다. 그러나 부모가 보고 있지 않는다고 느낄 때 자녀들이 잘못될 가능성이 많습니다. 이것은 주님이 나와 함께 계신다는 뚜렷한 임재 의식을 말합니다.

주님은 나를 버리지도 않으시고 떠나지도 않으십니다. 주님은 내 안에 계셔서 나를 도우시고 나에게 힘을 주십니다. 하나님 앞에서 산다는 의식 속에 살기 때문에 그 삶이 정돈됩니다.

우리 그리스도인들은 그리스도와 함께 십자가에 못 박힌 자들입니다. 그래서 죄에 대하여 죽은 자요, 세상에 대하여도 죽은 자요, 자기 자신에 대해서도 죽은 자들입니다. 그분의 얼굴을 구하려 하면 주님을 더욱 알고자 하는 소원을 갖게 됩니다. 바울은 더욱 그리스도를 알려고 했습니다. 여러분도 그리스도를 더욱 알고자 하는 소원을 가지고 하나님의 얼굴을 구하고 계십니까?

사랑하는 여러분, 부흥을 원하면서 기도를 소홀히 하는 것은 위선입니다. 자신의 영적 성장을 위해 기도하면서 교회를 소홀히 하는 것은 어리석은 것입니다. 성숙하기를 원하면서 말씀을 소홀히 하는 것은 어리석은 것입니다. 윌리엄 케리William Carey가 남긴 말처럼, 하나님을 위해서 위대한 것을 시도하고 하나님으로부터 위대한 것을 기대하는 우리 모두가 되기를 소망합니다.

영광스러운 그날을 바라보며

영 · 광 · 스 · 러 · 운 · 그 · 날 · 을 · 바 · 라 · 보 · 며

낙심하지 아니하노니 고후 4:1, 8, 16

하나님의 영광을 위하여 하라 고전 10:31

달려갈 길을 잘 마무리하기 위하여 딤후 4:4-11

그분의 다시 오실 약속 살전 4:16-17

주님 앞에 서는 날 마 25:14-29

다시 시작점에 서서 고전 10:31-33

영·광·스·러·운·그·날·을·바·라·보·며

낙심하지 아니하노니
고후 4:1, 8, 16

동아일보 2009년 2월 28일자 조간에 "임시직 얻기도 바늘구멍······ 취업 현실 너무 잔혹"이란 부제 아래 "13억 울린 中 여대생 자살"이라는 큰 제목으로 다음과 같은 기사가 실렸습니다.

"임시직 하나 얻기가 이렇게 힘들다니······졸업한 뒤 직장 잡기는 얼마나 어려울까. 몸으로 때우는 일도 괜찮다고 생각해서 눈높이를 낮추었는데······."
사상 최악의 취업난을 겪고 있는 중국에서 졸업을 앞둔 여대생이 취업 스트레스를 이기지 못하고 스스로 목숨을 끊은 사실이 알려졌다. 그가 자살하기 전 2년간 쓴 10만자 분량의 일기엔 그동안 겪은 심적 고통과 현재 중국의 취업난이 고스란히 투영되어 있어 보는 이의 가슴을 아프게 하고 있다.

"집안 형편이 어려운데 대학에 오다니……나를 위해 부모님은 안 먹고 안 쓰고 변변한 옷 한 벌조차 없다.", "아 정말 피곤하다. 희망이 보이지 않는다. 아무 목표도 없이 하루하루를 지낸다. 이렇게 계속되면 어떤 나쁜 결말이 올지 모르겠다."

그는 마지막 일기에서 더는 붙들기 힘든 삶의 힘겨움을 토로했다. 류씨의 자살에 중국의 누리꾼들은 남의 일이 아니라는 반응을 보였다.

온 세상은 상처입고 낙심한 사람들로 가득 차 있습니다.

최근에 읽은 글에서 스윈돌Swindoll 목사는 자신이 겪은 경험을 말하고 있습니다. 그가 댈러스에 살고 있었을 때 어떤 전화를 받고 작고 누추한 아파트를 찾아갔습니다. 찾아간 아파트의 스크린으로 된 문 뒤에는 엽총을 든 한 남자가 서 있었습니다. 그 남자가 들어오라고 하여 들어간 후 초라한 식탁에 앉아서 한 시간여 동안 그의 가슴 미어지는 이야기를 들었습니다.

그는 등 수술을 받고 회복 중 퇴원한 사람이었습니다. 결혼에 실패하고 전처와 아들의 행방도 알 수가 없었습니다. 그런데 그의 이야기를 들으면서 벽을 보았더니 사방에 사진을 붙여 놓았습니다. 아들의 사진으로 유치원 졸업 사진부터 시작하여 야구 유니폼을 입고 야구 배트를 어깨 위에 올린 사진을 비롯하여 고등학교 때까지의 사진이었습니다. 그 사람의 삶의 중심은 실패한 결혼 생활과 만나 볼 수도 없는 아들이었습니다. 상처입은 온갖 추억 속에 갇혀 있어 어떤 말도 그 벽을 넘지 못했습니다.

그 후에 일주일도 되지 않았을 때, 그 남자는 텍사스 동부 숲 속으로 자신의 지프차를 몰고 가 그 안에서 엽총으로 자살하고 말았습니다. 그에게 생명은 싸워 견뎌야 할 아무런 가치도 없는 것이었습니다.

본문의 배경을 잠시 나누고자 합니다. 바울의 고백입니다.

"형제들아 우리가 아시아에서 당한 환난을 너희가 알지 못하기를 원치 아니하노니 힘에 지나도록 심한 고생을 받아 살 소망까지 끊어지고" 고후 1:8.

"내가 큰 환난과 애통한 마음이 있어 많은 눈물로 너희에게 썼노니" 고후 2:4.

"우리가 사방으로 우겨 쌈을 당하여도 싸이지 아니하며 답답한 일을 당하여도 낙심하지 아니하며 핍박을 받아도 버린 바 되지 아니하며 거꾸러뜨림을 당하여도 망하지 아니하고 우리가 항상 예수 죽인 것을 몸에 짊어짐은 예수의 생명도 우리 몸에 나타나게 하려 함이라" 고후 4:8-10.

"오직 모든 일에 하나님의 일꾼으로 자천하여 많이 견디는 것과 환난과 궁핍과 곤난과 매 맞음과 갇힘과 요란한 것과 수고로움과 자지 못함과 먹지 못함과" 고후 6:4-5.

"저희가 그리스도의 일꾼이냐 정신 없는 말을 하거니와 나도 더욱 그러하도다 내가 수고를 넘치도록 하고 옥에 갇히기도 더 많이 하고 매도 수없이 맞고 여러 번 죽을 뻔하였으니 유대인들에게 사십에 하나 감한 매를 다섯 번 맞았으며 세 번 태장으로 맞고 한 번 돌로 맞고 세 번 파선하는데 일주야를 깊음에서 지냈으며 여러 번 여행에 강의 위험과 강도의 위험과 동족의 위험과 이방인의 위험과 시내의 위험과 광야의 위험과 바다의 위험과 거짓 형제 중의 위험을 당하고 또 수고하며 애쓰고 여러 번 자지 못하고 주리며 목마르고 여러 번 굶고 춥고 헐벗었노라 이 외의 일은 고사하고 오히려 날마다 내 속에 눌리는 일이 있으니 곧 모든 교회를 의하여 염려하는 것이라" 고후 11:23-28.

바울은 자신의 삶을 총체적으로 이렇게 묘사하였습니다.

"우리가 마게도냐에 이르렀을 때에도 우리 육체가 편치 못하고 사방으로 환난을 당하여 밖으로는 다툼이요 안으로는 두려움이라" 고후 7:5.

낙심할 수 있는 경우라면 바울이 아니겠습니까? 그럼에도 불구하고 낙심을 딛고 일어선 사람이 바로 바울입니다. 낙심할 수밖에 없는 현실에서 바울이 어떻게 일어섰는가를 여러분과 함께 나누고자 합니다.

I. 위로하시는 하나님

"그러나 비천한 자들을 위로하시는 하나님이 디도의 옴으로 우리를 위로하셨으니" 고후 7:6.

"비천한 자들"은 '낙심하는 자들' depressed, downcast을 의미합니다. 하나님께서는 낙심한 자들을 위로하시는 하나님이십니다.

"찬송하리로다 그는 우리 주 예수 그리스도의 하나님이시요 자비의 아버지시요 모든 위로의 하나님이시며 우리의 모든 환난 중에서 우리를 위로하사 우리로 하여금 하나님께 받는 위로로써 모든 환난 중에 있는 자들을 능히 위로하게 하시는 이시로다" 고후 1:3-4.

자비의 아버지시요, 모든 위로의 하나님께서 바울과 동역자들에게 디도가 옴으로 새 힘을 얻게 하셨습니다. 그의 교제가 시원하게 하였을 뿐 아니라 고린도 교회에 대한 좋은 소식을 전하였습니다. 우리가 낙심될 때 하나님을 믿는 믿음 안에서의 참된 교제는 새 힘을 얻게 합니다. 격려의 사역, 위로의 사역 때문입니다.

중국에서 허드슨 테일러 Hudson Taylor는 선교 활동을 통하여 중국내지선교회 China Inland Mission라는 선교 단체를 만들고 복음을 전하였으며, 지금도 그가 뿌린 그리스도의 복음의 씨로 인하여 많은 결실이 있습니다. 중국 선교는 자동으로 허드슨 테일러의 이름을 연상시킵니다.

그러나 그는 한때 갈림길에 있었습니다. 마치 죽은 사람과 같았습니다. 선교사가 된 지 2년도 다 되지 못한 23세 때입니다. 후원하겠다고 약속한 후원은 이행되지 않았을 뿐 아니라 그의 선교 방법까지 비판받았습니다. 영국에 있는 연인은 그를 사랑하지 않는다는 편지를 보내왔습니다. 영국 영사는 비조약 도시에서 선교 활동을 금하였습니다.

그는 어머니에게 편지를 썼습니다. "어머니, 제 마음은 슬프고 슬프며 슬픕니다. 저는 어찌할 줄 모르겠습니다."

그때 하나님께서 허드슨 테일러에게 20년이나 더 선교 경험이 있는 스코틀랜드Scotland 출신의 경건한 선교사 윌리엄 번즈William Burns를 친구로 주셨습니다. 그는 위로의 사역을 하였습니다. 그는 허드슨 테일러가 격려할 수 있는 친구를 필요로 하는 것을 보았습니다. 번즈는 테일러를 위로하고 격려하였습니다. 그는 테일러가 주님 안에서 안식하도록, 하나님의 선하심을 신뢰하도록, 하나님의 인도하심에 의뢰하도록, 하나님께서 모든 필요를 채워 주실 것을 신뢰하도록 격려했습니다.

7개월 동안 함께 선교 여행을 하며 말씀을 전하고 함께 기도한 것이 허드슨 테일러가 그 길을 계속할 수 있게 한 잊을 수 없는 계기가 되었습니다. 후에 허드슨 테일러의 아들과 며느리는 테일러의 전기에서 이렇게 묘사하였습니다. "그의 우정은 기로에 있었던 허드슨 테일러에게 하나님께서 주신 선물이었다……. 그와 같은 우정은 생애에 최상의 축복 중의 하나였다……. 그리고 번즈의 위로와 격려가 없었다면 허드슨 테일러의 영향력도 없었을 것이다."라고 마무리하였습니다. 격려 때문에 그는 낙심에서 일어날 수 있었습니다.

II. 긍휼히 여기시는 하나님

바울은 자신이 구원받은 것은 "긍휼에 풍성하신 하나님이 우리를 사랑하신 그 큰 사랑"엡 2:4 때문이었다고 고백하였습니다. 또한 그가 사역을 하는 것도 그분의 긍휼하심을 입었기 때문이라고 고백하였습니다. 하나님의 긍휼하심을 잊지 않았으므로 낙심에서 일어날 수 있었습니다.

우리는 종종 '우리가 한 것에 대한 보답이 이것인가?'라는 생각 때문에 낙심합니다. 바울은 하나님께서 주신 사명에 따라 자신의 생명을 귀한 것으로 여기지 않고 그 길을 갔습니다. 그리하여 살 소망까지 끊어질 지경에 이르렀습니다. 그러나 그때 "나의 나 된 것은 하나님의 은혜"라는 사실, 그분의 긍휼하심 때문이라는 사실을 깨달았습니다. 그리고 "낙심하지 아니하노니"라고 말하였습니다.

바울은 자신이 하나님께서 맡겨 주신 일을 할 수 있는 자격이 없는 사람임을 알고 있었습니다. 그는 교회를 핍박하고 그리스도인들을 죽였습니다. 하나님의 긍휼하심이 아니었다면 어떻게 다른 사람들을 섬길 수 있었겠습니까!

무디Moody는 자신에게 두 가지 이해할 수 없는 것이 있다고 하였습니다. "하나는 하나님께서 어떻게 해서 나와 같은 사람을 쓰시는지 알 수 없으며, 또 하나는 어떻게 해서. 아내가 나 같은 사람하고 결혼하였는지 알 수 없다."

그 말을 들은 사람들은 왜 하나님께서 무디를 쓰셨는지 이유를 알겠다고 하였습니다. 무디는 하나님의 긍휼하심 때문임을 알고 있었습니다. 그러므로 낙심에서 일어날 수 있었습니다.

III. 속사람이 날로 새로워지기 때문이다

낙심할 수밖에 없는 상황에서 낙심하지 않게 되는 또 하나의 이유는 속사람이 날로 새로워지기 때문입니다. 바울이 고린도후서를 기록할 때 60세가 가까웠다고 추정합니다. 그가 당한 환난과 고통을 생각하면 "겉사람은 후패하나"라고 한 말을 더욱 실감할 수 있습니다. 육체의 가시가 그에게 고통을 더하였을 것입니다. 그러나 그의 속사람inward man은 날마다 새로워졌습니다. 더욱 주님을 사랑하고 더욱 헌신되었을 것입니다. 주님과의 교제는 더욱 깊어지고 그의 기도 생활은 하나님의 임재하심을 경험하며 하나님의 말씀을 대할 때 하나님의 존전에서 듣는 듯하였을 것입니다. 하나님께서 보듯이 사람을 보며 사물을 보는 시각이 더욱 뚜렷해지고 있었습니다.

제 아내와 결혼한 지 만 42년이 훌쩍 지났습니다. 아내와 결혼하기로 하고 함께 다닐 때 겁 없이 다녔습니다. 사랑하기 때문에 자랑하고 싶었습니다. 42년의 세월 속에 희로애락의 일들이 있었습니다. 서로를 바라보면 '세월이 갔구나!' 하고 절로 느낍니다. 그러나 서로를 더욱 알고 더욱 사랑합니다. 이전보다 훨씬 더 사랑합니다.

주 예수 그리스도를 만나 구주로 영접하여 구원받은 지 벌써 50년이 넘었습니다. 주님을 향한 첫사랑을 잊을 수 없습니다. 그러나 지금 이 순간, 더욱 주님을 알고 더욱 사랑한다고 고백하여도 부끄러움이 없습니다. 구원받았을 때 감격하고 헌신하고 너무 좋았으나 지금 주님 사랑하는 것과 바꿀 수 없습니다.

끝으로 하나님께서 저를 소명하셨을 때, 제게 주신 평생 붙들고 사는 말씀을 나누고 싶습니다.

"우리가 선을 행하되 낙심하지 말지니 피곤하지 아니하면 때가 이르매 거두리라" 갈 6:9.

바울은 그리스도인의 삶을 농사하는 것으로 비유하였습니다. 심을 때가 있고 추수 때가 있습니다. 그 사이에 기간이 있습니다. 씨가 싹이 나고 자라고 열매가 맺힙니다. 그 사이 기간이 있습니다. 심고 바로 거두려고 해서는 안 됩니다.

"그러므로 형제들아 주의 강림하시기까지 길이 참으라 보라 농부가 땅에서 나는 귀한 열매를 바라고 길이 참아 이른 비와 늦은 비를 기다리나니 너희도 길이 참고 마음을 굳게 하라 주의 강림이 가까우니라" 약 5:7-8.

"울며 씨를 뿌리러 나가는 자는 정녕 기쁨으로 그 단을 가지고 돌아오리로다" 시 126:6.

주 예수 그리스도를 구주로 알고 계십니까? 그분과 함께 동행하고 계십니까? 오직 예수 그리스도를 개인의 구주로 영접할 때만 그러한 축복을 누릴 수 있습니다.

영 · 광 · 스 · 러 · 운 · 그 · 날 · 을 · 바 · 라 · 보 · 며

하나님의 영광을 위하여 하라

고전 10:31

　2007년 6월 27일에 K리그 서울 FC와 울산 현대 경기에 간 적이 있었습니다. 저는 서울 FC가 이기기를 응원했지만 안타깝게도 2:1로 울산 현대에게 패하고 말았습니다. 그런데 울산 현대의 김정남 감독은 게임이 끝나자마자 눈을 감고 머리를 숙인 채 조용히 감사의 기도를 드렸습니다. 하나님께 영광을 돌려 드린 것입니다.

　『목회와 신학』 7월호에 풀러Fuller 신학대학원 총장인 리처드 마우 박사Dr. Richard J. Mouw가 인터뷰한 내용이 다음과 같이 실려 있습니다.

　저는 타이거 우즈가 골프공을 쳐서 수백 미터를 날리면 그것을 하나님께서 아름답게 받으실 것이라고 책에 썼습니다. 멋지게 퍼팅 하는 게 하나님께서 그를 만드신 이유이기 때문입니다. 이와 같이 우리는 하나님께서

주신 재능으로 하나님을 영화롭게 해야 합니다.

본문 고린도전서 10:31은 우리의 권한, 즉 자유를 사용할 때 그 목적이 이기적이 되지 않도록 주의 깊게 사용하여 하나님께 영광을 돌리라고 말씀하고 있습니다. 본문의 배경은 우상의 제물로 바쳐진 것들을 먹고 마시는 것에 관한 내용이었지만 그것에만 제한된 것은 아닙니다. 바울은 일상생활, 먹고 마시는 것, 무엇을 하든지 하나님의 영광을 위하여 하라고 명령하고 있습니다.

하나님을 영화롭게 하는 것은 우리 평생의 헌신이어야 합니다. 이는 우리의 생애에 목적이어야 합니다. 사람의 영광을 위하여 행한 것은 일시적인 것이며 곧 쇠퇴하고 말지만 하나님의 영광을 위해서 행한 것만은 영원한 것이 됩니다.

고린도전서 7:23에 보면 "너희는 값으로 사신 것이니 사람들의 종이 되지 말라"고 말씀하고 있는 것처럼, 우리는 그분의 피 값으로 산 바 된 그분의 것입니다. 하나님께서는 자신을 영화롭게 하시기 위해서 사람을 창조하셨습니다. 그러므로 사람의 사는 목적은 하나님의 영광이어야 합니다.

그러나 타락한 인간은 하나님을 영화롭게 하는 삶을 살려고 하지 않습니다. 왜냐하면 타락한 인간은 하나님을 알지도 못하며 예수 그리스도를 구주로 믿어 거듭남으로 말미암는 경건한 성품, 신의 성품에 참예하지 못했기 때문입니다 벧후 1:4.

애굽의 바로 왕은 하나님을 영화롭게 하려고 하지도 않았으며 또한 할 수도 없었습니다. 출애굽기 14:17에 보면 "내가 애굽 사람들의 마음을 강퍅케 할 것인즉 그들이 그 뒤를 따라 들어갈 것이라 내가 바로와 그 모든 군대와 그 병거와 마병을 인하여 영광을 얻으리니"라고 말씀하고 있습니다. 하나님께서는 모든 수단을 통하여 영광을 받으십니다. 바로에 대한 하나님의 메시지는 다음과 같은 것이었습니다.

"내가 너를 세웠음은 나의 능력을 네게 보이고 내 이름이 온 천하에 전파되게 하려 하였음이니라" 출 9:16.

바로 왕은 자신의 통치와 삶을 통하여 하나님께 영광을 돌리지 못했지만 멸망으로 인하여 하나님께서 영광을 받으셨습니다. 반면에 구속함을 받은 사람들은 주님을 영화롭게 할 수 있습니다. 그가 신실한 그리스도인이라면 하나님을 더욱더 영화롭게 할 것입니다.

교리 문답의 첫 번째 질문은 "인간의 주된 목적은 무엇이뇨? 인간의 주된 목적은 하나님을 영화롭게 하는 것이며 영원히 하나님을 기뻐하는 것이다."라고 기록하고 있습니다. 한 사람의 생의 최고의 목적은 하나님께 전념하는 것이며 하나님의 경이와 영광으로 가득 찬 눈으로 인생의 모든 것을 바라보는 것입니다. 이는 참으로 하나님을 예배하며 진정으로 하나님을 영화롭게 하려는 자의 모습입니다. 영광이라는 단어는 '찬양과 높임, 뛰어남, 아름다움, 명성에 합당한 어떤 것' 등의 의미를 가지고 있습니다.

하나님의 영광에는 두 가지 측면이 있습니다. 첫째는 하나님의 고유의 본질적인 영광입니다. 하나님만이 고유의 영광을 가질 수 있는 유일한 존재이십니다. 그 누구도 그분에게 영광을 준 적이 없으며 스스로 존재하신 분으로 영광은 이미 온전히 그분 것이었습니다. 아무도 그분에게 찬양을 드리지 않았다 할지라도 그분은 본래 그대로 영광스러운 하나님이십니다. 왜냐하면 하나님은 자신을 예배하기 위한 어떤 피조물을 창조하시기 전에 이미 온전히 영광스러운 분이셨기 때문입니다.

영광의 둘째 측면은 하나님께 돌려 드리는 영광입니다. 시편 29:1-2에 보면 "너희 권능 있는 자들아 영광과 능력을 여호와께 돌리고 돌릴지어다 여호와의 이름에 합당한 영광을 돌리며 거룩한 옷을 입고 여호와께 경배할지어다"라고 말씀하고 있습니다. 우리가 하나님의 능력에 아무것도 더할 수 없듯이, 그분의 영광에도 역시 아무것도 더할 수 없습니다. 시편 기자는 하나님께서 이미 가지고 계시는 영광을 인정하며 찬양하라고 말합니다.

성경에는 하나님을 영화롭게 해 드리는 실제적 방법을 제시하고 있습니다.

1. 죄의 자백

"여호수아가 아간에게 이르되 내 아들아 청하노라 이스라엘의 하나님 여호와께 영광을 돌려 그 앞에 자복하고 네 행한 일을 내게 고하라 그 일을 내게 숨기지 말라" 수 7:19.

2. 하나님을 믿는 믿음

"믿음이 없어 하나님의 약속을 의심치 않고 믿음에 견고하여져서 하나님께 영광을 돌리며" 롬 4:20.

3. 하나님을 위한 열매를 맺음

"너희가 과실을 많이 맺으면 내 아버지께서 영광을 받으실 것이요 너희가 내 제자가 되리라" 요 15:8.

"형제들아 내가 여러 번 너희에게 가고자 한 것을 너희가 모르기를 원치 아니하노니 이는 너희 중에서도 다른 이방인 중에서와 같이 열매를 맺게 하려 함이로되 지금까지 길이 막혔도다" 롬 1:13.

1961년 전남 장흥 관산에서 당시 어린이였던 주견자 사모에게 예수님을 전했고 주님을 영접했습니다. 그 후 그는 서울에 와서 우리 신학교에서 공부했고, 신학생이던 김학수 목사님과 만나 가정을 이루고 서울성서침례교회를 개척하였으며 오늘의 복된 교회로 성장하였습니다. 하나님께서는 김 목사님 내외에게 2남 1녀를 주셨습니다. 큰아들은 미국 페퍼 목사님이 시무하는 교회에서 음악 사역자로 섬기며 한인 사역을 하고 있고, 딸 명화 자매는 하버드 교육대학원 교수가 되어 우리 교회에서 공개 강좌를 하여 많은 사람에게 교훈과 큰 축복을 끼쳤습니다. 바로 이런 것이 하나님께 영광을 돌려 드리는 열매입니다.

4. 하나님께 감사

"감사로 제사를 드리는 자가 나를 영화롭게 하나니 그 행위를 옳게 하는 자에게 내가 하나님의 구원을 보이리라" 시 50:23.

전광 목사가 지은 『평생 감사』라는 책에 나와 있는 내용을 인용하고자 합니다.

토크쇼의 여왕 오프라 윈프리는 매일 감사 일기를 적는 습관이 있다고 한다. 하루 동안 일어났던 일 가운데 다섯 가지 감사 목록을 찾아 기록하는 것인데, 감사의 내용은 거창한 것이 아니고 아주 작은 일상의 것들이다.

1. 오늘도 거뜬하게 잠자리에서 일어날 수 있어서 감사합니다.
2. 유난히 눈부시고 파란 하늘을 보게 해주셔서 감사합니다.
3. 점심 때 맛있는 스파게티를 먹게 해주셔서 감사합니다.
4. 얄미운 짓을 한 동료에게 화내지 않았던 저의 참을성에 감사합니다.
5. 좋은 책을 읽었는데, 그 책을 써 준 작가에게 감사합니다.

그녀는 자신의 감사 목록을 기록하며 인생에서 소중한 것이 무엇이며 어디에 삶의 초점을 두어야 하는지 배우게 되었다고 고백한다. 그녀의 감사 생활은 하나님께 영광을 돌리며 그녀를 강한 사람으로 만들어 준 것이다.

5. 그리스도를 위하여 받는 고난

"너희가 그리스도의 이름으로 욕을 받으면 복 있는 자로다 영광의 영 곧 하나님의 영이 너희 위에 계심이라 너희 중에 누구든지 살인이나 도적질이나 악행이나 남의 일을 간섭하는 자로 고난을 받지 말려니와 만일 그리스도인으로 고난을 받은즉 부끄러워 말고 도리어 그 이름으로 하나님께 영광을 돌리라" 벧전 4:14-16.

6. 자족함이 있을 때

"내가 궁핍하므로 말하는 것이 아니라 어떠한 형편에든지 내가 자족하기를 배웠노니 내가 비천에 처할 줄도 알고 풍부에 처할 줄도 알아 모든 일에 배부르며 배고픔과 풍부와 궁핍에도 일체의 비결을 배웠노라" 빌 4:11-12.

7. 기도

"너희가 내 이름으로 무엇을 구하든지 내가 시행하리니 이는 아버지로 하여금 아들을 인하여 영광을 얻으시게 하려 함이라" 요 14:13.

8. 말씀을 전파함

"종말로 형제들아 너희는 우리를 위하여 기도하기를 주의 말씀이 너희 가운데서와 같이 달음질하여 영광스럽게 되고" 살후 3:1.

그리스도인은 무슨 말을 하든지 어떤 일을 하든지 하나님께 영광을 돌려야 합니다. 우리가 일상에서 물어야 할 세 가지 질문이 있습니다.

I. 우리는 왜 이 일을 하는가?

우리가 하는 일에 대한 동기를 반드시 살펴보아야 합니다. 우리는 바른 일을 하고 있다고 생각하지만 하나님을 섬기는 것이 아니라 자기 자신을 섬기는 경우가 있을 수 있기 때문입니다.

다윗 왕은 자신의 통치 마지막 때가 가까웠을 때 인구 조사를 시작하였습니다. 그렇게 한 그의 동기는 하나님을 영화롭게 하려는 것이 아니라 다윗 자신을 영화롭게 하기 위함이었습니다. 자신의 세력을 과시하려는 교만함 때문이었습니다. 다윗은 죄를 깨달았지만 하나님께서는 재앙을 내리셨고 7만 명의 남자들이 죽는 일이 벌어지고 말았습니다 삼하 24장.

II. 우리의 방법이 얼마나 경건한 것이었는가?

우리는 하나님을 위한 좋은 일을 그릇된 방법으로 해서는 안 됩니다. 이스라엘 백성들에게 물이 필요하자 하나님께서 모세에게 명하시기를 반석에 명하라고 하셨습니다. 그러면 물이 나올 것이라고 하셨습니다민 20:8.

그러나 모세는 백성들에 대하여 노하고 반석에 대하여 말하는 대신 반석을 쳤습니다민 20:9-11. 하나님께서는 그들의 필요 때문에 물을 주셨지만 모세가 백성들 앞에서 하나님께 영광을 돌리지 못했기 때문에 그는 약속의 땅에 들어갈 수 없었습니다.

우리는 선한 일을 선한 방법, 즉 하나님의 방법으로 해야 합니다. 때때로 하나님의 방법이 이해가 안 될 때가 있습니다. 그러나 하나님의 방법으로 할 때만이 하나님께서 영광을 받으십니다.

III. 우리가 달성하려는 목표는 과연 무엇인가?

우리가 하나님의 영광을 구한다면 우리의 목표를 살펴보아야 합니다. 성공하였다는 이미지를 세우려고 하는 것인지 아니면 하나님을 높이는 것이 목표인지를 분별해야 합니다. 요한삼서 9-10절에 보면 디오드레베라는 인물은 하나님의 영광을 생각지 않고 자신의 개인적인 힘을 추구하는 일만 전념하였습니다. 그러나 하나님께서 영광을 받으시면 그 공동체에는 아름다운 하모니가 있게 됩니다.

하나님께 영광이 되지 못하는 목표는 그것이 비록 달성되었다 할지라도 오래 가지 못합니다. 오직 그리스도를 위해 한 것만이 지속될 것입니다.

"각각 공력이 나타날 터인데 그날이 공력을 밝히리니 이는 불로 나타내고 그 불이 각 사람의 공력이 어떠한 것을 시험할 것임이라 만일 누구든지 그 위에 세운 공력이 그대로 있으면 상을 받고 누구든지 공력이 불타면 해를 받으리니 그러나 자기는 구원을 얻되 불 가운데서 얻은 것 같으리라"

고전 3:13-15.

우리는 무엇을 하든지 영원한 견지에서 목표를 세워야 합니다. 왜냐하면 그리스도를 위하여 행한 것만이 영원히 남기 때문입니다. 무엇을 하든지 그 동기나 방법, 목표를 하나님께 영광을 돌려 드리는 데 두도록 합시다.

영·광·스·러·운·그·날·을·바·라·보·며

달려갈 길을 잘 마무리하기 위하여

딤후 4:4-11

저는 존 비사그노John Bisagno 목사가 설교 중에 자신의 경험에 관해 예를 들어 말한 것을 읽은 적이 있습니다. 그는 사역을 준비하기 위하여 오클라호마 침례대학교Oklahoma Baptist University를 다닐 때, 그곳에서 한 자매를 만나 결혼하게 되었습니다. 목사였던 장인은 이제 자신의 사위가 된 젊은 목회자에게 다음과 같이 당부하였습니다. "자네, 영적 생활을 조심하고 잘 지켜 나가게. 자네같이 사역을 시작한 젊은이들이 스무 명 중의 한 명만이 그 길을 마치고 나머지는 그 길을 마무리하지 못한 채 도중하차하고 말았네."

'그 길을 마무리하지 못한 사람들'은 도덕적 문제로 실패하거나 낙심하고, 환멸을 느끼고, 쓴 뿌리가 내려 사역을 중도에 그만두게 한 경우들입니다.

비사그노Bisagno 목사는 장인의 말을 믿지 않았습니다. 그는 성경의 여백 중 한 페이지에 자기와 같이 하나님을 향하여 열정적인 젊은 목회자 스물네 명의 이름을 적어 두었습니다. 그들은 구령자들로 열심히 전도하였습니다. 그들이 하는 일의 성격상 하나님 섬기는 것이 그들의 바람이었습니다. 그러나 비사그노 목사는 해가 지나면서 자신이 적어 둔 스물네 명의 명단에서 한 사람씩 지워 가야만 했습니다. 그들은 실패 및 다른 여러 이유 때문에 사역을 그만두고 떠났습니다. 그가 강사로 말씀을 전할 그 당시 세 사람만이 그대로 남아 있었습니다.

문화적인 차이가 있겠지만 이혼이 빈번한 할리우드Hollywood의 한 보석 가게에는 "결혼반지를 빌려 줍니다."라는 광고가 있다고 합니다. 이 충격적인 광고를 평범하게 받아들이고 있다는 사실이 더 충격적입니다.

우리는 복음을 전하고, 복음을 듣고, 주 예수 그리스도를 구주로 믿는 믿음의 고백을 들을 때, 감격하고 기뻐하지 않을 수 없습니다. 그런데 복된 시작을 하고 끝을 잘 마무리한다는 것은 더욱 아름답고 복된 일입니다.

디모데후서 4장은 바울의 최후 서신으로 그의 달려갈 길을 잘 마무리한 것을 보여 주는 말씀입니다. 이 서신은 사도 바울이 로마에서 두 번째 감옥에 갇혀 있으면서 쓴 것입니다. 첫 번째 투옥되었을 때는 사슬에 매여 가택 연금이 되었지만, 두 번째 갇힌 감옥은 땅을 파고 만든 감옥으로 어둡고 침침한 곳이었으며 사실상 사형 선고를 받고 집행일을 기다리는 곳이었습니다. 바울은 사랑하는 믿음의 아들이며, 자신을 이어서 에베소에서 목회하고 있는 동역자 디모데에게 이 편지를 보내서 그가 인내하도록 동기 부여를 하고자 하였습니다. "나는 이 땅을 떠나 주님과 함께할 때가 가까웠으나 너는 포기하지 말라."

사도 바울은 하나님을 섬기는 일에 관하여 비유를 들어 동기 부여를 하였습니다. 보물과 같은 복음을 잘 지키고 전해야 할 청지기처럼, 전쟁터에서 싸우는 군사처럼, 승리하기 위하여 애쓰는 경기하는 자처럼, 주님의 포도원에서 일하는 농부처럼, 공부하는 학생처럼, 그리고 종이 되라고 권면하였습니다.

바울은 그의 말뿐 아니라 그의 삶, 그의 생애로 디고데에게 동기 부여를 하였습니다. 그는 생애를 뒤돌아볼 뿐 아니라 앞으로 사망 저편에 면류관이 기다리고 있음을 바라보는 미래 지향적 태도를 가지고 있었습니다. 세상의 표준으로 본다면 바울의 생애는 비참한 실패입니다. 그는 젊은 시절 밝은 미래를 기대할 수 있고 명성이 기대되는 랍비의 특권을 헌신짝 버리듯 버렸습니다. 그는 매를 맞기도 하고 돌에 맞기도 하였습니다. 그는 살 소망이 없어 보이는 지경에까지 이르기도 하였습니다. 고난과 멸시, 조롱과 비웃음을 당하였으며 이제 토굴로 된 감옥에 갇혀 사형 집행일을 기다리고 있는 신세가 되었습니다.

디모데후서 4:6에 보면 "관제와 같이 벌써 내가 부음이 되고"라고 말씀하고 있습니다. 바울은 자신이 섬겨 온 삶과 어떤 죽음으로 죽을 것인가를 바라보면서 디모데에게 자신을 "관제", 즉 '하나님께 최후에 드리는 제물'로 표현했습니다. "나의 떠날 기약이 가까웠도다"라는 말씀에서 "기약"time, season은 계절을 뜻하기도 합니다. 바울은 다메섹 도상에서 예수님을 만난 생의 봄을 지나, 땀 흘리고 수고하며 사역의 기나긴 여름을 달려왔습니다. 이제 인생의 가을에 체포되어 이 법정에서 저 법정으로 다니며 죽음을 맞이해야 하는 생애 겨울에 다다랐습니다.

유명한 성경 주석가 윌리엄 바클레이William Barclay는 "떠날"departure, analusis이라는 단어에는 다음과 같은 네 가지 의미가 있다고 말했습니다.

1. 짐승의 멍에를 풀어 주는 것 : 바울에게 사망은 인생의 수고로운 무거운 짐을 벗는다는 의미.
2. 결박과 사슬에서 풀어 주는 것 : 바울에게 사망은 로마의 감옥, 사슬에서 풀리고 하늘나라의 뜰에서 영광스러운 자유를 얻는다는 의미.
3. 천막의 로프를 거두는 것 : 인생의 장막을 거두고 마지막 가장 위대한 여행길에 오른다는 의미.
4. 배의 밧줄을 거두어 올리는 것 : 지중해 깊은 바다를 여러 번 지난 바울이 이제 인생의 항구에서 영원한 항구로 닻을 올리고 출항하는 것을 의미.

바울은 생애 고별사와 같고 축도와 같은 말로 디모데를 권면하고 디모데의 생애에 동기를 부여합니다. 바울은 자신의 생애를 돌아보는 추억에 잠기기도 하였습니다. 그로 하여금 달려갈 길을 잘 마무리할 수 있게 한 원리가 무엇일까요? 오늘 본문 말씀을 통하여 그 원리를 살펴보며 우리 각인이 자신의 삶을 잘 마무리할 수 있는 원리로 적용할 수 있기를 바랍니다.

I. 믿음을 위한 싸움을 싸워야 한다 7절

사도 바울은 자기 자신을 자랑하는 것이 아닙니다. 그의 강조점은 "내가" 또는 "나의"라는 1인칭 대명사에 있지 않고, 그리스도인의 생활과 사역의 성격을 강조하는 데 있습니다.

바울의 생애는 성숙함의 대명사라고 말할 수 있습니다. 그는 광풍을 헤치고 지나갔으며 그의 삶은 단단한 가죽과도 같았습니다. 말할 수 없는 기쁨과 모든 지각에 뛰어난 평강을 지닌 바울의 성숙함이 몹시 그립습니다. 어떤 형편에 있든지 자족할 수 있었던 그의 성숙함이 매우 부럽습니다. 그의 사역은 넓혀졌으며 설득력이 있었습니다. 그의 삶은 열매가 있었습니다. 주님을 닮은 그의 성숙함과 그의 사역과 그의 삶의 열매가 우리에게도 있으면 하는 간절한 바람이 있습니다.

본문은 그의 열매에 대해서 말하지 않고 그의 성숙함을 낳게 한 과정을 말하고 있습니다. 그리스도인의 생활은 복받고 부자 되고 성공하며 건강하게 되는 것에 초점을 두지 않습니다. 오히려 "싸움"agon에 있습니다. 여기서 "싸움"이라고 번역한 말은 육상 경기 술어입니다.

"이기기를 다투는 자마다 모든 일에 절제하나니" 고전 9:25.

"경기하는 자가 법대로 경기하지 아니하면 면류관을 얻지 못할 것이며" 딤후 2:5.

이 싸움은 "선한 싸움"이지 치졸한 싸움은 아닙니다. '모든 일에 절제'하며 '법대로' 하는 경기입니다. 때로는 성경의 원리에 반하는 문화와의 싸움이 있습니다. 이 세상의 신은 마귀임을 성경은 말하고 있습니다 고후 4:4.

디모데후서 4:7에서 바울은 "나의 달려갈 길을 마치고"I have finished the race라고 말씀하고 있습니다. 그는 40km 거리를 달려서 경기장 안에 들어선 후 마지막 한 바퀴를 돌고 골인 지점을 향하고 있는 마라톤 경주자와 같습니다. 그의 근육은 지칠 대로 지치고 호흡은 극도에 달했지만 그만두지 않고 달려왔습니다.

지난 베이징올림픽 마라톤 경기에서 한국의 마라토너 이봉주 선수는 28위로 들어왔지만 완주하였습니다. 엊그제 인터뷰에서 그는 다음 올림픽에 다시 도전하겠다고 하였습니다. 40세가 된 그에게 마라톤 완주는 쉽지 않겠지만 끝까지 완주하겠다는 그의 말은 제 가슴속 깊이 새겨졌습니다.

그리스도인의 삶은 항상 독수리가 위로 날아오르는 것과 같지 않습니다. 달음박질하여도 곤비치 않는 것이 아니며 걸어가도 피곤치 않는 것이 아닙니다. 그러나 주님을 앙망하면 새 힘을 얻습니다. 사역은 얼마나 빨리 달리고, 얼마나 많은 사람을 모이게 하는 데 있지 않고 '모든 견딤과 오래 참음'에 있습니다. 끝까지 포기하지 않고 인내하는 데 있습니다.

디모데후서 4:7의 "믿음을 지켰으니"I have kept the faith에서 '지키다.'는 말은 '귀중품을 지키다.'는 의미를 뜻합니다. 바울은 믿음을 받았으며 믿음을 지켜야 했습니다. 믿음을 포기하게 하는 세상의 요란한 목소리들이 너무나도 많습니다. 옛 성품의 유혹과 충동이 있습니다. 그러나 바울은 믿음을 지켰습니다. 믿음은 복음의 메시지, 그에게 맡긴 교리를 뜻합니다. 만일 바울이 믿음을 지키지 않았다면 우리가 지켜야 할 믿음이 없었을 것입니다. 우리는 이 믿음을 지키그 다음 세대에 전수하여야 할 책임이 있습니다. 그러므로 우리는 성경의 무오성과 권위를 지키고 전수하기 위해 싸워야 합니다. 우리에게 성숙함을 가져다 주는 과정이 있음을 기억해야 합니다.

II. 영원한 것에 초점을 맞추어야 한다 8절

면류관은 썩을 면류관이 아니라 썩지 아니할 면류관입니다. 2008 베이징 올림픽에서 자메이카의 우샤인 볼트는 100m, 200m, 400m 경기에서 금메달 3관왕이 되어 그의 나라를 열광시켰습니다. 케냐의 마라톤 선수는 우승을 하고 폐회식 때 온 세계가 열광하는 중에 금메달과 빨간 흑장미 꽃다발을 받았습니다. 그러나 이 또한 이 세상의 면류관입니다. 바울은 썩지 아니할 영원한 면류관을 바라보았기에 포기하지 않았습니다. 영원히 남을 상급에 대한 열망이 끝까지 가게 하는 동기부여가 되었습니다.

"우리가 선을 행하되 낙심하지 말지니 피곤하지 아니하면 때가 이르매 거두리라" 갈 6:9.

III. 친구들과 교제가 필요하다 8-11절

바울은 영원한 것에 초점을 두었을 뿐 아니라 주님 안에서 친구들과 교제하는 것을 귀중히 여기고 교제를 유지해 왔습니다. 바울은 면류관을 생각하면서 또한 동역자들을 생각하였습니다.

바울은 디모데에게 "어서 속히 내게로 오라!"라고 하였습니다. 감옥에 갇혀 있는 나이 들고 외로운 바울은 사랑하는 믿음의 아들이며 주님 안에서 친구가 되는 디모데와의 교제가 그리웠습니다.

교제는 새롭게 하고, 깨끗하게 하며, 지속하게 합니다. 혼자서는 그 길을 잘 마무리할 수 없을 뿐만 아니라 끝까지 갈 수 없습니다. 끌어 주고, 밀어 주며, 짐을 서로 나누어 져야 합니다. 그러할 때에 끝까지 갈 수 있습니다.

바울은 많은 디모데를 낳는 데 투자를 하였으며 그들은 다시 바울에게 투자를 합니다. 이는 서로간에 책임을 지는 것입니다. 우리는 서로를 필요로 합니다.

우리는 홀로 가기에는 너무나 연약한 자들입니다. 홀로 가면 끝까지 가지 못합니다. 우리에게 연약함이 있고, 실패가 있고, 아픔과 상처가 있다 할지라도 함께 가야 끝까지 갈 수 있습니다. 우리 모두는 친밀한 교제가 필요하며 서로를 향하여 마음을 열고 정직하며 헤아림을 받을 줄 알아야 합니다.

IV. 다른 사람의 실패나 허물을 용서하고 잊어야 한다 11절

우리는 마가에 대해서 잘 알고 있습니다. 바울과 바나바는 제1차 선교 여행을 떠날 때 젊은 마가를 데리고 갔습니다. 그런데 마가가 도중에 그만두고 돌아갔습니다. 그가 왜 그랬는지 우리는 모릅니다. 여하튼 도중하차를 하고 돌아간 것은 사실이었습니다. 제2차 선교 여행 때는 마가의 일로 바울과 바나바가 팀을 이루지 못하고 갈라섰습니다. 그래서 바울은 실라를, 바나바는 마가를 데리고 갔습니다.

세월은 지나고 바울은 노인이 되고 로마의 토굴에 갇혀 있으면서 디모데에게 편지를 보내어 "네가 올 때에 마가를 데리고 오라 저가 나의 일에 유익하니라"라고 말했습니다. 바울은 지나온 세월 속에 마가의 실패를 잊었거나 용서하였음이 분명합니다.

작은 상처도 잊지 못하고 가지고 다니는 사람이 있습니다. 자기가 잘못한 것들에 대해 리스트를 만들어 가지고 다니면서 수시로 바라보면서 음미를 합니다. 매번 적용을 합니다. 그러나 치유되지 않은 상처는 쓴 뿌리가 되고 맙니다. 쓴 뿌리는 비판적이 되고 결국 냉소적인 태도를 낳습니다. 기도 생활에 독이 들어가고 사역과 영적 생활을 파멸시킵니다. 가정 생활을 파괴합니다.

그리스도인의 생활이 싸움이라면 상처가 있기 마련입니다. 그리스도인의 생활이 경주하는 것이라면 부딪치고 넘어지는 것도 당연합니다. 가장 많이 투자한 사람으로부터 가장 미미한 보답을 받을 수도 있습니다. 모든 사람으로부터 다 사랑받는 것은 아닙니다. 밴드가 연주

하지 않는 곳에도 가야 할 때가 있습니다. 그럼에도 불구하고 다시 일어나서 계속해야 합니다.

"대저 의인은 일곱 번 넘어질지라도 다시 일어나려니와 악인은 재앙으로 인하여 엎드러지느니라" 잠 24:16.

제가 읽은 감동적인 이야기를 하나 들려 드리고 메시지를 마치고자 합니다. 미국 캘리포니아주에 포도원이 많은 도시로 유명한 베이커스필드Bakersfield에 밸리 침례교회Valley Baptist Church가 있었습니다. 그 교회 담임목사인 로저 스프래들린Roger Spradlin 목사 내외에게 하나님께서 귀여운 첫딸 아이를 선물로 주셨습니다. 금발에 파란 눈을 가진 이 아이는 정말 눈에 넣어도 아프지 않을 만큼 예쁜 아이였습니다. 그 아이가 자라서 초등학교 1학년이 되었을 때 학교 개교 행사가 열렸습니다. 온 가족이 함께 가야 했지만 로저 스프래들린 목사는 다른 시골에 집회를 인도하러 가야만 했습니다. 그래서 딸 아이에게 "아빠가 너하고 함께 학교에 가고 싶지만 아빠는 다른 사람들한테 예수님을 전하러 가야 한단다. 이해해 줄 수 있지?"라며 양해를 구하고 집회에 참석하기 위해 떠났습니다.

집회를 마친 뒤 전화가 걸려 왔습니다. 그 전화의 내용은 딸 아이가 교통사고를 당해 지금 응급실로 갔다는 것이었습니다. 하늘이 무너지는 듯했습니다. 응급실로 찾아갔는데 의사가 나와서 어찌할 수 없게 되었다며 아이가 세상을 떠났음을 알려 주었습니다.

며칠 후에 그의 목양실에 누군가 찾아와서 계속 노크를 했습니다. 알고 보니 아이를 친 부인이 찾아온 것이었습니다. 그를 찾아온 부인은 "저를 용서해 주시겠습니까?" Will you forgive me?라며 용서를 구했습니다. 그때 로저 스프래들린 목사는 "하나님, 저에게 은혜를 주시옵소서!"라고 기도하였고, 그때 하나님께서 힘을 주셔서 그 부인을 용서하게 되었습니다.

세월이 지나 놀라운 사역을 하고 있는 로저 스프래들린 목사는 그때 자신이 그 부인을 용서하지 않았다면 그 후에 사역을 계속할 수 없었을 것이고, 자신의 영향력은 끝이었을 것이라고 말했습니다. 잊어버리고 용서하는 것이 끝까지 가게 만듭니다.

사도 바울이 주는 삶의 원리를 우리의 삶 속에 적용하면 우리도 어느 날 끝까지 가리라 믿습니다. 하나님께서 여러분을 축복하시길 바랍니다.

영 · 광 · 스 · 러 · 운 · 그 · 날 · 을 · 바 · 라 · 보 · 며

그분의 다시 오실 약속

살전 4:16-17

요즘은 미래에 대한 관심이 굉장히 큽니다. 신문을 펴면 '오늘의 운세' 같은 내용을 가장 먼저 보는 사람이 많다고 합니다. 신문에 점성술이 나와 있지 않으면 신문 판매율이 현저히 낮아진다고 합니다. 이는 사람들이 미래를 알고 싶어하기 때문입니다.

사실 미래에 대한 관심은 새로운 현상이 아닙니다. 역사가 시작된 이래 미래에 대해서 알고자 하는 집착이 있었습니다. 꿈을 해석하고 하늘의 징조를 설명하는 마술사, 점성가들이 있어 왔습니다. 줄리어스 시저 Julius Caesar는 로마 제국을 통치하고 있을 때 점성술을 크게 의지하였다고 합니다.

그렇듯 대부분의 고대 통치자들이 점성가의 자문을 받아 통치하였습니다. 요즘 대학가의 젊은이들도 용하다는 점쟁이들을 찾아가 자신

들의 미래를 알고자 하고 있습니다.

그러나 예언의 권위는 성경에 있습니다. 성경만이 미래에 대한 진실을 말씀하고 있습니다. 성경의 3분의 1이 미래에 관한 예언들입니다. 하나님께서는 자녀들이 미래에 관하여 알고 있기를 원하십니다. 성경의 대부분의 예언은 그리스도의 다시 오심에 초점이 맞추어져 있습니다. 그럼에도 불구하고 성경의 예언에 관한 진정한 관심이 결여되어 있습니다.

예수 그리스도의 재림과 마지막 때에 대한 성경의 예언을 알게 되면 구원받은 우리에게는 엄청난 격려가 됩니다. 예수 그리스도의 다시 오심을 믿는 믿음은 보다 깊은 헌신, 보다 큰 순종을 하도록 동기 부여를 합니다.

초대 교회 모습이 그와 같았습니다. 초대 그리스도인들은 그리스도가 곧 재림하시리라는 분위기 속에서 살았습니다. 그래서 그들의 인사는 '마라나타'였습니다. 그것은 '주께서 곧 오신다.'는 뜻입니다. 초대 그리스도인들의 삶은 열정적인 전도와 증거, 주님 오심을 기대하는 삶이었습니다.

주 예수 그리스도의 다시 오심을 참으로 기다리며 사는 사람들은 변화된 삶을 살 수밖에 없습니다. 사소한 것을 제쳐 두고 가장 귀중한 것을 행합니다. 바른 우선순위를 갖게 됩니다. 그래서 저는 그리스도의 다시 오심을 기다리는 사람들의 삶에서 일어나는 변화에 대하여 생각해 보고자 합니다.

I. 예배가 달라질 것이다

그리스도의 다시 오심을 기다리는 그리스도인들은 예배가 달라질 것이고 예배에 신실하게 참석하고 모이는 일에 힘쓸 것입니다 히 10:25.

주님의 날이 가까울수록 성도들이 다른 성도들과 예배하기 위하여 모이기를 더욱 힘써야 하는 이유가 무엇일까요?

첫째, 이 시대의 마지막이 가까울수록 믿는 자들과 그들의 가치관에 대하여 대적하는 일이 증가하기 때문입니다.

그 예를 들면, 세상에서는 흔히 낙태를 해도 좋다는 말을 합니다. 여성의 삶의 질을 높이기 위해 허락되어야 하고, 입법화되어야 한다고 말합니다. 또한 동성연애의 문제가 있습니다. 그들은 배우자 선택의 자유를 인정해야 한다고 주장합니다. 남자가 남자를, 여자가 여자를 배우자로 얻겠다는 것입니다. 이는 타락한 인간들에게서 나오는 것들입니다. 하나님의 가르침과 창조의 질서에 위배되는 것들입니다. 하나님께서는 생명을 존중히 여기시며, 동성연애를 반대하십니다. 세상은 마지막 때가 가까울수록 성경적 가치관을 대적합니다.

그래서 우리는 모이기를 더욱 힘써 성경적 가치관을 확립시켜야 합니다. 우리가 함께 모일 때 세상을 향해 영향을 줄 수 있는 힘이 됩니다.

둘째, 세상 사람들과 우선순위가 달라지기 때문입니다.

주님 오시기를 기다리면서 예배하는 사람들은 먼저 그의 나라와 그의 의를 구하게 됩니다. 하나님과의 관계가 첫째 자리에 옵니다. 예배 드리는 것을 먼저 생각할 수밖에 없습니다.

예배 출석이 구원의 조건은 아닙니다. 예수 그리스도를 믿음으로만 구원받을 수 있기 때문에 예배에 출석하지 아니하고도 구원받을 수 있습니다. 그러나 믿는 자들을 위한 하나님의 계획은 교회에 모여 예배드리는 것이며, 지역 교회 안에서의 성도의 교제입니다. 교회와 올바른 관계를 맺지 않는 그리스도인이 성경적인 훌륭한 그리스도인이 될 수 없습니다.

"서로 돌아보아 사랑과 선행을 격려하며 모이기를 폐하는 어떤 사람들의 습관과 같이 하지 말고 오직 권하여 그날이 가까움을 볼수록 더욱 그리하자" 히 10:24-25.

최근 '드라이브 인 교회', '전자교회', '사이버교회'들이 생겨나고 있습니다. 그러나 그 교회는 설교는 들을 수 있어도 하나님께서 계획하신 '교회'는 아닙니다. 두세 사람이 주님의 이름으로 모일 때 주께서 함께하신다고 약속하셨습니다. 하나님께 예배하는 일에 바른 자세와 적극적인 자세로 참여하지 않는 그리스도인은 그가 어떤 직분을 가지고 어떤 사역을 하고 있을지라도 훌륭한 그리스도인이 아닙니다. 우리가 함께 모여 예배할 때 주님이 분부하신 지상 명령을 수행할 수 있게 됩니다. 주님의 다시 오심을 기다리는 사람은 예배가 달라지며, 모이기에 더욱 힘쓰게 될 것입니다.

II. 사역이 달라질 것이다

주님의 다시 오심을 기다리는 사람은 주님을 위한 수고가 달라집니다. 주님이 갚아 주시는 상을 바라보기 때문입니다.

"그러므로 내 사랑하는 형제들아 견고하며 흔들리지 말며 항상 주의 일에 더욱 힘쓰는 자들이 되라 이는 너희 수고가 주 안에서 헛되지 않은 줄을 앎이니라" 고전 15:58.

주님이 다시 오실 때 주님을 위한 수고는 상을 받게 됩니다. 그날에 주님을 위한 공력이 밝히 드러날 것입니다 고전 3:13. 성도들의 공력이 그대로 남아 있으면 주께서 상을 주십니다 고전 3:14. 주님을 위한 희생이 헛되지 않습니다. 주님이 오실 것을 기다리면서 일하는 사람들의 삶이 달라질 것입니다. 야고보는 그리스도의 재림과 믿는 자들을 위한 심판과 연계해서 말하였습니다.

"너희도 길이 참고 마음을 굳게 하라 주의 강림이 가까우니라……보라 심판자가 문밖에 서 계시니라" 약 5:8-9.

주님의 다시 오실 날이 가까웠습니다. 그리스도의 심판은 상을 위한 심판입니다. 정죄하기 위한 심판은 십자가에서 끝이 났습니다. 그곳에서는 우리가 어떻게 섬겼느냐에 대한 상이 있습니다. 주님이 주시는 상은 쇠하지 않습니다. 이는 놀라운 격려이며, 엄청난 동기 부여가 됩니다. 그러므로 더욱 열심히, 열정적으로, 지속적으로 일하게 할 것입니다. 주님을 위해 일할 수 있는 시간이 얼마 남지 않았습니다.

"때가 아직 낮이매 나를 보내신 이의 일을 우리가 하여야 하리라 밤이 오리니 그때는 아무도 일할 수 없느니라" 요 9:4.

주님은 지금이 일해야 할 낮이라고 말씀하셨습니다. 찬송가 370장에도 다음과 같이 노래하고 있습니다.

어둔 밤 쉬 되리니 네 직분 지켜서
찬 이슬 맺힐 때에 즉시 일어나
해 돋는 아침부터 힘써서 일하라.
일할 수 없는 밤이 속히 오리라.

주님을 위해 일할 수 있는 시간이 얼마 남지 않았습니다. 지금이 주님을 위하여 수고하고 일할 때입니다.

III. 전도가 달라질 것이다

주님이 다시 오시기를 기다리는 자는 전도하는 것이 달라질 것입니다. 시간이 얼마 남지 않았기 때문에 전도의 긴급성을 깨닫게 될 것입니다. 주님이 다시 오실 것이라고 분명히 믿는다면 전도하는 일에 긴급성을 가져야 합니다.

저는 세계의 많은 사람들에게 복음을 전하여 보았습니다. 한번은 16년 만에 귀국한 정석주 집사가 제자인 제이콥J. Jacob과 함께 우리 교회를 방문했었습니다. 정 집사가 출국하는 날에 공항에서 제이콥에게 한 시간 가량 복음을 전하였습니다. 그는 유대인으로 히브리학교를 다녔던 사람이었습니다. 그에게 복음을 전하고 주님을 믿겠느냐고 물었을 때 그는 믿겠다고 대답했습니다. 공항의 많은 사람들 앞에서 소리 내어 영접하는 기도를 하였습니다. 제가 진지하게 기도하며 복음을 전하였을 때 그는 복음을 받아들였습니다.

하나님의 달력에 의하면 다음 사건은 '교회의 휴거'입니다. 주님이 공중에 강림하시고 성도들을 데리고 가십니다 살전 4:16-17. 구원받은 사람은 주님 오실 때에 들림을 받습니다. 그러나 구원받지 못한 사람들은 땅에 남아 환란에 들어가게 됩니다. 그러므로 주님의 말씀을 전하여야 할 긴급성을 깨닫게 됩니다. 사랑하는 가족 중에 아직 구원받지 않은 사람이 있습니까? 주님이 곧 오십니다. 시간이 많이 남지 않았습니다.

안일하게 주님이 다시 오시지 않을 것처럼 살고 있지는 않습니까? 그렇다면 성경의 가장 기본적인 교리를 믿지 않는 것입니다. 근본주의 신앙의 5대 교리가 있습니다. ① 성경의 권위(무오성), ② 예수 그리스도의 신성과 인성, ③ 예수 그리스도의 대속의 죽음, ④ 예수 그리스도의 부활, ⑤ 예수 그리스도의 임박한 재림입니다. 이 사실을 믿지 않는 사람은 그리스도인이 아닙니다.

IV. 삶이 달라질 것이다

주님이 곧 오신다고 믿으면, 그분을 기다리는 그리스도인은 그 사는 방법이 달라질 수밖에 없습니다. 사도 바울은 빌립보에 있는 성도들에게 권면하였습니다.

"내가 여러 번 너희에게 말하였거니와 이제도 눈물을 흘리며 말하노니 여러 사람들이 그리스도 십자가의 원수로 행하느니라 저희의 마침은 멸망이요 저희의 신은 배요 그 영광은 저희의 부끄러움에 있고 땅의 일을 생각하는 자라 오직 우리의 시민권은 하늘에 있는지라 거기로서 구원하는 자 곧 주 예수 그리스도를 기다리노니" 빌 3:18-20.

바울은 빌립보 성도들에게 주님과 더불어 얼굴을 마주 대할 때를 예비하라고 권면하고 있습니다. 구원받은 우리는 시민권이 하늘에 있습니다. 지금 우리는 어려운 때를 살고 있습니다. 죄의 개념이 사라진 부패한 사회에서 살고 있습니다. 그러므로 하늘에 합당한 삶, 하늘을 대표하는 삶을 살아야 합니다. 주님을 기다리면서 살아야 합니다. 사도 바울은 경건치 않은 것과 이 세상 정욕을 다 버리고 근신함과 의로움과 경건함으로 이 세상을 살아가라고 권면하고 있습니다 딛 2:11-13.

사도 요한은 우리의 삶이 더욱더 주 예수님을 닮아가야 할 것을 권면하고 있습니다.

"주를 향하여 이 소망을 가진 자마다 그의 깨끗하심과 같이 자기를 깨끗하게 하느니라" 요일 3:3.

주님이 얼마나 속히 오실지 아무도 모릅니다. 주님은 우리에게 이렇게 말씀하셨습니다.

"그러나 그날과 그때는 아무도 모르나니 하늘의 천사들도, 아들도 모르고 오직 아버지만 아시느니라" 마 24:36.

그러므로 예비하고 있어야 합니다. 주님이 생각지 않은 때 오시기 때문입니다 마 24:44. 주님이 다시 오실 것을 믿는다면 우리의 예배가 달라지고, 우리의 사역과 주님을 위한 수고가 달라지고, 우리의 전도가 달라질 것입니다.

미국의 아이젠하워 Dwight D. Eisenhower 대통령이 재임 시절 콜로라도주 덴버를 방문한 적이 있었습니다. 어느 날 신문을 보다가 한 소년이 대통령을 만나 그의 차를 타고 싶다는 간절한 소원이 실린 기사를 본 그는, 그 아이를 부르지 않고 집을 갑자기 찾아가기로 했습니다. 대통령이 그 집을 찾아가 문을 두드렸습니다. 그런데 그 아이의 아버지가 문을 열어 주었는데 머리는 손질하지 않았고, 면도도 하지 않고 티셔츠에 청바지를 입고 문을 열어 주었습니다. 그의 아들을 대통령이 안아 주고 차를 태워 주었습니다. 그러자 아이의 아버지는 "내가 이런 모습으로 대통령을 만난 것이 평생 수치스러운 일이다."라고 고백했다고 합니다.

대통령을 만날 때도 이러할진대 만왕의 왕이 오시는데 어떻게 해야 하겠습니까? 그분은 어느 때에 오실지 아무도 모릅니다. 그러므로 주님 오시기를 늘 예비하는 삶이 되어야 합니다.

"그가 홀연히 와서 너희의 자는 것을 보지 않도록 하라" 막 13:36.

영·광·스·러·운·그·날·을·바·라·보·며

주님 앞에 서는 날

마 25:14-29

얼마 전 일간 신문에 미국 백악관 차관보로 있는 시각 장애인 강영우 박사가 워싱턴 D.C.에 있는 한국인 유학생들에게 "지도자에게 요구되는 세 가지 기본 자질"에 대하여 강의한 줄거리가 실렸습니다. 그가 언급한 세 가지 기본 자질은 인격character, 실력capability, 헌신commitment이었습니다.

지도자에게 우선적으로 요구되는 것은 인격입니다. 왜냐하면 인격이 갖추어지지 않으면 실력이 있어도 그 실력이 그릇되게 이용될 수 있기 때문입니다. 그러나 인격이 갖추어져 있다 해도 실력이 미흡하다면 인도해 갈 수가 없습니다. 여기서 실력은 단지 지성적인 부분만을 의미하는 것이 아니라 상황에 대한 분별력과 실천력을 의미합니다. 그러면서 그는 상대적인 평가를 원치 않고 절대적인 평가를 받기 원한다고 말하기도 하였습니다. 또한 그는 지도자에게는 열정과 헌신이 요구된다고 하며 열정과 헌신이 없는 사람을 누가 지도자로 여기며 따라가겠는가라고 말하였습니다.

어느 날 우리의 삶과 사역을 마무리하고 하나님이 부르실 때 그분 앞에 서서 듣고 싶은 말이 있다면 "잘 하였도다, 착하고 충성된 종아!"라는 말씀일 것입니다. 이와 같은 칭찬을 듣고자 한다면 주님의 칭찬 속에 내포되어 있는 세 가지를 생각해 보아야 합니다.

"착하고"라는 말씀은 그리스도인의 품격에 대한 칭찬입니다. 그리고 "충성된"이란 말씀은 "잘 하였도다"라는 말씀에 그 의미가 더해져서 맡은 일을 잘 감당하고 이루었음을 칭찬하신 것입니다. 또한 "종"이라는 말씀은 주인에 대한 절대적인 헌신을 함축하고 있습니다.

I. 착한 사람

하나님만이 선하신 분입니다. 그분 이외에는 아무도 선한 분이 없습니다 눅 18:19 하반절. 우리는 모두 죄인이며 죄를 지으며 살 수밖에 없는 존재였습니다. 그러나 우리의 죄를 대속해 주신 예수 그리스도의 은혜를 입고 회개와 믿음으로 죄 사함을 받아 영생을 선물로 받았습니다. 우리를 구원해 주신 목적 중의 하나는 예수 그리스도의 형상을 닮기 위함입니다 롬 8:29. 그리스도 안에서 새사람이 된 우리를 "선한 일에 열심 하는 친 백성" 딛 2:14으로 삼으셨습니다.

사도행전 11:24에 보면 바나바를 가리켜 "착한 사람"이라고 말한 것을 볼 수 있습니다. 이것은 굉장한 칭호였습니다. 구원받은 바나바가 "착한 사람"이라는 칭호를 얻게 되고, 그로 인하여 큰 무리가 주께 더하게 되는 일에 쓰인 바 된 것입니다. 크리스웰Dr. Criswell 목사는 성경적으로 얻을 수 있는 최고의 학위는 GM degree라고 하였습니다. 이것은 바로 착한 사람Good Man의 칭호, 착한 사람의 학위입니다.

착한 사람이라고 일컬음을 받은 바나바가 우리에게 주는 인상이 있습니다. 그의 삶을 추적해 보면 성경이 왜 그를 착한 사람이라고 기록하였는지 알 수 있습니다.

첫째, 바나바는 격려하며 세우는 자였습니다.

사울이 구원받은 후에도 사도들은 그를 두려워하여 제자로 받아들이지 않았습니다. 왜냐하면 사울은 살기가 등등하여 예수 믿는 사람들을 잡아서 죽이는 일에 앞장섰던 인물이기 때문입니다. 바나바는 다메섹 도상에서 주님을 만나고 구원받은 사울을 사도들에게 소개하며 사도들과 함께 교제하도록 하는 일에 쓰인 바 되었습니다행 9:26-28. 또한 그는 다소에 있는 바울을 찾아가 안디옥으로 데리고 와서 함께 사역을 하였습니다행 11:25-26. 바나바는 1차 선교 여행 후에 마가로 인하여 바울과 헤어지는 어려움을 겪어야 했습니다행 15:36-39. 그러나 바나바는 마가를 돌보고 세워서 마침내 마가가 마가복음을 기록할 수 있게 하는 일에 쓰임받았습니다. 바나바는 사역 지향적ministry-oriented이기보다는 분명 대인 지향적person-oriented인 사람이었습니다.

둘째, 바나바는 신실한 청지기였습니다.

사도행전 4:36-37에 보면 "구브로에서 난 레위족인이 있으니 이름은 요셉이라 사도들이 일컬어 바나바(번역하면 권위자)라 하니 그가 밭이 있으매 팔아 값을 가지고 사도들의 발 앞에 두니라"라고 말씀하고 있습니다. 바나바는 이기심이 없는 사람이었습니다.

셋째, 주님의 지상 명령에 따라 자신을 드린 선교의 사람이었습니다.

사도행전 13:2-4에 보면 "주를 섬겨 금식할 때에 성령이 가라사대 내가 불러 시키는 일을 위하여 바나바와 사울을 따로 세우라 하시니 이에 금식하며 기도하고 두 사람에게 안수하여 보내니라 두 사람이 성령의 보내심을 받아 실루기아에 내려가 거기서 배 타고 구브로에 가서"라고 말씀하고 있습니다.

바나바는 성령의 인도하심대로 순종하였습니다. 안디옥 교회의 중추적인 리더의 한 사람이었던 그는 주님의 지상 명령에 순종하여 복음을 들고 땅 끝을 향하여 나아갔습니다. 그는 좋은 그리스도인, 착한 사람이었습니다.

디모데전서 3:1-7 말씀은 감독목사의 자질에 대해서 이야기하고 있습니다. 디모데전서는 바울이 에베소에서 목회하고 있는 디모데에게 보낸 목회 서신입니다. 그곳에 언급된 감독의 자질을 보면 실력과 관련된 "가르치기를 잘하며"를 제외한 10가지 이상이 모두 인격적인 자질을 다루는 것임을 알 수 있습니다.

그런데 디모데전서 3:7에 보면 "또한 외인에게서도 선한 증거를 얻은 자라야 할지니"라고 강조하는 부분이 있습니다. 최근 후배 목사들의 안수 예배에서 말씀을 전할 때마다 저는 "하나님의 사람을 보면 예수님을 믿고 싶은 생각이 들어야 된다!", "그의 태도와 말과 삶을 보면서 나도 그렇게 살아야 되겠다는 마음이 들도록 해야 한다!"라며 목사이기 이전에 좋은 그리스도인이 되어야 함을 강조하곤 합니다. 믿지 않는 이들로부터 선한 증거를 얻는 것이 중요함을 성경에서도 말씀하고 있기 때문입니다. 선한 일을 사모하는 것, 그것은 성령 충만의 지배를 받는 사람에게서 나타나는 성령의 열매, 즉 '양선'입니다.

최근 여러 매스컴들을 통해 안티 기독교인들에 의해 기독교를 비판하는 내용의 기사들이 실리는 것을 봅니다. 그 내용 중에는 기독교인에게 상처받은 일, 기독교 지도자들의 부도덕에 대하여 공격하는 것들이 주를 이루고 있습니다. 이렇듯 반기독교 세력의 결집이 강하게 나타나고 있습니다.

클럽 '안티기독교'의 전체 회원수가 7년 만에 10,032명(2007. 12. 11. 현재)이 되었고, 현재 그들의 사이트에는 하루에 400명이 방문하고 있습니다. 반기독교 운동의 대표 주자인 '안티크리스트' antichrist의 회원수는 2007년 12월 11일 현재 12,076명이며, 하루에 그들의 사이트를 약 3,000명이 방문하고 있습니다. 그들이 결집하면서 내세우고 있는 반기독교적인 내용은 바로 그리스도인들의 인격적인 내용과 관련이 있다는 사실입니다. 그러므로 그 어느 때보다 우리 그리스도인들은 깨어 있어야 합니다. '그 사람을 보면 예수님을 믿고 싶다.'는 생각이 들게 만드는 착한 그리스도인의 삶을 살도록 해야 합니다.

II. 충성된 사람

마태복음 25:21, 23에 나와 있는 "네가 작은 일에 충성하였으매 내가 많은 것으로 네게 맡기리니"라는 말씀에서 "작은 일"은 'a few things'로, '많은 것'은 'many things'로 번역하고 있습니다. 영어의 'a few things'는 '한두 가지', '두세 가지'를 의미합니다. 많은 일이 아닌 한두 가지 혹은 두세 가지 일을 충성스럽게 잘 감당한 사람에게 더 많은 일들을 맡길 수 있는 것입니다. 맡은 일을 일관성 있게 오뚝이같이 칠전팔기한 사람을 생각할 때 우리는 사도 바울을 연상하게 됩니다.

사도 바울은 로마의 토굴에 갇혀서 자신의 삶이 언제 끝날지 알 수 없는 상황에서 자신의 최후의 서신인 디모데후서를 썼습니다. 그는 디모데후서 4:7에서 "내가 선한 싸움을 싸우고 나의 달려갈 길을 마치고 믿음을 지켰으니"라는 믿음의 고백을 하였습니다. 우리의 생애 마지막에도 바울과 같은 고백이 있기를 원합니다. 그것이 바로 잘하고 충성한 사람의 고백입니다. 바울은 영적인 맹렬한 싸움터에서 치열하고 치졸한 싸움을 싸우지 않았습니다. 그는 선한 싸움을 싸웠습니다.

> "나의 달려갈 길과 주 예수께 받은 사명 곧 하나님의 은혜의 복음 증거하는 일을 마치려 함에는 나의 생명을 조금도 귀한 것으로 여기지 아니하노라" 행 20:24.

그는 충성스러운 사람이었습니다. 그는 자신의 달려갈 길을 마쳤습니다. 예수님도 "다 이루었다"It is finished라고 말씀하셨습니다. 그분을 보낸 아버지의 뜻을 자신의 삶에서 다 이루셨습니다.

디모데전서 6:20에서 바울은 복음과 신앙의 청지기로서 "거짓되이 일컫는 지식의 망령되고 허한 말과 변론을 피하고 믿음을 지켰다."라고 고백하였습니다. 우리가 한해를 보내면서, 아니 우리의 인생을 마무리할 때 바울과 같이 고백할 수 있기를 바랍니다.

III. 주인에게 모든 것을 드린 종

로마서 1:1에서 바울은 자신을 "예수 그리스도의 종doulos 바울"이라고 소개하며 서신을 시작하고 있습니다. 출애굽기 21:5-6에 보면 종이 자유하였으나 자의적으로 평생 주인을 섬기기로 자신을 드리면 그의 귀를 뚫고 영영히 주인을 섬기게 하였습니다. 바울이 "예수 그리스도의 종"이라고 하였을 때 "종"bond-servant, doulos은 주인에게 그와 그의 모든 것을 자의적으로 드린 출애굽기 21:6의 종을 생각하고 한 말입니다. 주인에게 헌신된 종은 주인을 기쁘게 해 드리며 겸손하고 부지런하며 열심히 섬깁니다. 잇대가 다윗 왕에게 한 맹세를 보시기 바랍니다.

"잇대가 왕께 대답하여 가로되……진실로 내 주 왕께서 어느 곳에 계시든지 무론 사생하고 종도 그곳에 있겠나이다" 삼하 15:21.

칭찬 듣는 종, 어떤 일이든지 주께서 원하시는 종이 되어야 합니다. 종은 의무를 넘어 그 이상을 행하는 자여야 합니다. 5리를 가자고 하면 10리를 가는 자여야 합니다. 주께서 원하실 때 항상 그곳에 있는 종이 되어야 합니다. 핑계가 없는 사람, 쓰일 수 있는 사람, 항상 주님을 바라보는 종이어야 합니다.

"종의 눈이 그 상전의 손을, 여종의 눈이 그 주모의 손을 바람같이 우리 눈이 여호와 우리 하나님을 바라며 우리를 긍휼히 여기시기를 기다리나이다" 시 123:2.

초대 그리스도인들은 주님이 그들의 삶의 전부였습니다. 그들에게는 열정과 헌신이 있었습니다.

한해를 보내면서 '우리가 좋은 그리스도인이었는가?', '맡은 일을 성실하게 잘 마무리하였는가?', '주께 전적으로 헌신된 그리스도인으로 열정을 가지고 섬겼는가?'를 살펴볼 수 있기를 바랍니다. 그리고 어느 날 주님이 "잘 하였도다 착하고 충성된 종아……네 주인의 즐거움에 참예할지어다"라고 하시는 말씀을 들을 수 있게 되기를 바랍니다. 충성스러운 분으로 남으십시오. 헌신된 분으로 남으십시오. 그러나 그러한 그리스도인이 되려면, 그 이전에 예수 그리스도를 개인의 구주로 영접한 분명한 확신이 있어야 합니다.

영·광·스·러·운·그·날·을·바·라·보·며

다시 시작점에 서서

고전 10:31-33

'우리는 어디에서 와서, 지금 무엇을 하고 있으며 어디를 향하여 가고 있는가?'를 일반적으로 역사 의식이라고 말합니다. 이는 또한 우리가 누구인지에 관한 정체성을 말해 주기도 합니다.

지난 50년을 돌이켜 보면 두 단어로 요약할 수 있습니다. 하나는 은혜요, 다른 하나는 도움입니다. 하나님께서 값없이 베풀어 주신 은총과 하나님의 은혜를 입은 이 길을 함께 가는 수많은 이들의 도움으로 오늘에 이를 수 있었습니다.

우리는 지난 주간(2010년 1월 2-5일) 50주년을 기리는 희년 대회와 세계 선교 대회를 개최했습니다. 주님이 역사하신 일과 하나님께서 그의 백성을 쓰신 그 일을 감사하며 찬양하였습니다. 그리고 복음을 전하고 주님의 지상 명령에 우리 자신을 드리며 헌신했습니다. 집사님과 성도님들 그리고 동역자들이 요소 요소에서 자원하여 최선을 다하며 희생적으로 섬기는 모습을 보면서 저는 감동을 받았습니다. 아쉬운 부분도 있었지만 감격하여 목이 메이는 감사의 눈물을 흘렸습니다.

전국에서 오신 친교회 목사님들과 성도들, 여러 나라에서 오신 선교사님들 그리고 주강사로 오신 배스킨Dr. Baskin 목사님과 사모님, 국제친교회 선교 총재이신 존 코너럽Dr. Jon Konnerup 목사님 등 우리에게 큰 격려와 축복을 안겨 주셨습니다.

대회 후에 전화와 이메일을 통해 친교회 목사님들과 선교사들로부터 격려와 축하 전화를 받았습니다. 저는 그중 하나를 여러분에게 소개하고자 합니다.

목사님 안녕하셨습니까?

저는 류현택입니다. 목사님의 사랑과 영적 훈련원에서 배움의 힘을 얻으면서 열심히 현지에서 사역하고 있는 작은 종입니다.

이번 50주년 창립·성역 기념 대회에서는 개인적으로 큰 축복이 되었습니다. 목사님께서 종암성서침례교회의 성도들에게 50주년 행사에 섬길 수 있는 기회와 특권을 주셔서 조금이나마 함께 동참하였다는 것이 저에게는 큰 기쁨이었습니다.

유관순 기념관에서 드린 50주년 희년 예배는 저에게 큰 감동과 기쁨이었습니다. 몰려오는 차량들과 성도님들을 보면서, 그 순간 하나님께 "하나님, 사랑합니다."라고 고백하지 않을 수가 없었습니다. 그 이유는 하나님의 사람들이, 구원받은 하나님의 백성들이 몰려오는 것을 보고 감동이 되었기 때문입니다.

파도처럼 몰려오는 모든 사람들이 목사님께서 50년 동안 눈물로 씨를 뿌리신 결실이라고 생각할 때 가슴에 전율이 흐르면서 저에게도 이런 꿈을 꾸며, 사랑하는 성도들을 섬기면서 이러한 결실을 맺게 해 달라고 마음속으로 외쳐 보았습니다.

또한 선교 대회 때는 배스킨 목사님과 선교 총재님의 말씀과 선교사님들의 간증과 말씀에 큰 축복이 되었습니다. 이런 큰일을 하시기 위하여 탁월한 목사님의 리더십과 집사님들, 전 성도들의 같은 마음, 같은 뜻, 같은 생각, 같은 비전을 가지고 함께하였다는 것이 저에게 큰 도전이요, 큰 감격이요, 사역에 선한 욕심을 갖게 하였습니다.

목사님께서 늘 말씀하시던 일관성, 포기하지 않는 것, 착한 목사가 되라는 말씀 등을 마음에 새기면서 열심히 교회를 섬기겠습니다.

목사님 늘 감사합니다.

목사님 늘 사랑합니다.

목사님 늘 고맙습니다.

감당하기 어려울 정도로 섬겨 주신 목사님, 사모님, 모든 성도님들의 사랑에 너무 너무 감사해서 용기 내어 감사의 글을 드립니다.

작은 종 류현택, 강성순 드림

본문으로 돌아와 새로운 시작 시점에서 앞으로 우리 교회가 나아가야 할 방향을 생각해 보고자 합니다. 저는 사도행전과 바울 서신을 읽고 공부하면서 가장 도전받는 것이 있습니다. 그것은 바로 바울을 움직이게 한 그의 삶에 동기 부여를 한 것이 무엇인가 하는 것입니다.

바울은 예수 믿는 사람들을 잡아 가두기 위하여 다메섹으로 가는 중에 부활하신 예수님을 만나 새로운 피조물이 되어 변화된 새 삶을 살았습니다.

"그런즉 누구든지 그리스도 안에 있으면 새로운 피조물이라 이전 것은 지나갔으니 보라 새것이 되었도다" 고후 5:17.

그리고 그는 자신의 삶의 주를 이룬 것을 다음과 같이 고백했습니다.

"우리가 우리를 전파하는 것이 아니라 오직 그리스도 예수의 주 되신 것과 또 예수를 위하여 우리가 너희의 종 된 것을 전파함이라" 고후 4:5.

예수 그리스도가 그의 구주 되심을 전파하고 주님을 위하여 다른 사람을 섬기는 것이 그의 삶의 목적이었습니다. 그는 주님을 사랑하고 사람을 사랑하며, 주님을 섬기며, 주님을 위하여 사람의 종이 되고, 주님을 위하여 살며 죽어간 사람입니다. 참으로 도전되는 삶을 산 사람입니다.

"나의 간절한 기대와 소망을 따라 아무 일에든지 부끄럽지 아니하고 오직 전과 같이 이제도 온전히 담대하여 살든지 죽든지 내 몸에서 그리스도가 존귀히 되게 하려 하나니 이는 내게 사는 것이 그리스도니 죽는 것도 유익함이니라" 빌 1:20-21.

바울의 삶과 사역에서 그를 움직인 세 가지 동기를 생각해 보고자 합니다.

I. 그는 하나님의 영광을 위하여 살았다

"그런즉 너희가 먹든지 마시든지 무엇을 하든지 다 하나님의 영광을 위하여 하라" 고전 10:31.

소크라테스Socrates가 현인賢人으로 알려진 것은 모든 문제의 해답을 알고 있었기 때문이 아니라 올바른 질문을 하는 방법을 알고 있었기 때문이라고 합니다. 또한 CNN 앵커인 래리 킹Larry King이 장기간 유명한 앵커로서 그 이름을 날린 이유는 그가 적절한 질문을 잘했기 때문이라고 합니다.

교회의 존재 이유는 무엇일까요? 왜 말씀을 전하고 가르치는 사역을 하는 걸까요? 또한 음악 사역을 하는 이유는 무엇일까요? 왜 우리는 교회로서 사역을 후원할까요? 세계에 선교사를 파송하며 구령하고 침례를 주고 말씀을 가르쳐 지키게 하는 이유가 무엇일까요? 그리고 교회를 개척하는 이유는 도대체 무엇 때문일까요?

이 질문에 여러 가지 대답을 들을 수 있으리라고 생각합니다. 아마도 그중 대부분이 좋은 대답일 것입니다. 이런 대답들이 있을 수 있을 것입니다.

잃어버린 영혼에게 복음을 전하기 위해서……
정기적으로 예배를 드리고 말씀으로 가르침을 받기 위해서……
상처입은 자에게 소망을 가져다 주기 위해서……
지역 사회의 등대가 되기 위해서……
성도들을 온전케 하여 봉사의 일을 하도록 하기 위해서……
선교사를 파송해 복음을 전하여 세계 복음화를 이루기 위해서……
젊은이들을 주께로 인도하여 그리스도 중심적인 삶을 살도록 하기 위해서……
기도하기 위해서……
슬퍼하는 자를 위로하고 외로운 자를 격려하며 주린 자를 먹이고 소외된 자들을 섬기기 위해서……
말씀을 가르쳐 거룩한 삶을 살도록 하기 위해서…… 등등.

물론 교회는 이상에서 말한 것과 같은 활동을 해야 합니다. 그러나 교회의 가장 으뜸 되는 존재 이유는 과연 무엇일까요?

"그런즉 너희가 먹든지 마시든지 무엇을 하든지 다 하나님의 영광을 위하여 하라" 고전 10:31.

에베소서 1:12에 보면 "우리로 그의 영광의 찬송이 되게 하려 하심이라"고 말씀하고 있습니다. 에베소서 1:12은 하나님이 우리를 구원하신 목적이 무엇인지, 왜 우리가 존재하는지에 대한 질문에 가장 간결한 답을 하고 있습니다. 교회의 가장 으뜸 되는 목적은 바로 주 하나님께 영광을 돌리는 것입니다.

"너희 몸은 너희가 하나님께로부터 받은 바 너희 가운데 계신 성령의 전인 줄을 알지 못하느냐 너희는 너희의 것이 아니라 값으로 산 것이 되었으니 그런즉 너희 몸으로 하나님께 영광을 돌리라" 고전 6:19-20.

"이제 인내와 안위의 하나님이 너희로 그리스도 예수를 본받아 서로 뜻이 같게 하여 주사 한 마음과 한 입으로 하나님 곧 우리 주 예수 그리스도의 아버지께 영광을 돌리게 하려 하노라" 롬 15:5-6.

"이러므로 우리도 항상 너희를 위하여 기도함은 우리 하나님이 너희를 그 부르심에 합당한 자로 여기시고 모든 선을 기뻐함과 믿음의 역사를 능력으로 이루게 하시고 우리 하나님과 주 예수 그리스도의 은혜대로 우리 주 예수의 이름이 너희 가운데서 영광을 얻으시고 너희도 그 안에서 영광을 얻게 하려 함이니라" 살후 1:11-12.

"이같이 너희 빛을 사람 앞에 비취게 하여 저희로 너희 착한 행실을 보고 하늘에 계신 너희 아버지께 영광을 돌리게 하라" 마 5:16.

설교하는 이유도, 말씀을 가르치는 이유도, 찬송을 하며 교제하는 이유도, 물질을 드리는 이유도 모두 하나님의 영광을 위해서라고 말할 수 있어야 합니다. 우리의 존재의 목적, 교회의 존재의 목적은 하나님의 영광입니다. 하나님의 영광은 하나님을 광대하게 하며, 하나님을 높이며, 하나님을 빛나게 하는 것입니다. 하나님의 지혜를 따르며 그분의 권위에 대하여 경의를 표하며 순복하는 것입니다. 그런 삶은 침례 요한의 삶에서 아름답게 예증되었습니다.

"그는 흥하여야 하겠고 나는 쇠하여야 하리라 하니라" 요 3:30.

"가로되 나는 선지자 이사야의 말과 같이 주의 길을 곧게 하라고 광야에서 외치는 자의 소리로라 하니라" 요 1:23.

"곧 내 뒤에 오시는 그이라 나는 그의 신 들메 풀기도 감당치 못하겠노라 하더라" 요 1:27.

II. 그는 교회의 거치는 자가 되지 않고 교회를 세우며 교회를 위하여 살았다

"유대인에게나 헬라인에게나 하나님의 교회에나 거치는 자가 되지 말고" 고전 10:32.

바울은 주 예수님을 만나기 전에 교회를 핍박하고 잔해하던 자였습니다. 그러나 예수님을 만난 후에 새사람이 되어 교회를 세우고, 교회를 사랑하고, 교회를 위하여 자신의 생애를 드렸습니다. 그가 그렇게 한 것은 하나님께서 자기 피로 사신 교회행 20:28이기 때문입니다. 그는 빌립보에서 교회를 세우다가 옥에 갇혔습니다행 16:23-24. 그는 에베소 교회에서 성도를 세우기 위하여 밤낮 3년을 눈물로 각 사람을 훈계하였습니다행 20:31. 그는 데살로니가 교회를 위하여 탐심의 탈을 쓰지 않고 그들을 사랑하여 복음으로만 아니라 목숨까지 주기를 즐겨 하였습니다살전 2:5, 8.

교회는 하나님의 걸작품입니다. 교회가 교회다우면 교회를 대신할 수 있는 기관은 이 세상 어디에도 없습니다. 교회는 서로 사랑하는 곳, 서로 발을 씻겨 주는 곳, 서로 용서하는 곳, 서로 돌아보는 곳, 서로 섬기는 곳, 서로 복종하는 곳, 서로 짐을 나누어 지는 곳, 서로 위로하고 권면하는 곳, 서로 죄를 자백하고, 서로를 위하여 기도하며, 서로 교제가 있고, 서로 용납함이 있는 곳입니다. 복음이 전해지고 죄인들이 구원받고 변화되어 새 삶을 영위하는 곳입니다. 교회가 있는 것은 개인에게 축복이요 가정에 축복이며 사회와 나라, 세상에 축복입니다. 성도 여러분 교회가 없는 마을에서 살 수 있겠습니까? 그럴 수 없습니다.

영국의 웨인스게이트란 작은 마을에서 목회하던 존 포셋John Fawcett이란 목사님이 있었습니다. 어느 날 그는 런던의 대교회인 카터레인 침례교회의 담임목사로 초빙을 받음과 동시에 신학교 학장으로 초대를 받았습니다. 초빙을 승낙한 후였지만 그는 아무리 생각해도 그곳 성도들을 떠날 수가 없었습니다. 결국 그는 초빙에 대한 승낙을 철회하고 일생 동안 그 교회에서 사역을 했습니다. 그리고 525장 찬송을 작시하였습니다.

주 믿는 형제들 사랑의 사귐은
천국의 교제 같으니 참 좋은 친교라.
하나님의 보좌 앞 한 기도드리니
우리의 믿음 소망이 주 안에 하나라.
피차에 슬픔과 수고를 나누고
늘 동고동락 하는 중 위로를 나누네.
또 이별할 때에 맘 비록 슬퍼도
주 안에 교통하면서 또다시 만나리.

III. 그는 잃어버린 영혼의 구원을 위하여 살았다

"나와 같이 모든 일에 모든 사람을 기쁘게 하여 나의 유익을 구치 아니하고 많은 사람의 유익을 구하여 저희로 구원을 얻게 하라" 고전 10:33.

바울은 영혼의 구원을 위하여 "나의 생명을 조금도 귀한 것으로 여기지 아니하노라" 행 20:24라고 고백하였습니다. 그는 또한 "모든 사람의 피에 대하여 내가 깨끗하다" 행 20:26고 말하기도 했습니다. 그는 "잃어버린 자를 찾아 구원"눅 19:10하기 위하여 오신 예수님을 본받는 삶을 살았습니다. 그는 영혼을 주께 인도하기 위하여 다른 사람에게 감동을 주는 삶을 살았습니다. 이기적인 삶이 아니라 이타적인 삶을 살았습니다. 다른 사람의 유익을 구하는 감동을 주는 삶을 산 것입니다.

회의와 동경에 빠진 젊은이였던 제가 복음에 대하여 마음의 문이 열린 것은 겨울에 화재를 당한 우리에게 이불과 옷가지, 신발 등 필요한 것을 가지고 찾아오신 배스킨 목사님 때문이었습니다. 그분에게 감사하기 위하여 찾아간 것이 복음을 듣게 된 계기가 되었습니다.

1961년 우리교회가 개척되고 난 후 얼마 되지 않아서였습니다. 지금 농협 불광지점 자리에 술 도매상을 하는 가게 주인이 있었습니다. 우리는 그를 여러 번 찾아가 복음을 전했습니다. 그러나 그의 직업 때문인지 복음을 받아들이지 않았습니다.

어느 날 그 사람이 갑자기 쓰러졌습니다. 그 소식을 듣고 배스킨 목사님과 저는 배스킨 목사님 차에 그를 태우고 적십자 병원을 향해 정신없이 달렸습니다. 배스킨 목사님은 운전을 하고 저는 뒷자리에서 그를 안고 있었습니다. 그러나 병원으로 향하던 도중에 그는 제 팔에 안긴 채 숨을 거두고 말았습니다. 그의 죽음은 안타까웠지만 그 일로 인하여 그의 온 가족과 친척이 예수님을 믿고 구원을 얻게 되었습니다.

초대 그리스도인들은 그들의 믿음 때문에 핍박을 받고 순교도 했지만 백성들로부터 칭송을 받았습니다.

"하나님을 찬미하며 또 온 백성에게 칭송을 받으니 주께서 구원받는 사람을 날마다 더하게 하시니라" 행 2:47.

2세기 초 철학자인 아리스테이데스의 변증글에 보면 당시 초대 교회 성도들이 백성들로부터 칭송을 받은 이유를 다음과 같이 밝히고 있습니다.

> 그들은 간음 등 부도덕한 행위를 하지 않았고, 거짓 증거를 하지 않았고, 횡령 착복도 하지 않았다. 자기 것이 아닌 것을 탐하지 않았고, 부모를 공경하고 이웃에게 선을 행하였다. ……그들을 압제한 사람들을 권면하여 친구로 삼았으며 그들의 원수에게 선을 행하였다. 그들의 가정 생활이 순결하였다. ……그들 중에 절대 빈곤을 보면 그들의 음식을 아끼지 않고 2, 3일 금식하면서 그들의 절대 필요가 채워지게 하였다. ……그리고 그들은 감사하는 생활을 살았다.

그들은 날마다 복음을 전했고, 그로 인하여 날마다 구원받는 역사가 일어났습니다 행 2:47.

스펄전 목사는 전도를 다음과 같이 정의했습니다.

1. 전도는 예수 그리스도의 복음을 계속 전하고 가르치는 것이다.
2. 전도는 감동을 주는 삶이다.
3. 전도는 성령이 거듭나게 하는 것이다.

금번 희년을 맞이하여 오랜만에 아들, 며느리, 딸, 사위, 손자 손녀 등 13명의 가족이 다 모였습니다. 그중 5명의 손자 손녀가 아내와 저를 기쁘게 하였습니다. 손자 손녀 이야기를 하려면 돈 내놓고 하라고 그러는데 할 수 없이 그냥 하겠습니다.

지난 금요일 밤에 가족 모임을 했는데, 두 손녀가 종이에 그림을 그리고 글을 써서 50주년 및 생일 축하 카드를 만들어 할아버지인 저에게 건네주었습니다.

사랑하는 트윙클 할아버지 생신과 50주년을 축하해요. 할아버지를 몹시 사랑해요. 나는 할아버지가 목사님이신 것이 기뻐요. 왜냐하면 그렇지 않았으면 우리가 그리스도인이 되지 못했을 것이니까요. 나는 할아버지 같은 할아버지가 있어서 행복해요. 할아버지는 세상에서 제일 좋은 할아버지예요.   하은이 올림

사랑하는 할아버지, 생신 축하해요. 사랑해요 할아버지 그리고 50주년을 축하해요. 저를 항상 사랑해 주시고 저에게 그처럼 친절하게 해주셔서 감사해요. 할아버지는 저에 대하여 사랑하고 돌보며 인내해 주셔요. 저는 하나님께서 저에게 할아버지를 주셔서 참으로 감사하고 있어요. 할아버지는 큰 축복이에요. 저는 항상 할아버지를 위하여 기도할 것이에요. 할아버지는 제 마음에 큰 자리를 차지하고 있어요. 위대하고 행복하고 놀라운 생신이 되세요. 저는 할아버지를 몹시 사랑해요.

혜린이 올림

이 카드를 받고 그들을 위해 제가 할 수 있는 것은 무엇이든지 하고 싶었습니다. 그리고 너무나도 행복했습니다. 카드 한 장이 이렇듯 큰 감동을 일으킬 수 있습니다.

사랑하는 성도 여러분, 감동을 주는 삶을 살면서 복음을 전합시다. 하나님께 영광이 되게 하는 삶을 삽시다. 교회에 거치는 자가 되지 말고 교회를 세우는 디딤돌이 됩시다. 그리고 감동을 주는 삶을 통해 전도의 결실을 얻도록 합시다.

사명선언문

너희가 흠이 없고 순전하여……세상에서 그들 가운데 빛들로
나타내며 생명의 말씀을 밝혀 _ 빌 2:15-16

1. 생명을 담겠습니다
만드는 책에 주님 주신 생명을 담겠습니다.
그 책으로 복음을 선포하겠습니다.

2. 말씀을 밝히겠습니다
생명의 근본은 말씀입니다.
말씀을 밝혀 성도와 교회의 성장을 돕겠습니다.

3. 빛이 되겠습니다
시대와 영혼의 어두움을 밝혀 주님 앞으로 이끄는
빛이 되는 책을 만들겠습니다.

4. 순전히 행하겠습니다
책을 만들고 전하는 일과 경영하는 일에 부끄러움이 없는
정직함으로 행하겠습니다.

5. 끝까지 전파하겠습니다
모든 사람에게, 땅 끝까지, 주님 오시는 그날까지
복음을 전하는 사명을 다하겠습니다.

서점 안내

광화문점 종로구 신문로1가 58-1 구세군 회관 2층(110-061)
　　　　　　Tel 02)737-2288 | Fax 02)737-4623

강 남 점 서초구 잠원동 75-19 반포쇼핑타운 3동 2층 전관(137-909)
　　　　　　Tel 02) 595-1211 | Fax 02) 595-3549

구 로 점 구로구 구로 3동 1123-1 3층(152-880)
　　　　　　Tel 02) 858-8744 | Fax 02) 838-0653

노 원 점 노원구 상계동 749-4 삼봉빌딩 지하1층(139-200)
　　　　　　Tel 02) 938-7979 | Fax 02) 3391-6169

분 당 점 경기도 성남시 분당구 서현동 273-1 대현빌딩 3층(463-824)
　　　　　　Tel 031) 707-5566 | Fax 031) 707-4999

신 촌 점 마포구 노고산동 107-1 동인빌딩 8층(121-806)
　　　　　　Tel 02) 702-1411 | Fax 02) 702-1131

일 산 점 경기도 고양시 일산구 주엽동 83번지 레이크타운 지하 1층(411-370)
　　　　　　Tel 031) 916-8787 | Fax 031) 916-8788

의정부점 경기도 의정부시 금오동 470-4 성산타워 3층(484-01꼬)
　　　　　　Tel 031) 845-0600 | Fax 031) 852-6930

인터넷서점　www.lifebook.co.kr